职业教育机械制造类专业教材系列

机械制造工艺基础

庄　凯　主编

陈　龙　张　丽
黄　霜　　　　　　　　　副主编
何光春　徐克根

顾元国　主审

科学出版社

北　京

内 容 简 介

本书主要介绍与机械制造工艺相关的内容，各个项目根据典型零件的加工特点进行编写，难度循序渐进。主要内容包括绪论、轴类零件加工工艺、盘套类零件加工工艺、箱体类零件加工工艺、齿轮类零件加工工艺和分料工装基座零件的加工。

本书可作为高等职业院校及各类培训学校机械专业的教材，也可供工程技术人员、数控机床编程与操作人员培训和自学使用。

图书在版编目（CIP）数据

机械制造工艺基础/庄凯主编. —北京：科学出版社，2021.3

（职业教育机械制造类专业教材系列）

ISBN 978-7-03-066143-2

I.①机… II.①庄… III.①机械制造工艺-职业教育-教材 IV.① TH16

中国版本图书馆 CIP 数据核字（2020）第 174905 号

责任编辑：辛　桐 / 责任校对：王　颖

责任印制：吕春珉 / 封面设计：耕者设计工作室

科学出版社 出版

北京东黄城根北街 16 号

邮政编码：100717

http://www.sciencep.com

天津市新科印刷有限公司印刷

科学出版社发行　　各地新华书店经销

*

2021 年 3 月第　一　版　　开本：787×1092　1/16

2024 年12月第二次印刷　　印张：10 1/2

字数：238 000

定价：35.00 元

（如有印装质量问题，我社负责调换）

销售部电话 010-62136230　编辑部电话 010-62135763-8020

前 言

本书是为满足当前高等职业教育培养发展型、复合型、创新型技术技能人才的需要，在学习借鉴德国、日本、新加坡等发达国家先进职业教育理念，融入绿色制造的相关理念与技术的基础上，由具有丰富教学经验和工程实践经验的教师编写而成的。

本书以普通机床操作员、数控机床操作员、机械加工工艺员等职业岗位要求，根据企业的工作岗位和典型工作任务，开发设计了以工作过程为导向、工学结合的课程体系；以典型零件为主要载体，以非典型零件为补充，通过项目教学，强化实践，加强对学生机械制造工艺过程实践与综合应用能力的培养，引导学生学以致用。全书介绍与机械制造工艺相关的主要内容，包括绪论、轴类零件加工工艺、盘套类零件加工工艺、箱体类零件加工工艺、齿轮类零件加工工艺和分料工装基座零件的加工。通过学习，学生可较全面地了解机械制造工艺的基本知识、机械加工工艺编制的方法和过程、典型零件的加工工艺及绿色制造的相关理念。

本书中的项目教学单元根据典型零件的加工特点进行编写，难度循序渐进。每个教学项目紧紧围绕工艺编制的工作过程设置若干个任务，编排形式新颖、图文并茂、通俗易懂，具有明确的操作示范性和合理的过程控制性，较有利于项目教学活动设计。本书可作为高等职业院校及各类培训学校机械专业的教材，也可供工程技术人员、数控机床编程与操作人员培训和自学使用。

本书由庄凯任主编并负责编写绪论和项目 1；由黄霜、陈龙、张丽、何光春和徐克根任副主编并负责编写项目 2、项目 3、项目 4 和项目 5。全书由顾元国教授进行审稿。

在编写本书的过程中，编者得到了有关专家、学者的大力支持，在此表示诚挚的感谢。同时，书中参考并引用了有关文献资料、插图等，也在此对上述作者深表谢意。

由于编者水平有限，书中难免存在不妥之处，恳请广大读者批评指正。

编 者

2021 年 1 月

目　录

绪论 …… 1

0.1　机械制造的历史及发展趋势 …… 1

0.1.1　机械制造的历史 …… 1

0.1.2　机械制造的发展趋势 …… 2

0.2　我国机械制造业的发展及面临的挑战 …… 4

0.3　本课程的主要内容及目标 …… 6

0.3.1　工艺规程的概念 …… 6

0.3.2　工艺规程的类型 …… 6

0.3.3　工艺规程的编制原则 …… 10

0.3.4　工艺规程的编制步骤 …… 10

0.4　本课程的学习方法及要求 …… 11

习题 …… 11

项目 1　轴类零件加工工艺 …… 13

相关知识 …… 13

项目任务要求 …… 15

项目任务实施 …… 16

任务 1　传动轴的工艺分析 …… 16

任务 2　传动轴生产类型的确定 …… 18

任务 3　传动轴毛坯的选择 …… 19

任务 4　传动轴工艺路线的拟定 …… 22

任务 5　传动轴加工余量、工序尺寸及公差的确定 …… 35

任务 6　传动轴机械加工方法及其加工设备与工艺装备的选择 …… 42

任务 7　传动轴切削用量及时间定额的确定 …… 54

任务 8　传动轴工艺文件的编写 …… 57

轴类零件加工工艺编制要点分析 …… 58

习题 …… 59

项目 2　盘套类零件加工工艺 …… 62

相关知识 …… 62

项目任务要求 …… 65

项目任务实施 …… 65

任务 1　法兰盘的工艺分析 …… 65

任务 2 法兰盘生产类型的确定 ……67
任务 3 法兰盘毛坯的选择 ……67
任务 4 法兰盘工艺路线拟定 ……69
任务 5 法兰盘加工余量、工序尺寸及公差的确定 ……72
任务 6 法兰盘机械加工方法及其加工设备与工艺装备的选择 ……73
任务 7 法兰盘切削用量及时间定额的确定 ……86
任务 8 法兰盘工艺文件的编写 ……86
盘套类零件加工工艺编制要点分析 ……87
习题 ……88

项目 3 箱体类零件加工工艺 ……90
相关知识 ……90
项目任务要求 ……92
项目任务实施 ……93
任务 1 蜗轮箱体的工艺分析 ……93
任务 2 蜗轮箱体生产类型的确定 ……94
任务 3 蜗轮箱体毛坯的选择 ……94
任务 4 蜗轮箱体的工艺路线拟定 ……95
任务 5 蜗轮箱体加工余量、工序尺寸及公差的确定 ……99
任务 6 蜗轮箱体机械加工方法及其加工设备与工艺装备的选择 ……101
任务 7 蜗轮箱体加工切削用量及时间定额的确定 ……116
任务 8 蜗轮箱体加工工艺文件的编写 ……116
箱体类零件加工工艺编制要点分析 ……117
习题 ……118

项目 4 齿轮类零件加工工艺 ……120
相关知识 ……120
项目任务要求 ……124
项目任务实施 ……126
任务 1 双联齿轮的工艺分析 ……126
任务 2 双联齿轮生产类型的确定 ……127
任务 3 双联齿轮毛坯的选择 ……127
任务 4 双联齿轮工艺路线的拟定 ……127
任务 5 双联齿轮加工余量、工序尺寸及公差的确定 ……132
任务 6 双联齿轮机械加工方法及其加工设备与工艺装备的选择 ……133
任务 7 双联齿轮切削用量及时间定额的确定 ……140
任务 8 双联齿轮工艺文件的编写 ……143
双联齿轮零件加工工艺编制要点分析 ……144
习题 ……145

项目 5 零件加工实例——分料工装基座的加工工艺 147

相关知识 147

项目任务要求 147

项目任务实施 148

任务 1 分料工装基座的工艺分析 148

任务 2 分料工装基座生产类型的确定 149

任务 3 分料工装基座毛坯的选择 149

任务 4 分料工装基座工艺路线的拟定 150

任务 5 分料工装基座零件加工余量、工序尺寸及公差的确定 153

任务 6 分料工装基座零件机械加工方法及其加工设备与工艺装备的选择 153

任务 7 分料工装基座零件切削用量及时间定额的确定 156

任务 8 分料工装基座零件加工工艺文件的编写 156

分料工装基座加工工艺编制要点分析 157

习题 158

参考文献 160

绪论

0.1 机构制造的历史及发展趋势

0 绪论

0.1.1 机械制造的历史

在人类的发展历程中，机械的发展史与人类文明的发展史紧密相连，并促进了人类文明的不断发展。根据人类文明发展的历史进程，机械的发展历史可以分为 4 个阶段：第一个阶段发生在大约 200 万年前至 50 万年前，称为原始机械发展阶段；第二个阶段发生在大约公元前 7000 年至 18 世纪初，称为古代机械发展阶段；第三个阶段发生在 18 世纪中叶到 20 世纪初，称为近代机械发展阶段；第四个阶段发生在 20 世纪初到现代，称为现代机械发展阶段。

1. 原始机械发展阶段

在人类历史的长河里，发生了几次决定人类命运的大革命。其中，大约 200 万年前至 50 万年前，我们的祖先在劳动过程中开始使用原始工具是第一次重大革命。在此过程中，原始人类首先学会了使用石斧、石刀等天然工具，并在运用天然工具的过程中，逐渐学会了制造简单的工具进行劳动。随着制造的工具越来越复杂，他们的大脑也变得越来越发达，而大脑的发展又提高了他们制造工具的能力，进而促使他们学会了火的使用，并在群体生活中产生了语言，逐渐发展成现代的人类社会。因此，在劳动中使用工具极大地促进了人类的进化和人类社会的形成，是人类发展史上的一次重大革命。

2. 古代机械发展阶段

在公元前 7000 年，巴勒斯坦地区犹太人建立杰里科城，城市文明首次出现在地球上。经历了两三千年的沉淀，大约在公元前 4700 年，古埃及人首先进入青铜时代。古埃及对青铜器的使用也使人类历史上出现了第一个真正意义上的文明——巴达里文明；在与此时差不多的年代，美索不达米亚也开启了青铜时代，但没有灿烂的文化出现。又过了 1500 年，古埃及和美索不达米亚的人们已开始普遍使用青铜器。在埃及，人们用青铜器来制作修建金字塔的凿子；在古巴比伦，人们发明了带轮的车。在公元前 2800 年，中国中原地区出现了原始木质机械，用于耕地。逐渐地，机械工具也由天然的木、石、土发展到人造材料陶瓷和青铜材料，这时已经能够制作具有动力、传动和工作3个部分的完整机械。

3. 近代机械发展阶段

18世纪从英国发起的技术革命，是技术发展史上的一次巨大革命，它开创了以机器代替手工工具的时代。这不仅是一次技术改革，更是一场深刻的社会变革。英国的詹姆斯·瓦特（James Watt）创造性地对蒸汽机的改良使蒸汽机迅速地发展，使原来只能提水的机械，成为可以普遍应用的蒸汽机，并使蒸汽机的热效率成倍提高，煤耗大大下降，使得蒸汽机在采矿、冶炼、纺织、机器制造等行业中也都获得迅速推广。此后，各种机械层出不穷地出现，英国的理查德·罗伯茨（Richard Roberts）创制龙门刨床；德国的德莱斯（Delaisse）发明木制、带有车把、依靠双脚蹬地行驶的两轮自行车；英国的约瑟夫·惠特沃斯（Joseph Whitworth）发明滚齿机；美国的奥蒂斯（Otis）设计制造了单斗挖掘机械，菲奇（Fitch）发明了转塔车床等。1870年以后，科学技术的发展突飞猛进，各种新技术、新发明层出不穷，并被迅速应用于工业生产，大大促进了经济的发展，这就是第二次工业革命。

4. 现代机械发展阶段

现代制造技术的含义相当广泛。一般认为，现代制造技术是传统制造技术与计算机技术、信息技术、自动控制技术等现代高新技术交叉融合的技术，是一个集机械、电子、信息、材料与管理技术于一体的新型交叉学科，它使制造技术的技术内涵和水平发生了质的变化。从20世纪中期数控机床、加工中心等新型机电一体化加工设备开始出现，实现了人与机器设备之间的信息交流，机器设备可通过获得的信息快速、准确地实现加工，继而产生了使用这些典型设备的生产方式。现代电子技术、信息技术、自动化技术、新材料技术、新能源技术等技术的发展及其与机械技术的结合，极大地促进了机械技术的发展。自动化机械、智能化机械、机器人等热点研究领域日新月异，智能制造、敏捷制造、柔性制造、绿色制造等先进制造模式层出不穷。机械制造技术的不断创新为机械工业的发展提供了技术基础和源源不断的动力。

0.1.2 机械制造的发展趋势

随着科技的不断进步，从制造模式和制造技术上看，机械制造行业的发展呈现出以下发展趋势。

1）计算机集成制造逐渐成为最为常见的生产形式。计算机集成制造系统（computer integrated manufacturing system）是借助机械制造企业中存在一定关联的各个系统，如自动化制造系统、信息管理系统、信息质量系统、工程技术信息系统及计算机网络和数据库系统等，实现统一管理和生产的系统。总之，计算机集成制造可以有效连接起机械制造企业生产过程中的各个系统，为机械制造企业的高效生产提供保障。

2）智能制造技术（intelligent manufacturing technology）的应用更加深入广泛。智能制造技术是以信息技术、管理软件技术、传感器技术为基础的制造技术，它能够通过分析生产现状，并根据分析结果进行智能化管理。机械制造业的智能化系统具有友好性与适应性，既减少管理人员与生产员工之间的矛盾，又使管理过程更符合实际生产状况。智能化生产设备的引入，大大提高了生产过程中的安全性，减少环境污染，进而使产品性能更加符合市场实际需求。

3）敏捷制造能力将受到机械制造行业更多的关注。敏捷制造技术（agile manufacturing technology）是利用先进制造技术和信息技术对市场的变化做出快速响应的一种生产方式；通过可重用、可重组的制造手段与动态的组织结构和高素质的工作人员的集成，获得企业的长期经济效益。生产是否敏捷是判断机械制造企业竞争实力的重要标准之一，因此机械制造企业必须提高自己的反应能力。机械制造企业各部门之间要通力合作，力争在最短时间内准确了解使用者的具体需求，提高反应能力，只有这样才能使产品满足使用者的使用需求，才能提升企业的竞争实力。机械制造企业常常利用虚拟制造技术来提升反应能力，而虚拟制造技术也是机械制造领域中核心的技术。对现代化机械制造企业来说，具备敏捷的反应能力是未来努力的方向。

4）虚拟制造技术（virtual manufacturing technology）将对制造各环节进一步渗透。虚拟制造技术是基于虚拟现实技术在一个统一模型下对设计和制造等过程进行集成的技术，它将与产品制造相关的各种过程及技术集成在三维的、动态的仿真数字模型上。其目的是在产品设计阶段，借助建模与仿真技术及时地、并行地模拟出产品未来制造过程乃至产品全生命周期的各种活动对产品设计的影响，预测、检测、评价产品性能和产品的可制造性等。产品设计中的虚拟技术指面向产品结构和性能的分析技术，以优化产品本身性能和成本为目标，包括产品的运动仿真和干涉检验、动力学分析、造型设计、人机工程学分析、强度和刚度有限元计算等。制造过程中的虚拟技术指面向产品生产过程的模拟，包括产品可加工性、加工方法和工艺合理性的检验，制造工艺的优化，产品质量、生产周期和最低成本目标的管理等；同时也能进行生产过程计划、组织管理、车间调度、供应链及物流设计的建模和仿真。虚拟制造的核心是计算机仿真。虚拟制造技术的应用将更加有效地、经济地、柔性地组织生产，增强决策与控制水平，有力地降低由于前期设计给后期制造带来的回溯更改，达到产品的开发周期和成本最小化、产品设计质量的最优化、生产效率的最大化。

5）制造向高精度化方向发展。在科学技术发展的今天，产品越来越复杂、精度要求越来越高，精密化制造（precision manufacturing）已成为机械制造的必然趋势。精密制造从制造技术的实质性而论，主要有精密和超精密加工技术及制造自动化技术两大领域，前者追求加工上的精度和表面质量极限；后者包括产品设计、制造和管理的自动化，它不仅是快速响应市场需求、提高生产率、改善劳动条件的重要手段，而且是保证产品质量的有效举措。两者有密切关系，许多精密和超精密加工要依靠自动化技术得以达到预期指标，而不少制造自动化有赖于精密加工才能准确、可靠地实现。由此可见，精密加工的实现是一个系统性问题，影响因素包括加工设备、夹具、刀具、量具等设备及工装的精度，制造工艺的合理性，环境因素的影响，制造过程系统的精度控制等。

6）绿色制造（green manufacturing）的要求将成为常态。绿色制造，又称为环境意识制造、面向环境的制造等，是综合考虑环境影响和资源效益的现代化制造模式，其目标是使产品从设计、制造、包装、运输、使用到报废处理的整个产品生命周期中，对环境的影响最小，资源利用率最高，并使企业经济效益和社会效益协调优化。与制造相关的绿色制造技术主要包括以下几个方面：①提高毛坯精度以实现少切屑甚至无切屑加工。通过使用精密铸造、冷挤压等生产技术，促进从近似成型到仿型的转型，这样不仅可以在机械制造中节省制造过程的能源消耗，还可以缩短产品生产周期，降低生产成本。②采用高速切削加工技术。高速切削加工技术在近年来的机械制造中得到广泛推广与应用，是一种低能耗、高效的绿色制造生产工艺。在产品制造过程中采用这类技术，不仅可以确保产品的质量，而且可以减少能源与物料的消耗，最大限度地提高产品的生产质量和效率。可以推断，此技术是绿色制造工艺未来发展的重点方向之一。③采用新型刀具技术。在机械制造过程中，减少那些结构复杂或价格昂贵刀具的损耗，是降低生产成本、减少污染的重要途径。当前，通过新型刀具材料的研究应用、刀具的技术参数的优化等方式实现刀具使用效能提升，已成为绿色制造工艺有效实施的重要一环。④采用干切削工艺。在切削加工中产生的废油、废液等没有进行有效处理而直接排放，将会造成严重的水污染、土壤污染。同时，切削液中的防腐、杀菌添加剂、碱性物质对人体也具有毒性，对加工制造人员的健康有一定危害。干切削工艺不使用切削液或者少用切削液，大大减少切削液产生的环境污染、回收的资源耗损及对工作人员的危害，有利于制造的绿色发展。目前，在欧洲的大批量机械加工中，有10%～15%的加工使用干切削。⑤快速成型技术。快速成型技术基于增材制造的原理，根据零件的CAD模型，使复杂的零部件直接成型，突破了传统去材法或成型法加工的限制，具有代表性的快速成型技术有分层实体制造（laminated object manufacturing，LOM）、熔化沉积制造（fused deposition modeling，FDM）等。快速成型技术的特点是不需要传统的刀具和夹具及多道加工工序，在一台设备上可快速精密地制造出任意复杂形状的零件，从而实现零件“自由制造”，解决了许多复杂结构零件的加工成型。快速成型技术不仅大大缩短了加工周期、提高了效率，而且减少了材料消耗、能源耗损，该技术具有鲜明的绿色性，是未来最具潜力的制造技术，代表了当前制造技术发展的前沿方向。

0.2 我国机械制造业的发展及面临的挑战

随着中国经济的发展，中国制造业持续发展，其规模早已稳居全球第一。根据世界银行数据，2018年中国大陆的GDP中制造业就超过了4万亿美元，几乎是美国、日本、德国的总和。但实事求是地讲，无论从技术上还是质量上，我国的制造业，特别是高端制造业距离德国、日本和美国都有不小的差距。2019年12月28日，在第五届中国制造强国论坛上，中国工程院战略咨询中心、机械科学研究总院装备制造业发展研究中心、国家工业信息安全发展研究中心联合发布了《2019中国制造强国发展指数报告》。该报告显示，中国制造强国发展指数为109.94，比去年略有提升，其主要原因是中国规模发展指数（55.16）为近年来最高值且持续位居全球首位，但质量效益指数（15.05）、结构优化指数（23.40）、持续发展指数（16.33）仍处于较低水平。中国制造强国发展指数整体位居美国、德国、日本之后，名列全球第四名。这与美国、德国、日本等国还有较大差距，其中美国在质量效益指数、结构优化指数、持续发展指数这 3 项上的指数分别为 49.84、48.77、31.33。因此，包括机械制造在内的中国制造业还存在产业结构不够合理、制造技术及工艺落后、产品质量水平不高、技术创新能力不足及生产管理等问题。主要表现在以下几个方面。

1）基础设备有待加强。在机械制造业中，机床、刀具、夹具、检测仪器等设备很大程度上决定了加工水平。而许多关键零部件，我国还不能自己生产制造，完全依赖进口，这在很大程度上限制了我国机械制造业的发展。我国的机械制造设备还比较落后，特别是高端数控装备。一些核心基础零部件、关键基础材料与发达国家还有一定的差距，仍没有实现完全自主保障。中国要推动制造业从低端走向高端还有很长的一段路要走。

2）制造工艺水平有待提高。随着科学技术的发展，特别是电子技术、信息技术的迅猛发展，越来越多的高新技术运用到机械制造行业中。特别是近年来，中国制造成了人们耳熟能详的一个词。但同时，中国制造在质量水平上还有待进一步提高，这很大程度上取决于我们的制造工艺。工业发达国家在制造工艺上较广泛地采用高精密加工、精细加工、微细加工等新型加工方法，但是我国普及率不高，尚在开发、掌握之中，我国仍然是以传统加工方式为主体，这就使得我们的工艺水平的提高受到限制。

3）自动化技术应用差距明显。随着计算机技术等高新技术的发展，机械制造业的自动化技术程度进一步提高。工业发达国家普遍采用数控机床、加工中心及柔性制造单元（flexible manufacturing cell，FMC）、柔性制造系统（flexible manufacturing system，FMS）、计算机集成制造系统（computer integrated manufacturing system，CIMS），基本实现了自动化、智能化、集成化、柔性化制造。而我国尚处在单机自动化、刚性自动化阶段，柔性制造单元和系统仅在少数企业使用。

4）生产管理相对落后。工业发达国家广泛采用计算机管理，重视组织和管理体制、生产模式的更新发展。我国只有少数大型企业采用计算机辅助管理，多数小型企业仍处于经验管理阶段。大多数企业中存在着重视生产技术、轻视管理技术，重视硬件建设、轻视软件建设；重视信息化、轻视集成化管理等问题。企业专业化管理水平低，国际市场开拓能力弱。

5）核心技术有待突破。改革开放以来，越来越多的外国企业到中国来投资，我国引进了不少国外的先进设备，却并没有掌握核心技术。对外技术依存度居高不下，导致我国的机械制造产业发展受制于人。技术黑洞的形成与国家的重视程度、投入密切相关。企业不仅缺乏核心技术，而且创新能力薄弱，而创新能力薄弱又导致我们在别人后边亦步亦趋，从而很难掌握核心技术。我国高新技术产业发展迅速，但具有自主知识产权的产品不多。企业难以掌握核心技术，重引进、轻消化吸收再创新的问题一直未能有效解决。当今世界，制造业的中心正在向我国等发展中国家转移，中国已经成为全球性的制造大国，令世界瞩目。然而，由于缺乏具有自主知识产权的核心技术和品牌，制造业的许多领域还停留在国际价值链分工的低端。

0.3 本课程的主要内容及目标

本课程的主要内容包括绪论、轴类零件加工工艺、盘套类零件加工工艺、箱体类零件加工工艺、齿轮类零件加工工艺和零件加工实例——分料工装基座的加工工艺，主要介绍基于普通机床的机械加工工艺过程。通过对本课程的学习，学生应掌握机械加工工艺的基本知识，能够基于普通机械加工机床进行零件机械加工工艺规程的编制，并具有团结协作、严谨认真、精益求精、节能环保的职业素质。

下面对基于普通机床的机械加工工艺过程相关知识进行简单介绍。

0.3.1 工艺规程的概念

什么是工艺规程呢？在机械产品生产中将原材料或半成品转变成为成品的各有关劳动过程的总和称为生产过程，主要包括以下内容：①产品投入生产前的各项生产和技术准备工作，如产品的试验研究和设计、工艺设计和专用工艺装备的设计与制造、各种生产资料的准备及生产组织等方面的准备工作；②毛坯的制造过程，如铸造、锻造和冲压等；③零件的各种加工过程，如零件的机械加工、焊接、热处理和其他表面处理等；④产品的装配过程，包括部装、总装、检验等；⑤各种生产服务活动，如生产中原材料、半成品、标准件、外购件和工具的准备、供应、运输、保管，以及产品的包装和发运等。

在生产过程中，直接改变生产对象的形状、尺寸、相互位置及性能，使其转变为成品或者半成品的过程称为机械加工工艺过程。例如，毛坯的制造、机械加工、热处理和装配等过程都属于工艺过程。

工艺规程就是在机械加工工艺过程中规定零件制造的过程和操作方法等的一种工艺文件。根据工艺规程，人们可以进行零件加工生产的组织和实施。

0.3.2 工艺规程的类型

工艺规程主要有两种：一种是机械加工工艺过程卡，如表 0-1 所示；另一种是机械加工工序卡，如表 0-2 所示。

表 0-1 机械加工工艺过程卡

<table>
<tr><td rowspan="2">企业名称</td><td rowspan="2" colspan="2">机械加工工艺过程卡</td><td>产品型号</td><td colspan="2">ES-130</td><td>零件图号</td><td>12</td><td colspan="3"></td></tr>
<tr><td>产品名称</td><td colspan="2">耳塞注塑模具</td><td>零件名称</td><td>导柱</td><td>共 1 页</td><td colspan="2">第 1 页</td></tr>
<tr><td>材料牌号</td><td>20</td><td>毛坯种类</td><td>棒料</td><td>毛坯外形尺寸</td><td>ϕ17×91</td><td>每件毛坯可制件数</td><td>1</td><td>每台件数</td><td>2</td><td>备注</td></tr>
<tr><td rowspan="2">工序号</td><td rowspan="2">工序名称</td><td rowspan="2">工序内容</td><td rowspan="2">车间</td><td rowspan="2">工段</td><td rowspan="2">设备</td><td rowspan="2">工艺装备</td><td colspan="2">工时</td></tr>
<tr><td>准终</td><td>单件</td></tr>
<tr><td>05</td><td>下料</td><td>按图样尺寸 ϕ17×91</td><td>机加</td><td>下料</td><td>锯床</td><td>锯条</td><td>0.2</td><td>0.5</td></tr>
<tr><td>10</td><td>车端面</td><td>车端面保持长度 88.5，打中心孔，调头车端面至尺寸 86，打中心孔</td><td>机加</td><td>普通机加</td><td>车床</td><td>自定心卡盘，车刀、中心钻，游标卡尺</td><td>0.2</td><td>1</td></tr>
</table>

续表

工序号	工序名称	工序内容	车间	工段	设备	工艺装备	工时	
							准终	单件
15	车外圆，钻中心孔	粗车外圆至尺寸ϕ10×80 并倒角；调头车外圆至ϕ17 并倒角，切槽 1×1 至尺寸	机加	普通机加	车床	自定心卡盘，车刀、中心钻，游标卡尺	0.4	2
20	检验		机加	检验工段		游标卡尺		0.5
25	热处理	渗碳淬火，保证表面硬度 55～60HRC	热处理		热处理炉		0.6	1
30	研中心孔	研中心孔，调头研另一端中心孔	机加	普通机加	车床	自定心卡盘，硬质合金多棱顶尖	0.2	0.5
35	磨外圆	磨ϕ10f7 外圆柱面，留研磨余量 0.01，并磨 $C1$ 倒角	机加	普通机加	磨床	顶尖，砂轮，游标卡尺	0.4	1.5
40	研磨	研磨外圆ϕ10f7 至尺寸，抛光 $C1$ 角	机加	普通机加	磨床	研磨环，游标卡尺	0.2	1
45	检验		机加	检验工段		游标卡尺	0.1	0.5

										设计（日期）	审核（日期）	标准化（日期）	会签（日期）
										张×× 2018.04.15	李×× 2018.04.16		
标记	处数	更改文件号	签字	日期	标记	处数	更改文件号	签字	日期				

表 0-2 机械加工工序卡

企业名称	机械加工工序卡	产品型号		零（部）件图号	3		
		产品名称	联轴器	零（部）件名称	导柱	共6页	第3页

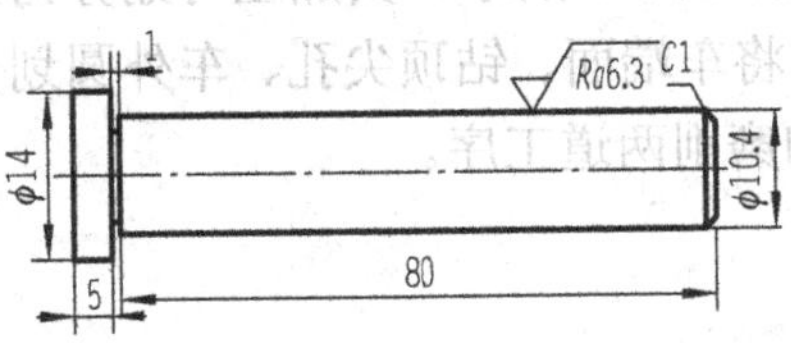

车间	工序号	工序名称	材料	
机加	15	车外圆	20 钢	
毛坯种类	毛坯尺寸大小	每件毛坯可制件数	每台件数	
棒料	ϕ17×86	1	2	
设备名称	设备型号	设备编号	同时加工件数	
卧式车床	CA6140	10	1	
夹具编号		夹具名称	切削液	
1		自定心卡盘、顶尖	切削油	
工位器具编号		工位器具名称	工序工时	
			准终	单件
1		运转小车	0.4	2

工步号	工步内容	工艺装备	主轴转速/（r/min）	切削转速/（m/min）	进给量/（mm/r）	切削深度/mm	进给次数	工步工时	
								机动	辅助
1	车右端外圆到ϕ10.4×81，倒角	高速钢车刀	300	120	0.5	1.5	1	0.107	0.22
2	调头车左端外圆至ϕ14×5，倒角	高速钢车刀	400	11	0.3	0.9	1	0.25	0.05
3	切 1mm 退刀槽	1mm 切刀	200	6.28	0.1	0.1	1	0.3	0.12

续表

工步号	工步内容	工艺装备	主轴转速/(r/min)	切削转速/(m/min)	进给量/(mm/r)	切削深度/mm	进给次数	工步工时 机动	工步工时 辅助

										设计（日期）	审核（日期）	标准化（日期）	会签（日期）
标记	处数	更改文件号	签字	日期	标记	处数	更改文件号	签字	日期				

1. 机械加工工艺过程卡

表 0-1 是导柱零件的机械加工工艺过程卡，它以工序为单位详细地说明零件加工的整个过程。在该工艺文件中，包括了零件的基本信息、零件的加工工艺路线、工艺实施地点、加工选用设备与工艺装备、加工的时间定额、工艺设计信息等。

（1）零件的基本信息

零件的基本信息包括产品名称，即被加工零件属于哪个产品；零件的名称；零件的材料、毛坯及毛坯尺寸；零件的数量信息。

（2）零件的加工工艺路线

零件的加工工艺路线是零件加工的具体实施过程，它规定了零件加工的具体实施过程，技术工人根据工艺内容进行零件的加工操作，就能将零件加工出来。零件的加工工艺路线由若干工序组成。

工序是指一个（或一组）工人，在同一个工作地点（如机床或钳工台），对一个（或同时几个）工件加工所连续完成的那部分工艺过程。划分工序的主要依据是在加工过程中，加工对象、工作地点是否改变，加工是否连续。

图 0-1 是一个回转体零件模柄，其加工工艺过程如表 0-3 所示，其加工可划分为三个工序。但如果车削内容在同一机床上进行，也可以将车端面、钻顶尖孔、车外圆划分为一个工序，那么零件的工艺过程此时就只有车削和磨削两道工序。

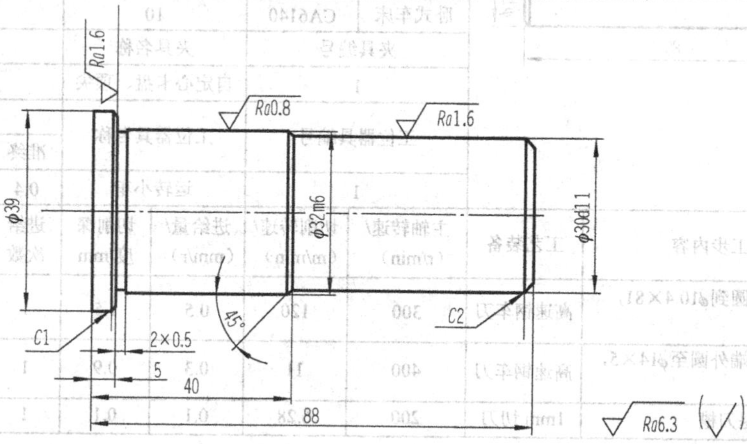

图 0-1　模柄

表 0-3 模柄的工艺过程

工序编号	工序内容	设备
00	车两端面钻中心孔	车床
05	车外圆（ϕ32 留磨削余量）、车槽并倒角	车床
10	磨ϕ32 外圆	外圆磨床

工序又可以分为装夹、工位、工步、走刀等。

1）装夹与工位。工件在加工之前，在机床或夹具上先占据一个正确的位置，称为定位。使工件具有正确的位置并夹紧的过程称为装夹，装夹要使工件在加工过程中保持定位时的正确位置不变。在一个工序内，工件的加工可能只需装夹一次，也可能需要装夹几次。当然，工件在加工过程中应尽量减少装夹次数。因为多一次装夹会产生多一次的定位误差，而且还增加了装夹工件的辅助时间。

为了完成一定的工序内容，在一次装夹以后，工件与夹具或设备的可动部分一起，相对于刀具或设备的固定部分所占据的每一个位置称为工位。一次装夹一般只有一个工位，但是为了减少工件装夹的次数，常采用各种回转工作台、回转夹具或移位夹具，使工件在一次装夹中先后处于几个不同的工位进行加工。如图 0-2 所示的回转工作台，工位Ⅰ装卸工件，工位Ⅱ钻孔，工位Ⅲ扩孔，工位Ⅳ铰孔。

2）工步与走刀。在一个工序内往往需要采用不同的刀具和切削用量对不同的表面进行加工。为了便于分析和描述工序的内容，工序还可以进一步划分为工步：当加工表面、切削工具和主要切削参数均不变时，所完成的那部分工序称为工步。

为了提高生产效率，用复合刀具同时加工工件上的几个表面，称为复合工步。如图 0-3 所示是用钻头和车刀同时加工内孔和外圆的复合工步。

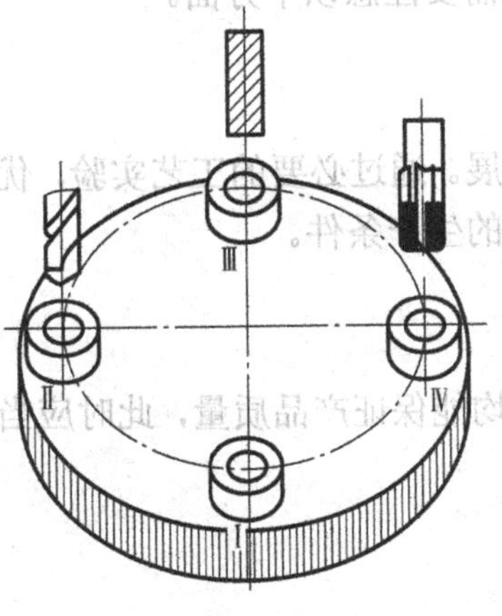

图 0-2 回转工作台

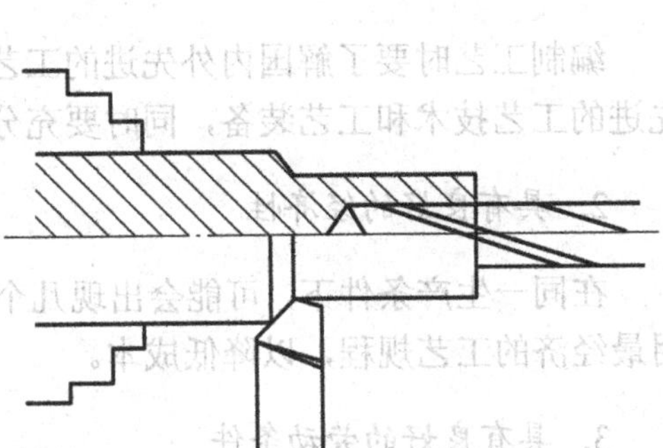
图 0-3 复合工步

在一个工步内，由于被加工表面需切除的金属层有一定厚度，需要分几次切削，此时每进行一次切削就是一次走刀。走刀是工步的一部分，一个工步可包括一次或几次走刀。

（3）工艺实施地点

工艺实施地点是工序实施的车间及工段。例如，10 号工序实施的车间是机加车间，工段是普通机加工段；20 号检验工序在机加车间的检验工段实施。

（4）加工选用设备与工艺装备

加工选用设备与工艺装备明确了每个工序使用的机床、夹具、刀具、量具。例如，35 号磨削工序，它使用的设备是磨床，夹具是顶尖，刀具是砂轮，量具是游标卡尺。

（5）加工的时间定额

时间定额是在一定生产条件下，规定生产一件产品或完成一道工序所需消耗的时间。根据时间定额可以安排生产作业计划，进行成本核算（包括工人工时工资的核算），确定设备数量和人员编制，规划生产场地的面积等。

（6）工艺设计信息

工艺设计信息包括设计人员、审核人员信息，以及对工艺进行修改时的数量，修改技术人员信息的标记等。

2. 机械加工工序卡

机械加工工序卡是当某些重要的工序加工内容多、比较复杂时，为了进一步清晰地说明相关工序的加工内容，以工步为单位编制的工艺文件，如表 0-2 所示。该工艺文件除了包括零件的信息，工序的具体内容、加工选用设备与工艺装备，工艺设计信息等以外，还包括了各工步实施过程中的切削用量参数，如切削速度、进给量等。

0.3.3 工艺规程的编制原则

工艺规程的编制原则是在一定的生产条件下，使所编制的工艺规程能以最少的劳动量和最低的费用可靠地加工出符合图样技术要求的零件。工艺规程首先要保证产品的质量，同时要具有良好的经济效益。工艺规程的编制需要注意以下方面。

1. 技术先进

编制工艺时要了解国内外先进的工艺技术的发展。通过必要的工艺实验，优先采用先进的工艺技术和工艺装备，同时要充分利用现有的生产条件。

2. 具有良好的经济性

在同一生产条件下，可能会出现几个工艺规程均能保证产品质量，此时应当考虑采用最经济的工艺规程，以降低成本。

3. 具有良好的劳动条件

编制工艺规程时，要注意保证工人具有良好、安全的劳动条件，通过机械化、自动化等途径，把工人从笨重的体力劳动中解放出来。

0.3.4 工艺规程的编制步骤

工艺规程的编制有 8 个步骤：

1）研究产品的装配图和零件图，进行工艺分析；

2）根据生产纲领确定生产类型；

3）确定毛坯；

4）拟定工艺路线；

5）确定各工序的加工余量，计算工序尺寸及其公差；

6）选择各工序使用的机床设备及工艺装备；

7）确定切削用量及时间定额；

8）填写工艺文件。

0.4　本课程的学习方法及要求

本课程具有较强的理论性和实践性，因此在学习过程中重点是将理论与实践结合，运用理论指导实践，在实践中运用理论，特别是要将工艺规程编制的步骤，即研究产品的装配图和零件图，进行工艺分析、确定生产类型、确定毛坯、拟定工艺路线、确定各工序的加工余量，计算工序尺寸及其公差、选择各工序使用的机床设备及工艺装备、确定切削用量及时间定额、填写工艺文件，熟练地与具体的加工任务结合起来。同时，要将绿色制造理念贯穿于工艺设计当中，将良好的职业规范贯穿到实践当中。通过本课程的学习，学生不仅要提高自身的专业知识、技术能力，还要提升自身的职业素养。

习　　题

一、填空题

1．生产过程中改变生产对象的形状、尺寸、相对位置和性质等，使其成为半成品或者成品的过程称为________。

2．机加工工艺过程的组成：若干工序，工序又分为装夹、________、________和走刀等。

3．规定产品或者零部件制造工艺过程和操作方法等的工艺文件称为________。

4．工序划分的依据是________、________、________3 个方面。

5．工艺规程的类型主要有________和________两种。

二、单项选择题

1．工件在一次装夹后，完成的那一部分工序称为（　　）。

A．工序　　B．工步　　C．工位　　D．安装

2．关于定位和夹紧，以下说法错误的是（　　）。

A．工件的定位和夹紧是工件装夹的两个过程

B．定位是让工件有一个正确的加工位置

C．夹紧是固定正确位置

D．工件夹紧不能动也就是定位正确

3．在加工表面和加工工具不变的情况下，连续完成的那一部分工序称为（　　）。

A．工序　　B．工步　　C．工位　　D．装夹

4．零件机械加工工艺过程组成的基本单元是（　　）。

A．工步　　B．工序　　C．装夹　　D．走刀

5．下面（　　）的结论是正确的。

A．一道工序只能有一次装夹

B．一次装夹只能有一个工位

C．一个工位只能完成一个工步

D．一道工序只能在一台设备上完成

三、简答题

1．如何理解生产过程与工艺过程之间的关系？

2．工艺规程的作用是什么？

3．简述工艺规程的编制步骤。

4．工艺规程编制需要遵循哪些原则？

5．机械加工工艺规程卡与机械加工工序卡有何不同？之间有无联系？

项目 1

轴类零件加工工艺

相关知识

1 相关知识

轴类零件是机器中的主要零件之一，多为长度大于直径的回转体零件，主要由圆柱面、圆锥面、端面、沟槽、螺纹、键槽、花键等表面构成。它的主要作用是支承传动零件、传递转矩、承受载荷，以及保证装在轴上的零件具有一定的回转精度，如图 1-1 所示。

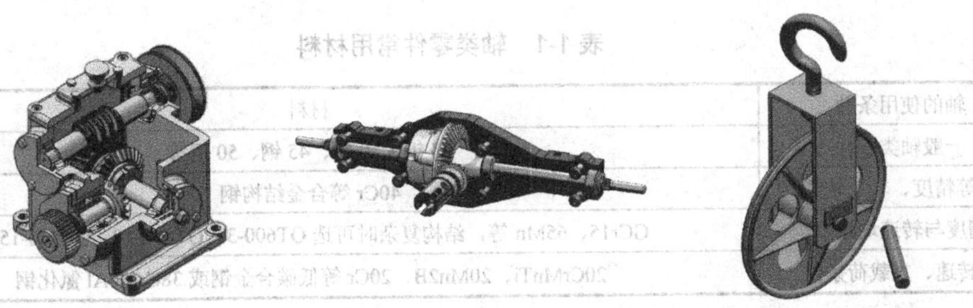

(a) 支承传动零件　　(b) 传递转矩　　(c) 承受载荷

图 1-1　轴的功用

1. 轴类零件的分类

轴类零件用途广泛，分类方法也比较多样，下面介绍两种主要的分类方法：按轴的结构形状特点分类和按轴的长径比分类。

（1）按轴的结构形状特点分类

按轴的结构形状特点可分为光轴、阶梯轴、空心轴和异形轴（包括曲轴、凸轮轴和偏心轴等），如图 1-2 所示。

（2）按轴的长径比分类

按轴的长径比分类就是按照轴的长度 L 与直径 d 的比值来分类，可分为刚性轴和挠性轴两类。刚性轴的长度与直径的比小于 12（$L/d<12$），而挠性轴的长度与直径的比大于等于 12（$L/d\geqslant 12$）。长径比越小的轴，刚性越好。

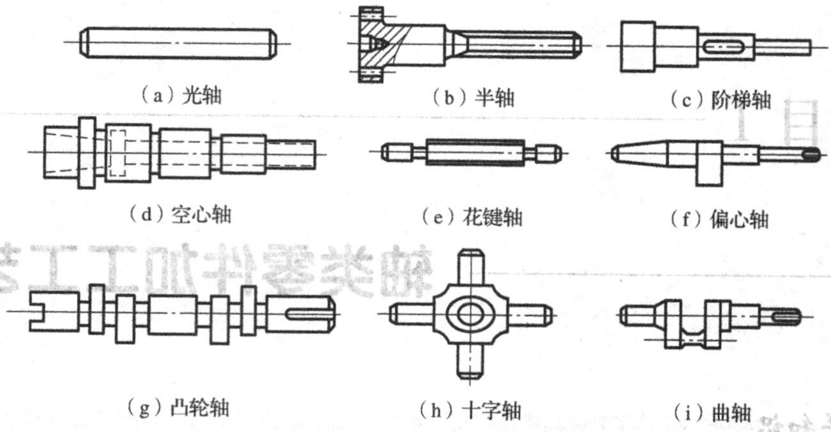

（a）光轴　（b）半轴　（c）阶梯轴　（d）空心轴　（e）花键轴　（f）偏心轴　（g）凸轮轴　（h）十字轴　（i）曲轴

图 1-2　按轴的结构形状特点分类

2. 轴类零件的材料与毛坯

轴类零件的材料根据轴的使用要求、材料的工艺性能、成本等综合考虑。轴类零件常用材料如表 1-1 所示。

表 1-1　轴类零件常用材料

轴的使用条件	材料
一般轴类零件	35 钢、40 钢、45 钢、50 钢等
中等精度、转速较高	40Cr 等合金结构钢
精度与转速均较高	GCr15、65Mn 等，结构复杂时可选 QT600-3、QT450-10、QT400-15 等
高转速、重载荷条件	20CrMnTi、20Mn2B、20Cr 等低碳合金钢或 38CrMoAl 氮化钢

轴的毛坯根据轴材料的工艺性能、结构形状及尺寸、使用要求、成本等因素确定。钢制材料的轴，可以采用型材或者锻造毛坯。当力学性能要求高时，应采用锻造毛坯，提高性能[图 1-3（a）]；此外，截面直径相差较大时也需要采用锻造毛坯，以节约材料、减少机械加工量，从而降低成本。铸铁材料的轴，采用铸造毛坯，可以获得各种尺寸的复杂形状零件。图 1-3（b）所示为球墨铸铁铸造成型的汽车发动机曲轴。

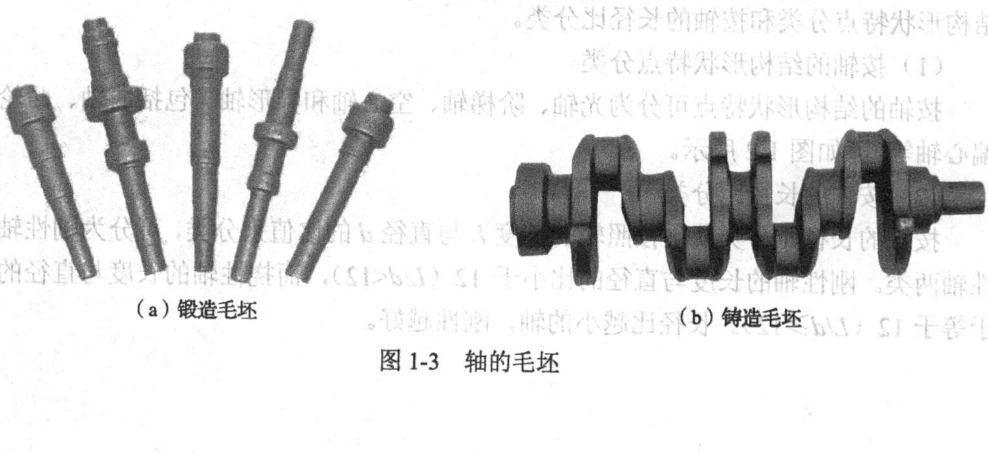

（a）锻造毛坯　（b）铸造毛坯

图 1-3　轴的毛坯

3. 轴类零件的技术要求

轴类零件的技术要求包括零件的加工精度要求、表面质量要求和热处理要求3个方面。

（1）轴类零件的加工精度要求

加工精度包括尺寸精度、几何形状精度、位置精度。对于轴类零件而言，技术要求较高的有与轴承配合的支承轴颈和与齿轮配合的装配轴颈；而其他非配合面的技术要求多为一般精度。

轴的支承轴颈的尺寸精度要求较高，一般是IT7～IT5级精度；装配轴颈的尺寸精度是IT9～IT6。

轴类零件的几何形状精度主要是指轴颈、外锥面、莫氏锥孔等的圆度、圆柱度，一般应该限制在直径公差范围之内，要求较高时，可在零件图上专门标注几何公差，取直径公差的1/2～1/4。

轴类零件的位置精度要求主要是圆跳动、端面圆跳动要求。轴的位置精度因其使用条件而异，对于普通精度的轴，其配合轴颈相对支承轴颈的径向圆跳动一般为0.03～0.01mm；高精度轴的圆跳动一般为0.005～0.001mm，端面圆跳动一般为0.01～0.005mm。

（2）轴类零件的表面质量要求

轴类零件的表面粗糙度要求较高，支承轴颈的表面粗糙度要求一般为Ra0.8～0.2μm；配合轴颈的表面粗糙度一般是Ra3.2～0.8μm。

（3）轴类零件的热处理要求

轴类零件作为一种重要零件，需具有良好的综合力学性能，而这离不开热处理工艺。轴类零件的使用条件不同，采用的材料也就不同，那么热处理方式也是有区别的。例如，一般精度的轴类零件多采用40钢、45钢等中碳钢，这些轴的热处理一般采用调质热处理，以获得良好的综合力学性能；对于采用如40Cr等中碳合金钢的轴，一般先进行调质热处理，再进行淬火热处理，调质使零件心部具有良好的综合力学性能，而淬火使零件具有高强度、高耐磨性；使用如20CrMnTi等低碳合金钢的轴类零件，为了保证其良好的综合性能和表面具有良好的耐磨性，需要渗碳淬火后再进行低温回火；对于采用38CrMoAl材料的轴类零件，一般采用调质加氮化的热处理方式，通过氮化处理可以获得高的耐磨性和高的抗疲劳性能，热处理变形也较小，38CrMoAl称为氮化王牌钢。

项目任务要求

本项目任务为传动轴加工，其零件图如图1-4所示。该传动轴为新研发的重载汽车减速器的传动轴，为典型的阶梯轴；零件为试制性产品，生产量为10件；该传动轴承受载荷较大、转速较高，采用的材料是低碳合金钢20CrMnTi，通过渗碳淬火加低温回火热处理获得良好的力学性能，满足其使用要求。

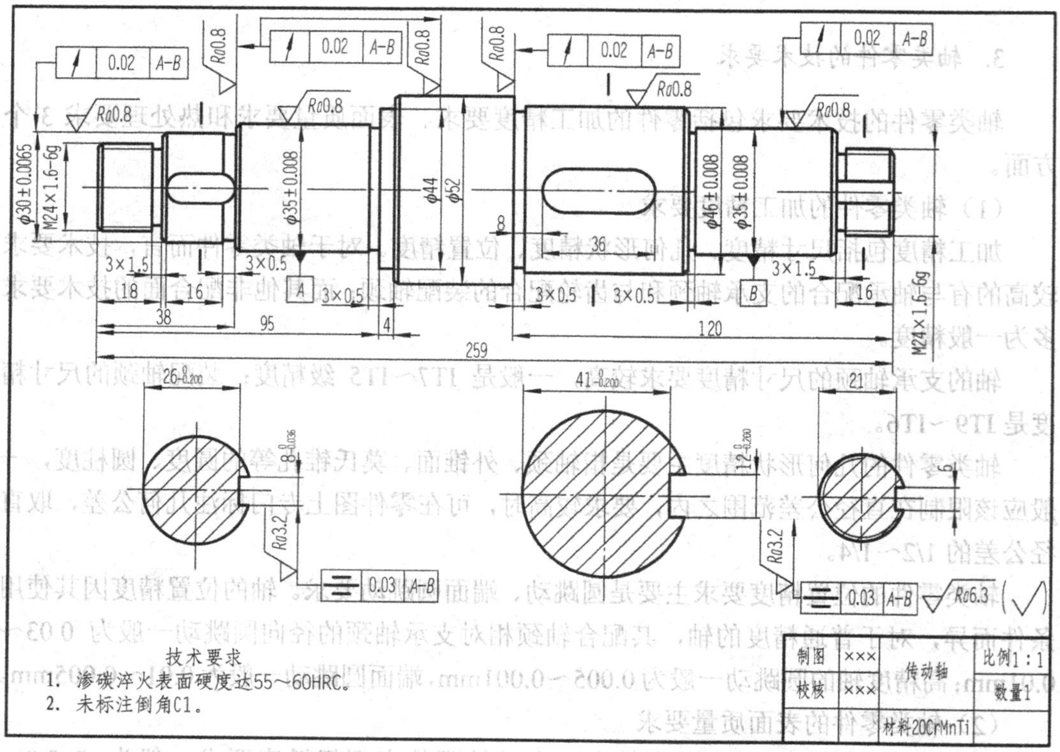

图 1-4 减速器传动轴

项目任务实施

任务 1 传动轴的工艺分析

工艺分析是通过装配图、零件图及其他设计资料的审阅，了解加工任务的基本情况和明确零件制造的具体要求，内容包括 3 个方面，即几何形状分析、结构工艺性分析、技术要求分析。在此基础上，还需通过分析进一步弄清零件制造工艺的难点，为后续各阶段的工艺编制工作打下基础。

1.1

1. 几何形状分析

任何零件都可以看成是由一些面所围成的，这些面可以分成基本表面和特殊表面。基本表面主要是指圆柱面、平面、圆锥面等，特殊表面主要是指一些较为复杂的三维曲面。零件的几何形状将直接影响零件加工方法的选择。例如，零件的外圆面可能采用车削、外圆磨削进行加工；而长方体零件的平面或者沟槽，可能采用刨削、铣削、平面磨削等方法加工。零件的几何形状及其面的构成是选择零件加工方法的基本依据之一。

减速器传动轴是一个阶梯状的传动轴，由圆柱面、端面、键槽、螺纹面等基本表面所构成。从零件的几何形状来看，可采用车削、磨削加工外圆面、端面，可采用车削加工螺纹面，而键槽可以采用铣削加工。

2. 结构工艺性分析

零件的结构工艺性分析是指零件在满足使用要求的前提下，制造的可行性和经济性分析，是从制造的角度讨论结构设计的合理性与经济性问题，即零件的结构设计是否便于零件加工。因此，结构工艺性分析就是从制造的角度分析零件设计当中不符合机械加工工艺的结构，查找设计上的不合理并加以改进。

对于轴类零件而言，制造工艺对零件的结构提出了哪些要求呢？下面进行具体介绍。

第一，设计的结构应便于用刀。在同一轴上，退刀槽、圆角等结构的尺寸应当统一，以避免加工这些结构时多次换刀，影响加工效率，如图1-5所示。

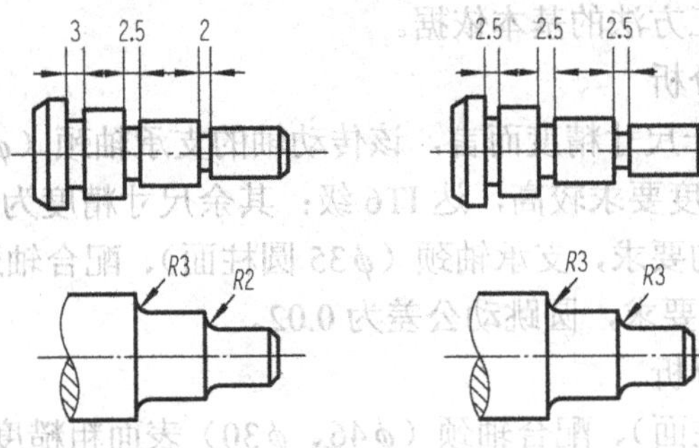

（a）不合理　（b）合理

图1-5　设计的结构便于用刀

第二，设计的结构应便于加工中的装夹。在设计轴上的键槽时，应当将键槽设置在轴向的同一直线上，以避免加工键槽时多次装夹，增加装夹误差，增加辅助时间，降低生产效率，如图1-6所示。

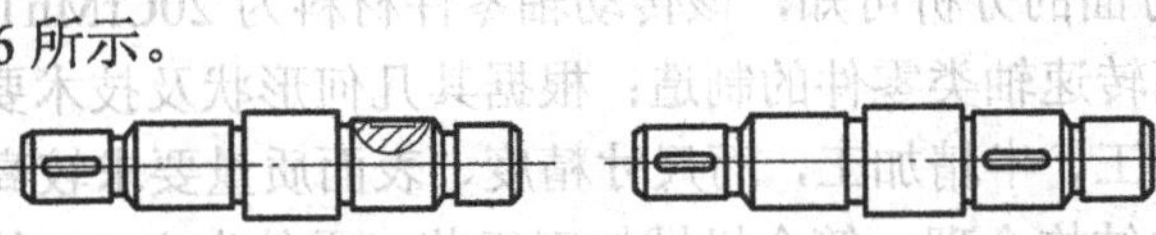

（a）不合理　（b）合理

图1-6　设计的结构便于装夹

第三，便于标准化生产。在设计一些具有标准元素的结构时，应尽量采用国家标准，便于组织生产。如图1-7所示，螺纹参数应该采用国家标准。

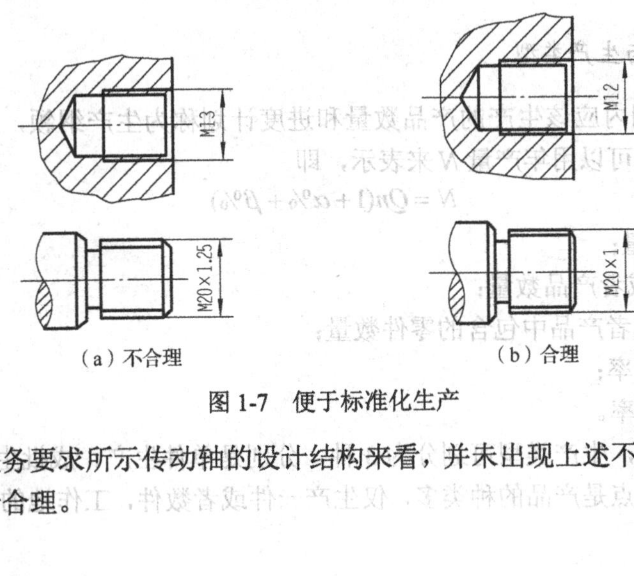

（a）不合理　（b）合理

图1-7　便于标准化生产

从本项目任务要求所示传动轴的设计结构来看，并未出现上述不符合结构工艺性要求的结构，设计合理。

3. 技术要求分析

技术要求分析就是通过设计图样，弄清制造的具体技术指标要求，包括加工精度要求、表面质量要求和热处理要求。根据技术要求的高低，可以将零件的表面分为主要表面和次要表面。主要表面是指零件几何面中的配合面、工作面，如此轴的支承轴颈、配合轴颈；次要表面主要是指一些非工作面，如传动轴的端面、退刀槽等。零件各表面的技术要求是选择面的加工方法的基本依据。

（1）加工精度要求分析

从图 1-4 可见，对于尺寸精度而言，该传动轴的支承轴颈（ϕ35 圆柱面）、配合轴颈（ϕ46、ϕ30）尺寸精度要求较高，达 IT6 级；其余尺寸精度为一般要求。

该轴也有位置精度的要求，支承轴颈（ϕ35 圆柱面）、配合轴颈（ϕ46、ϕ30）均相对于基准 *A*—*B* 有圆跳动要求，圆跳动公差为 0.02。

（2）表面质量要求分析

支承轴颈（ϕ35 圆柱面）、配合轴颈（ϕ46、ϕ30）表面粗糙度要求为 *Ra*0.8μm，其余为 *Ra*6.3μm。

（3）热处理要求分析

该传动轴硬度需达到 55～60HRC。由于该零件材料属于低碳钢，因此要达到设计要求的硬度值，需对该零件进行渗碳淬火，并通过低温回火降低淬火应力。

通过上述 3 个方面的分析可知，该传动轴零件材料为 20CrMnTi，为优质的低碳合金钢，适于重载、高转速轴类零件的制造；根据其几何形状及技术要求，该零件多采用车削、铣削进行粗加工、半精加工，而尺寸精度、表面质量要求较高的轴颈需要采用磨削进行精加工；零件结构合理，符合机械加工工艺；零件生产 10 件，生产量较小，适合工序集中的工序划分方式；为保证多个重要表面相对于同一基准的圆跳动要求，采用精加工时应该以传动轴的轴线作为定位基准。

任务 2　传动轴生产类型的确定

1.2

1. 生产纲领与生产类型

企业在计划期内应该生产的产品数量和进度计划称为生产纲领，计划期通常是一年，所以生产纲领可以用年产量 *N* 来表示，即

$$N = Qn(1+\alpha\% + \beta\%) \tag{1-1}$$

式中，*N*——年产量；

Q——机器或者产品数量；

n——机器或者产品中包含的零件数量；

$\alpha\%$——备品率；

$\beta\%$——废品率。

根据生产纲领，生产类型可划分为 3 种，分别是单件生产、成批生产和大量生产。

单件生产的特点是产品的种类多，仅生产一件或者数件，工作地的加工对象经常改

变，很少重复生产。

成批生产的特点是产品的种类多，同一产品有一定数量，成批生产或者一段时间后重复生产。

大量生产的特点是产品种类单一，同一产品产量很大，工作地长期只完成某道工序。

当然，生产类型的确定不能仅仅考虑数量，还要考虑零件的用途、结构复杂程度、尺寸大小等。例如，一台重型龙门刨铣床比一台钻床大得多，复杂得多，生产 20 台龙门刨铣床属于小批量生产，而生产 20 台钻床只能算单件生产。相应的生产纲领与生产类型的关系如表 1-2 所示。

表 1-2　生产纲领与生产类型的关系　　单位：件/年

生产类型	零件的年生产纲领		
	重型机械	中型机械	轻型机械
单件生产	≤5	≤20	≤100
小批生产	5～100	20～200	100～500
中批生产	100～300	200～500	500～5000
大批生产	300～1000	500～5000	5000～50000
大量生产	>1000	>5000	>50000

生产类型的不同将直接影响生产工艺的组织。例如，毛坯的生产方式如何与生产类型匹配？大批量生产就应该采用生产效率高的毛坯生产方式。再如，机床设备、刀具、夹具等工艺装备如何适应生产类型要求？大批量生产可以采用专用设备、工艺装备来提高生产效率，而单件生产采用专用设备及工艺装备会造成生产成本高的问题。此外，还有工序内容的安排如何与生产类型匹配等。可以说生产纲领、生产类型影响着工艺实施的方方面面，因此在工艺分析之后需要进行生产纲领的确定和生产类型的划分。

2. 传动轴生产类型的确定

根据加工任务可知，该传动轴的生产量只有 10 件，是试制型的生产，产品处于研发试制阶段，依据前述原则可以确定此轴的生产类型属于单件生产。

任务 3　传动轴毛坯的选择

毛坯是根据零件所要求的形状和工艺尺寸制成的供进一步加工的生产对象。毛坯的确定将直接影响生产的工艺过程、零件的性能及生产的成本。图 1-8 所示为轴类零件的毛坯与成品。

1.3

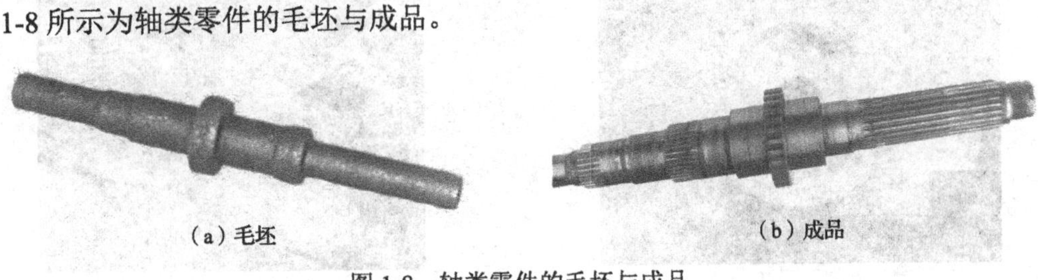

(a) 毛坯　　(b) 成品

图 1-8　轴类零件的毛坯与成品

1. 认识毛坯的种类

（1）型材毛坯

型材是钢厂生产出的具有特定形状和尺寸的板材、棒料、线材等，这类毛坯主要用于一些零件形状简单、力学性能要求不高的钢制零件，如图 1-9 所示。

（2）锻造件毛坯

锻造件毛坯是通过锻造获得的一定形状和尺寸的毛坯，如图 1-10 所示。通过锻造可以提高零件的力学性能，节约材料，减少机械加工工作量，主要用于力学性能要求较高的钢制零件。锻造件毛坯主要有自由锻毛坯和模锻毛坯。模锻生产效率高，主要适用于大批量生产，但是受到设备、模具的限制，只能制造中小型零件毛坯。自由锻生产效率较低，主要适用于小批量、单件生产，但是自由锻生产灵活，可以生产中小型零件毛坯，也可生产大型零件毛坯。

图 1-9 型材毛坯

图 1-10 锻造件毛坯

（3）铸造件毛坯

铸造件毛坯是铸铁材料零件毛坯的主要制造方式。通过铸造可以获得不同形状、尺寸的毛坯零件，同时多种铸造工艺可满足各种生产类型的生产。图 1-11 所示为铸造件毛坯。

（4）焊接件毛坯

通过焊接工艺制作的毛坯称为焊接件毛坯。焊接时容易造成变形，因此该毛坯制造方式主要用于尺寸精度要求不高的板材组合件、大型钢结构零件。图 1-12 所示为焊接件毛坯。

图 1-11 铸造件毛坯

图 1-12 焊接件毛坯

(5) 其他毛坯

除上述毛坯种类外，还可采用其他一些先进工艺制造毛坯，如粉末冶金毛坯、超塑成型毛坯等。其中，粉末冶金毛坯是将金属粉末通过压制烧结，获得具有特殊力学性能及较高尺寸精度的毛坯，主要用于一些性能要求高的零件。图 1-13 所示为粉末冶金毛坯。

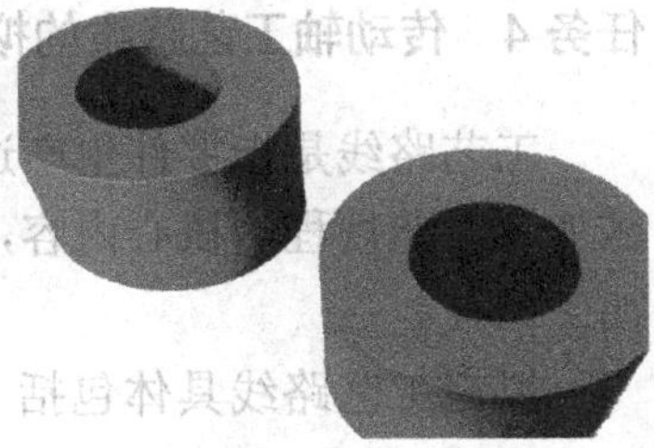

图 1-13　粉末冶金毛坯

2. 考虑的因素

毛坯选择的主要工作在于用什么样的工艺方法来制造毛坯，以达到零件材料的工艺要求、零件的质量要求、零件的生产批量及成本要求。毛坯的选择应考虑以下几个因素：

1）材料的工艺性能。毛坯的制造方式需要与零件材料的工艺性能相适应。因为不同的材料，其工艺性能是不一样的。例如，钢制零件就不适宜采用铸造件毛坯，因为钢材的铸造件性能很差，很难获得所需要的结构形状。所以，钢制零件的毛坯多选型材、锻造件。而对铸铁零件来说，不能进行锻造，其铸造工艺性能较好，那么它的毛坯适合采用铸造件毛坯。

2）零件的性能要求。零件毛坯的制造方式需要保证零件的力学性能要求。例如，对于钢制材料，力学性能要求较高时，应该采用锻造件毛坯而不采用型材。型材主要用于截面尺寸差别不大、力学性能要求不高的零件。

3）生产类型的要求。毛坯的制造方式会影响毛坯生产的效率，毛坯生产效率需要和零件的生产批量相匹配。例如，对于锻造件毛坯而言，如果生产批量比较大，可以考虑采用模锻，获得高的生产效率，而不宜采用自由锻。对于铸造件毛坯，如果批量比较大，可采用金属模铸造，而不宜采用手工砂型铸造。

4）零件的结构与尺寸。毛坯的制造方式必须考虑零件的结构和尺寸要求。例如，一般用途的钢制阶梯轴，当各台阶直径相差不大时，可用型材；当台阶直径相差很大时宜采用锻件。这样可以节约材料，减少金属切削的加工量，降低成本。再如成批生产中，中小型零件可采用模锻，而大尺寸轴应采用自由锻。因为大尺寸零件受设备和模具的限制，一般采用自由锻来完成。

3. 选择

本项目任务加工的传动轴的材料是 20CrMnTi，是一种低碳合金钢，从材料工艺性能的角度可以选择型材或锻造件作为毛坯；再从力学性能的角度来看，该传动轴要承受重载荷和高转速，力学性能要求较高。因此，该传动轴应当采用锻造件毛坯。锻造件毛坯通常有自由锻和模锻。自由锻的特点是工艺灵活、尺寸限制较小，但质量不易控制，适合单件小批量生产。模锻的特点是质量一致性好，易于控制，但需要制造锻模，成本较高。因该传动轴是单件生产，采用模锻显然成本太高，而自由锻更适合本项目任务的实际情况，所以该传动轴选用自由锻毛坯。

任务 4　传动轴工艺路线的拟定

1.4

工艺路线是指零件生产过程中由毛坯到成品的加工工艺实施方案，机械加工工艺规程的核心内容，实际上就是用工序、工步描述的零件的整个加工过程。

拟定工艺路线具体包括 4 个方面的内容：①面的加工方法的选择，主要是根据各面的结构形状、加工要求等确定各面的加工方案；②加工阶段的划分，根据加工过程中的不同阶段的工艺目的，将工艺过程划分成粗加工、半精加工、精加工、光整加工 4 个加工阶段；③工序的划分，即在同一个加工阶段中，将各面的加工内容划分成若干工序；④工序顺序的安排，将确定的各工序按照一定顺序排列，确定工序实施的先后顺序。

此外，拟定工艺路线时，除了上述具体的内容外，还有一个十分重要的工作，那就是选择定位基准，并根据定位基准考虑工序实施过程中的装夹方法。定位基准的选择应该在拟定具体工艺路线前加以总体考虑。

1. 传动轴定位基准的选择

当加工工序实施时，使工件在机床上具有正确的位置及加紧的过程，称为装夹。在这一过程中，使工件具有正确的位置就需要采用工件上的一些点、线、面作为定位基准，并与机床或者夹具上的定位元件配合。基准实际上就是用来确定生产对象几何要素间几何关系所依据的那些点、线、面。

定位基准的选择将直接影响加工的顺序、各面的加工质量、加工成本等。因此，在工艺路线拟定时就需要在工艺分析对基准初步考虑的基础上，进一步确定各工序的定位基准。

（1）基准的分类

基准分为设计基准和工艺基准。

1）设计基准。设计基准是在设计图样上所采用的基准。如图 1-14 所示，内孔ϕ20H8 的轴线是外圆面圆跳动公差的设计基准。

2）工艺基准。工艺基准是零件加工或者机器、部件装配过程中所采用的基准。工艺基准又分为定位基准、工序基准、测量基准和装配基准。

定位基准是在加工中工件上用作定位用的点、线、面，分为粗基准和精基准，如图 1-15 所示。粗基准是用未加工过的表面作为定位基准，精基准是使用已经加工过的表面作为定位基准。

工序基准是在工序图上用来确定本工序被加工表面尺寸形状和位置所依据的基准。如图 1-16 所示，M 面或者 N 面均可作为孔加工工序的工序基准，确定孔加工过的位置。

测量基准是在加工中或者加工后测量尺寸和形状误差所依据的点、线、面。如图 1-17 所示，在圆柱面上加工平面时，检验加工平面位置尺寸 H_2 的基准是在通过圆柱体轴线且与被加工表面垂直的平面上的一条圆柱面的母线，该母线就是此时的测量基准。

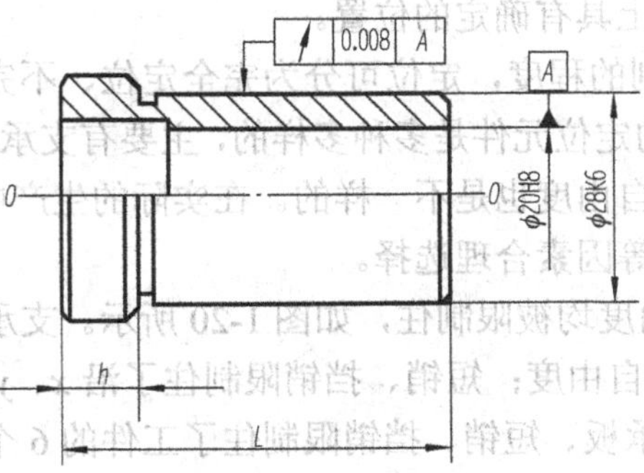

图 1-14　设计基准

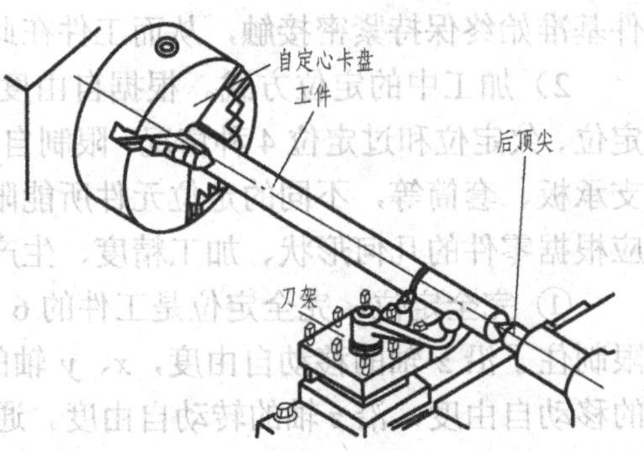

图 1-15　定位基准

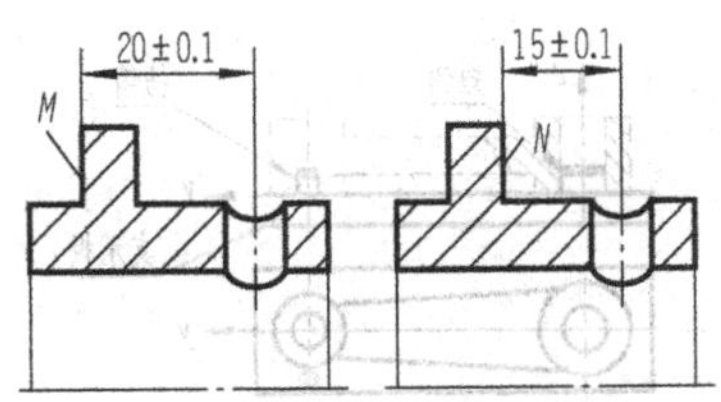

图 1-16　工序基准

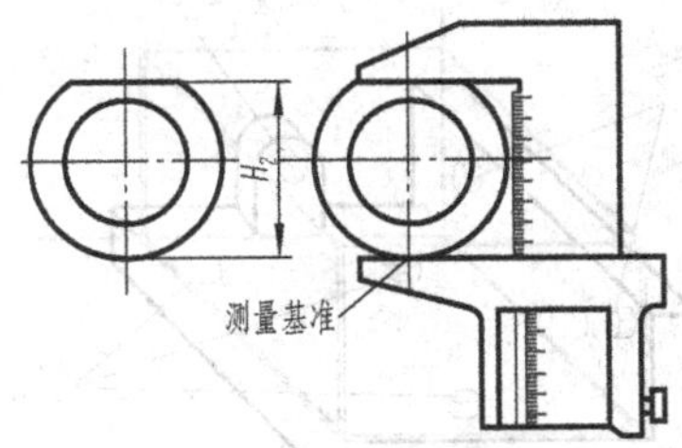

图 1-17　测量基准

装配基准是装配时用来确定零件或部件在产品中的相对位置所依据的基准。如图 1-18 所示，零件 2 的轴线是零件 1 装配到零件 2 上的装配基准，也就是说在将零件 1 装配到零件 2 时必须依据零件 2 的轴线进行装配。

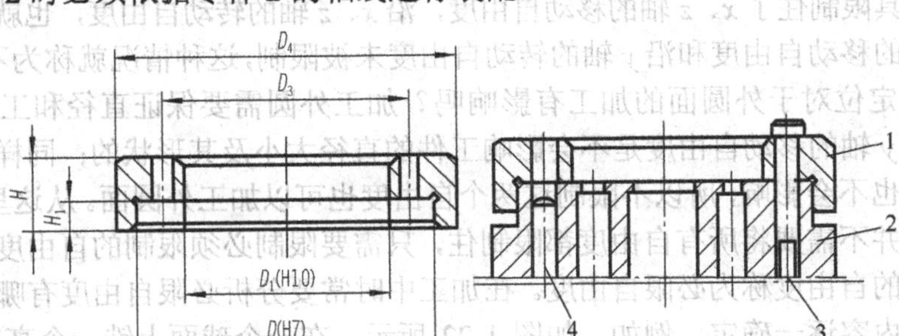

（a）定位环　　（b）装配环

图 1-18　装配基准

（2）定位原理

定位原理是在装夹过程中使定位基准与定位元件配合，确定工件在机床上的正确位置，从而达到正确装夹的方法和原则。

1）六点定位原则。空间物体有向任意方向运动的可能性，称为自由度。在空间坐标系里面有 6 个自由度，它们分别是沿 x 轴、y 轴、z 轴的移动自由度和绕这 3 个坐标轴的转动自由度，要完全限制住空间物体的位置，必须把这 6 个自由度完全限制住，这就是六点定位原则。

六点定位原则就是用 6 个支承点，分别限制住工件的 6 个自由度，从而使工件在直角坐标系中的位置完全确定，如图 1-19 所示。限制自由度应理解为，定位支承点与工件基准始终保持紧密接触，从而工件在此方向上具有确定的位置。

2）加工中的定位方式。根据自由度被限制的程度，定位可分为完全定位、不完全定位、欠定位和过定位4种情况。限制自由度的定位元件是多种多样的，主要有支承钉、支承板、套筒等，不同的定位元件所能限制的自由度也是不一样的。在实际的生产中，应根据零件的几何形状、加工精度、生产设备等因素合理选择。

① 完全定位。完全定位是工件的6个自由度均被限制住，如图1-20所示。支承板限制住了沿z轴的移动自由度，x、y轴的转动自由度；短销、挡销限制住了沿x、y轴的移动自由度，沿z轴的转动自由度。通过支承板、短销、挡销限制住了工件的6个自由度，此时为完全定位。

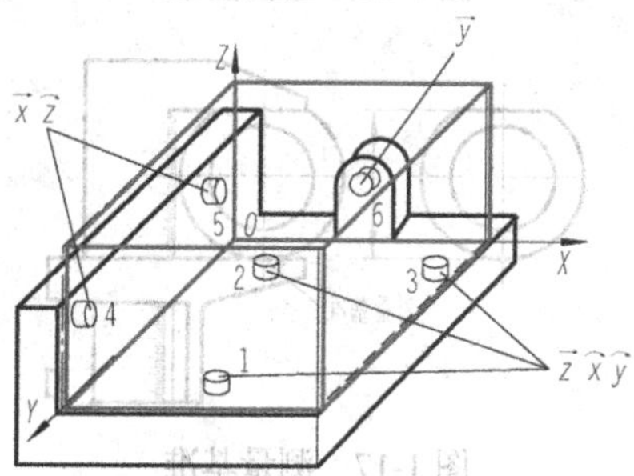

图1-19 六点定位原则

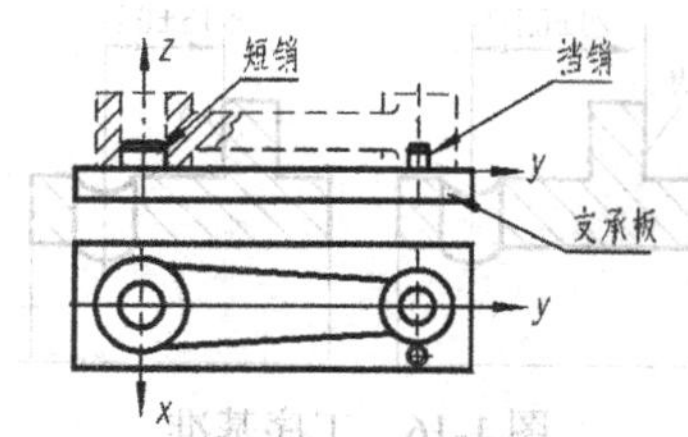

图1-20 完全定位

② 不完全定位。工件6个自由度中有一个或者几个自由度未被限制，这时称为不完全定位，如图1-21所示。例如，利用自定心卡盘来装夹圆柱体棒状零件加工外圆面时，通过夹具限制住了x、z轴的移动自由度，沿x、z轴的转动自由度，也就是说这个工件的沿y轴的移动自由度和沿y轴的转动自由度未被限制，这种情况就称为不完全定位。

不完全定位对于外圆面的加工有影响吗？加工外圆需要保证直径和工件外圆的形状，工件沿y轴的移动自由度是不会影响工件的直径大小及其形状的；同样，沿y轴的转动自由度也不会影响，所以不限制这两个自由度也可以加工外圆面。从这里可以看到，加工零件时并不需要将所有自由度都限制住，只需要限制必须限制的自由度即可。加工中必须限制的自由度称为必限自由度。在加工中时常要分析必限自由度有哪些，方法是根据加工的内容逐一确定。例如，如图1-22所示，在一个球面上铣一个高度为h的平面，会影响h这个尺寸的自由度只有沿z轴的移动自由度，所以加工这个零件只需要限制沿z轴移动这一个自由度。再如，如图1-23所示，在一个套内零件上加工一个直径为b的孔，距离左端面为L。为了保证尺寸L，需要限制沿y轴的移动自由度，沿x、z轴的转动自由度；为了保证所钻的孔与套类零件的轴线垂直相交，还必须限制沿x轴的移动自由度。所以该工件加工需要限制沿x、y轴的移动自由度，沿x、z轴的转动自由度。

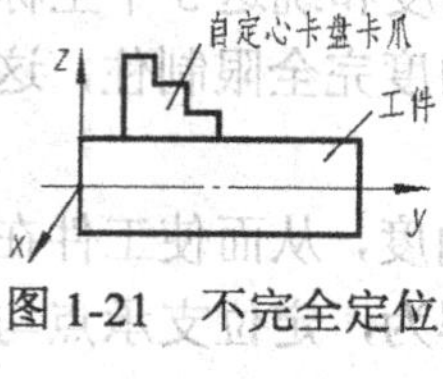

图1-21 不完全定位

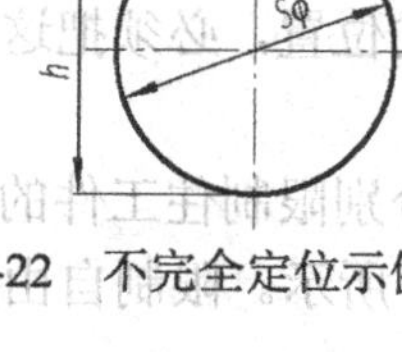

图1-22 不完全定位示例（一）

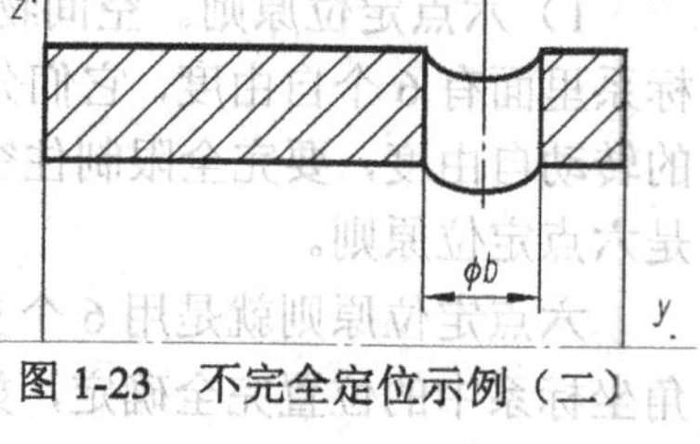

图1-23 不完全定位示例（二）

③ 欠定位。什么是欠定位呢？下面来举个例子。下例为连杆小头孔的加工，其定位方式如图 1-24 所示。分析发现沿 z 轴的转动自由度是没有限制住的，而沿 z 轴的转动自由度将决定孔是否处于坯料小头的圆心处，是必须限制自由度，但是这里没有限制住。这种必须限制的自由度没有被限制的定位方式称为欠定位。欠定位不能保证工件的正确装夹，不能加工出合格的零件，这种情况在加工中是不允许的。

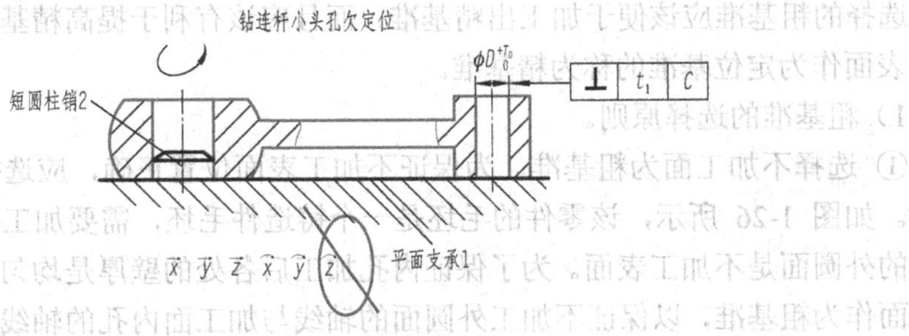

图 1-24 欠定位

④ 过定位。过定位是指工件某一自由度或某几个自由度，同时被两个或者两个以上的支承点限制。如图 1-25 所示，一个连杆的定位，定位元件有两个：一个是支承板，另一个是长销。支承板可以限制住沿 z 轴的移动自由度和沿 x、y 轴的转动自由度。而长销可以限制 x、y 轴的移动自由度和转动自由度。可以看到，x、y 轴的转动这两个自由度是被支承板和支承钉同时限制的，这就是过定位。

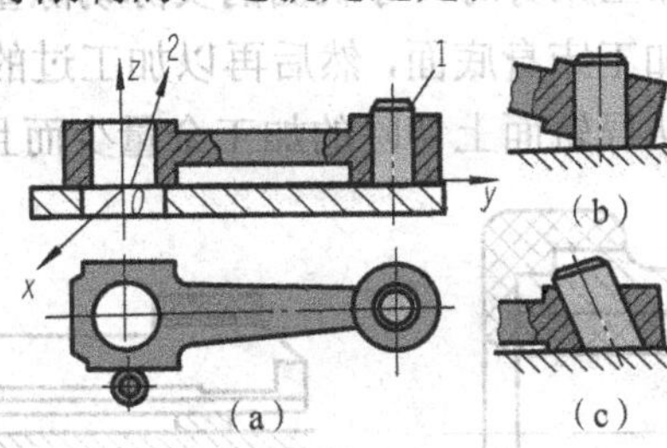

1—长销；2—支承板。

图 1-25 过定位

根据定位时定位支承点与工件基准始终保持紧密接触的原则，工件的底面必须和支承板紧密接触，同时工件的孔也必须和长销紧密接触。要达到这种状态必须要求工件孔的轴线和工件底面达到理想的垂直度。但是对于这样一个加工件而言，孔的轴线和底面的垂直度很难达到要求。因此，在过定位中可能会造成工件或者定位元件产生应力变形。所以一般情况下应该避免过定位。但是在特殊情况下，如精加工过程中，有可能采用过定位来提高定位精度。

总之，采用完全定位时，能保证工件在机床上具有正确的位置关系，但定位过于复杂；采用不完全定位时，当工件的必限自由度被限制住，也可以保证工件的正确定位；欠定位不能保证工件的正确定位，在加工中应该禁止出现；而过定位要根据加工的实际情况分析，一般情况下应该避免。在实际的加工中往往采用将必限自由度限制住的不完全定位。

（3）定位基准的选择原则

定位基准的选择不仅影响工件的加工精度，而且影响加工工艺路线的选择。定位基准不同，其加工工艺路线也就不同。因此，定位基准的选择将直接影响零件的加工质量和加工成本。

定位基准分为粗基准和精基准。用毛坯上未经加工的表面作为定位基准的称为粗基准。选择的粗基准应该便于加工出精基准，而且应该有利于提高精基准的精度。用加工过的表面作为定位基准的称为精基准。

1）粗基准的选择原则。

① 选择不加工面为粗基准。为保证不加工表面位置正确，应选择不加工表面为粗基准。如图 1-26 所示，该零件的毛坯是一个铸造件毛坯，需要加工的是内孔和端部，毛坯的外圆面是不加工表面。为了保证内孔加工后各处的壁厚是均匀的，应该采用不加工表面作为粗基准，以保证不加工外圆面的轴线与加工面内孔的轴线是重合的，这样加工出来的壁厚一定是比较均匀的。

② 重要表面原则。从保证重要表面加工余量均匀考虑，应选择重要表面作为粗基准。床身加工就是一个很好的实例，如图 1-27 所示。在床身零件中，导轨面是最重要的表面，它不仅精度要求高，而且要求导轨面具有均匀的金相组织和高的耐磨性。由于在铸造床身时，导轨面是倒扣在砂箱的最底部浇铸成型的，导轨面材料质地致密，砂眼、气孔相对较少，因此要求在加工床身时，导轨面的实际切除量要尽可能小而且均匀。故而应选导轨面作为粗基准来加工床身底面，然后再以加工过的床身底面作为精基准来加工导轨面，这样做可以保证从导轨面上切除的加工余量少而且均匀。

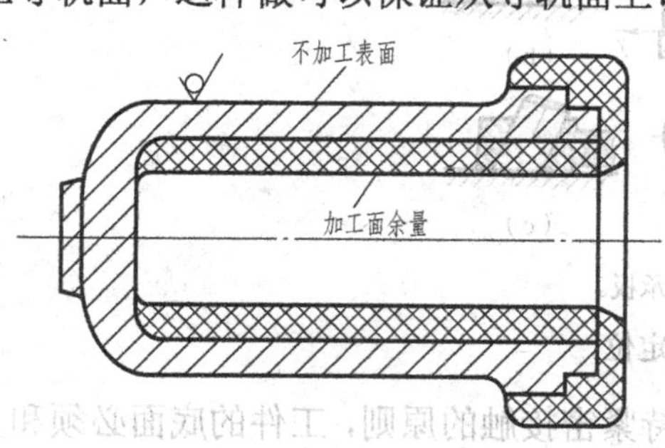

图 1-26　铸造件机加工

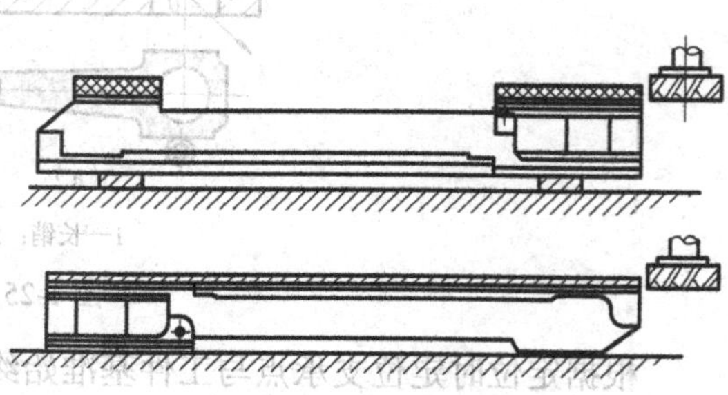

图 1-27　床身的加工

③ 余量最小原则。为了保证各加工表面有足够余量，应选毛坯上余量最小的表面作为粗基准，如图 1-28 所示。在阶梯轴加工过程中，各段毛坯余量不同，且各段的轴线可能有偏移。此时，如果选择余量大的表面作为粗基准，可能造成余量小的表面余量不足。因此，应该选择余量较小的表面作为粗基准，以保证各面有足够的余量。

④ 不重复使用原则。粗基准不能重复使用，通常只允许使用一次。这是因为粗基准一般很粗糙，重复使用同一粗基准所加工的两组表面之间的位置误差会相当大。所以，粗基准一般不得重复使用。

如图 1-29 所示，加工阶梯轴时，以外圆面 B 为粗基准加工 A 面后，不能再以 B 面作为粗基准加工 C 面，否则会造成 A、C 面产生比较大的同轴度误差。

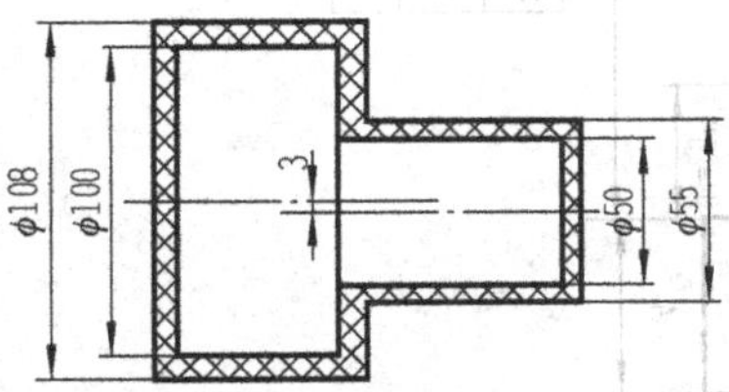

图 1-28　阶梯轴的加工

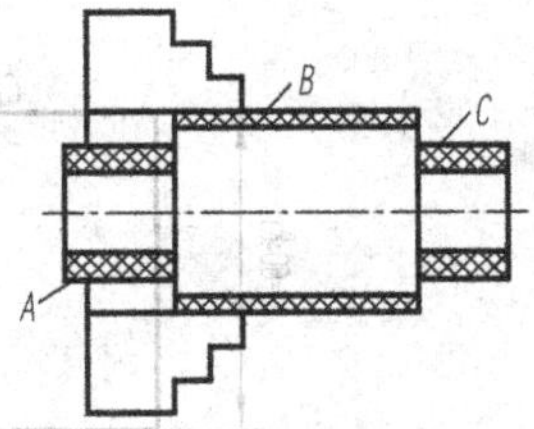

图 1-29　阶梯轴

⑤ 便于装夹的原则。为了减少定位误差，确保定位准确、夹紧可靠，应该选择毛坯上平整、光洁、面积足够大的表面作为粗基准；而不能选择有飞边、浇注系统、冒口或者其他缺陷的表面作为粗基准，这样不便于装夹。

2）精基准的选择原则。精基准是采用已经加工过的表面作为定位基准。精基准的作用主要是减少定位误差，提高定位精度，保证加工质量。

① 基准重合原则。应尽量选择加工表面的设计基准作为定位基准，避免基准不重合引起的定位误差。

如图 1-30（a）所示，加工零件的平面 3 时，以平面 2 作为定位基准则符合基准重合原则，采用调整法加工，可直接保证设计尺寸 $h_2 \pm T_{h_2}/2$ 的精度。以平面 1 作为定位基准，则不符合基准重合原则，采用调整法加工，直接保证的尺寸为 $h_3 \pm T_{h_3}/2$，如图 1-30（b）所示。以平面 1 作为定位基准时，加工平面 3 的误差包括此工序的工艺误差，即加工时机床精度、装夹等因素造成的误差 T_{h_3}，也包括加工尺寸 h_1 的误差 T_{h_1}，因此要保证加工出合格的零件，则必须保证 $T_{h_1} + T_{h_3} \leqslant T_{h_2}$，则 $T_{h_3} \leqslant T_{h_2} - T_{h_1}$。由此可见，基准不重合引起误差增大，必然造成加工难度增加。

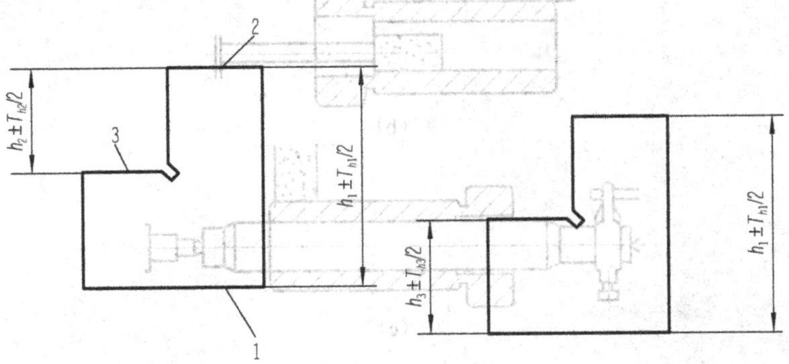

（a）　　　　（b）

图 1-30　基准重合

② 基准统一原则。选择采用同一组精基准，加工出工件尽可能多的面，称为基准统一。这样既可以保证各加工表面的位置关系，也可以减少装夹次数、装夹误差，同时还提高了生产效率。如图 1-31 所示，B、C 两面有平行度要求，在加工 B、C 面时，应该采用同一基准加工。例如，采用 A 面作为精基准来同时加工出 B、C 面，这样有利于保证两个面的平行度。

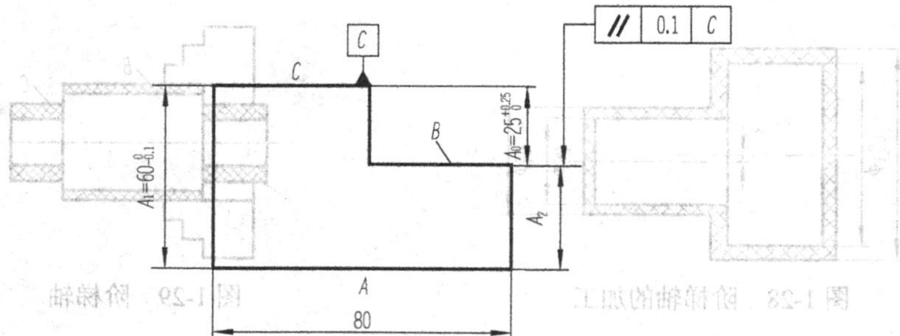

图 1-31　基准统一

③ 互为基准原则。当零件上存在相互位置精度要求较高的两个表面时，可以采用两个表面互相作为基准的方法进行加工。先以其中一个面作为基准加工另外一个面，加工完毕后再以另外一个面作为基准加工前一个面。如此反复进行，称为互为基准。如图 1-32 所示，在加工导套时，内外圆柱面的相对位置精度要求高，先以外圆面为精基准，磨削内孔；再以内孔为基准利用心轴装夹，磨削外圆面。通过互为基准达到内外圆柱面的位置精度要求。

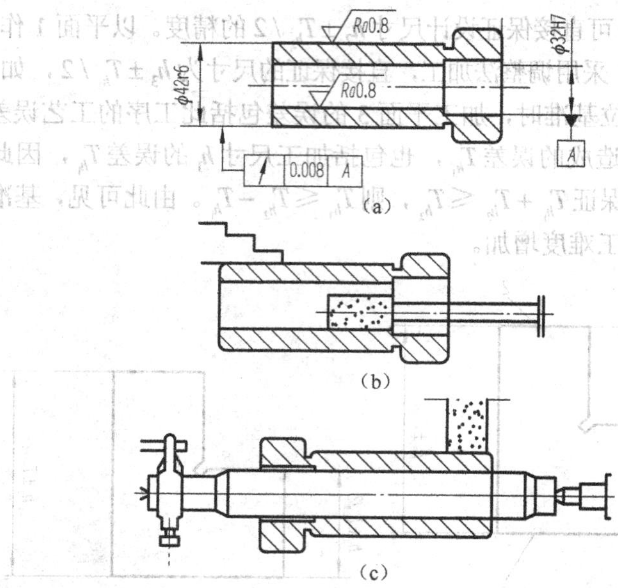

图 1-32　互为基准

④ 自为基准原则。选择加工表面自身作为定位精基准，称为自为基准。例如，导轨磨床利用自身的加工能力，磨削床身的导轨面；浮动铰刀铰孔；无心外圆磨削等都是自为基准加工。

上述就是粗、精基准的选择原则，但在使用时还需要注意以下几个方面：第一，精基准选择主要考虑的是如何提高定位精度，减少定位误差；而粗基准选择主要考虑的是各面有足够的余量、不加工面与加工面的位置等。第二，粗、精基准的选择使用，必须注意精基准选择在前，使用在后；而粗基准选择在后，使用在前。第三，粗、精基准的选择原则从不同方面提出了要求，在具体使用时有可能会产生矛盾，因此，在具体使用过程中应根据实际条件，抓住主要矛盾，灵活运用。

（4）定位基准的选择

1）精基准的选择。

在传动轴的加工中，尺寸精度是较容易保证的，关键是如何保证支承轴颈和配合轴颈相对于基准 A-B 的位置精度，即圆跳动要求。根据对前述精基准的选择原则的分析，这里应考虑采用基准统一，以轴线作为基准，装夹时加工出顶尖孔来进行定位，这样一次装夹可以把具有位置精度要求的面同时加工出来。

2）粗基准的选择。

粗基准主要考虑保证各面有足够的余量，这里采用外圆面作为粗基准，分两次装夹，完成外圆面的粗加工，端面的粗加工、顶尖孔的加工。

此外，在半精加工阶段，定位基准可以选择以外圆面为定位基准，亦可采用轴的轴线作为基准。以外圆面定位，可采用自定心卡盘装夹，并用尾顶尖支承，这样装夹稳固，工件得到良好的支承，可以采用较大的切削用量，获得较高的生产效率。以轴线作为基准，采用双顶尖装夹，可以获得较高的定位精度，但受装夹刚性的影响，效率相对较低一些。本项目任务传动轴属于试制性产品，为了保证质量，半精加工拟采用轴的轴线作为基准，顶尖孔定位。

2. 传动轴面加工方法的选择

（1）面的加工方法选择的影响因素

零件表面加工方法的选择是拟定工艺路线的重要内容，即每个表面采用什么样的加工方案来达到该表面的加工要求。零件一般是由多个形状不同的表面包围构成的，在这些面中有的精度要求低，有的精度要求高。因此，零件的表面加工往往不是通过一次加工或一种方式加工就能完成的，而是需要通过多种加工方法进行多次加工才能完成，这样一系列按顺序排列的加工方法就构成加工方案。在选择面的加工方法时应考虑以下因素。

1）零件表面的形状。零件是由不同形状的面所包围构成的，这些不同形状表面的加工方法也就可能不同。零件表面形状是确定面的加工方法的基本依据之一。例如，外圆柱面与平面的形状不同，外圆柱面加工可以选择车削、磨削，而平面可以选择铣削、刨削，它们的加工方法是不同的。

2）零件的技术要求。零件的加工要保证零件尺寸精度和表面粗糙度的要求。一个表面的加工方法有很多，但是每一种加工方法加工的尺寸精度、表面质量不尽相同，因此选择加工方法时必须考虑零件的技术要求，同时，也要兼顾考虑面的尺寸大小、热处理情况等要求。例如，对于精度为IT7级的孔，钻削、普通车削是难以完成的，只能采用镗削、磨削、铰削等加工方式加工；尺寸较大时可以选择镗削或磨削，而尺寸较小时可以选择铰削。

3）零件的材料。零件的材料性质对于面的加工方法也有影响。例如，淬火钢应该采用磨削加工，而有色金属零件在磨削时切屑容易堵塞砂轮，一般采用高速镗削或高速精密车削进行精加工。

4）加工的经济性和生产效率。每一种机床有其自身加工的经济精度，经济精度是指在正常加工条件下（采用符合质量标准的设备、工艺装备和标准技术等级的工人，不延长加工时间）所能保证的精度。机床能达到的精度可以超过机床的经济精度，但是只有在经济精度范围内，才是低成本的、经济的。例如，对于尺寸精度为IT7级、表面粗糙度 *Ra* 为0.4μm的外圆柱面，其最终工序采用车削是可以达到要求的，但是需要采用技术水平高的技术工人、精度高的车床及工艺装备，因而是不经济的。如果采用磨削加工，零件的尺寸精度和表面粗糙度处于磨床的经济精度以内，那么可以认为此时采用磨削加工该表面是经济的。除了考虑经济性，还要考虑生产效率，能达到一定经济精度的加工方法很多，但是加工效率在不同的加工条件下是有差别的。因此，在加工时，应综合考虑加工的经济性和生产效率。

5）工厂的生产条件。零件面加工方法的选择还要考虑工厂自身的生产条件。不同的工厂，设备的配置是不同的，可供工艺人员的选择也就不同。同时，应该积极地开发现有设备的潜力，不断推进新工艺方法和新技术的应用。

（2）面的加工方法选择的原则

在具体选择面的加工方法时，首先应该确定主要表面的加工方法和加工方案，再确定次要表面的加工方法和加工方案；在具体选择某一个面的加工方法时应该首先确定该表面最终加工工序的加工方法，再依次选择该表面有关前导工序的加工方法。

常见工艺方法能达到的经济加工精度及经济表面粗糙度可查阅有关工艺手册。传动轴的加工主要是外圆面的加工，各种外圆面加工方案能达到的经济精度如表1-3所示。

表1-3 外圆柱表面的经济精度

序号	加工方法	经济精度（公差等级表示）	经济表面粗糙度 *Ra*/μm	适用范围
1	粗车	IT13～IT11	50～12.5	适用于淬火钢以外的各种金属
2	粗车—半精车	IT10～IT8	6.3～3.2	
3	粗车—半精车—精车	IT8～IT7	1.6～0.8	
4	粗车—半精车—精车—滚压（或抛光）	IT8～IT7	0.2～0.025	
5	粗车—半精车—磨削	IT8～IT7	0.8～0.4	主要用于淬火钢，也可用于未淬火钢，但不宜加工有色金属
6	粗车—半精车—粗磨—精磨	IT7～IT6	0.4～0.1	
7	粗车—半精车—粗磨—精磨—超精加工（或轮式超精磨）	IT5	0.1～0.012	
8	粗车—半精车—精车—精细车（金刚车）	IT7～IT6	0.4～0.025	主要用于要求较高的有色金属加工
9	粗车—半精车—粗磨—精磨—超精磨（或镜面磨）	IT5以上	0.025～0.006	极高精度的外圆加工
10	粗车—半精车—粗磨—精磨—研磨	IT5以上	0.1～0.012	

（3）传动轴面加工方法的选择

传动轴的主要表面很明显就是支承轴颈和配合轴颈。这些面的技术要求等级相同，几何形状也相同，因此它们的表面加工方案是相同的。从零件图上可以看到，支承轴颈和配合轴颈的尺寸精度都达到了IT6级，表面粗糙度 *Ra* 为0.8μm。那么要达到这样的技术要求，在基于普通机械加工的条件下，最终加工方法可以采用磨削完成。在粗加工和半精加工过程中可以采用车削完成。所以，这组表面的加工方案就是粗车—半精车—磨削。这样传动轴主要表面的加工方案就确定了。其他表面的加工方案可以用相同的方法来确定。表 1-4 所示为传动轴各表面的加工方案。

表 1-4 传动轴各表面的加工方案

表面	面的加工方案
支承轴颈$\phi35$，配合轴颈$\phi30$、$\phi46$	粗车—半精车—磨削
$\phi52$ 外圆面、退刀槽	粗车—半精车
M24 螺纹面	粗车（外圆）—半精车（外圆）—车螺纹
端面	粗车—半精车
键槽	粗铣—精铣
中心孔	钻

3. 传动轴加工阶段的划分

加工零件时，往往不是依次完成各表面的加工，而是将各表面的粗加工、精加工分开进行。因此，从保证加工质量、合理地使用设备及合理地安排组织生产等因素考虑，将工艺路线按工序的性质分为了 4 个加工阶段：粗加工阶段、半精加工阶段、精加工阶段和光整加工阶段。光整加工阶段主要针对加工精度高和表面质量要求高的零件。

（1）工艺过程的 4 个加工阶段

1）粗加工阶段：切除加工表面的大部分余量，使毛坯的尺寸接近于成品，只留较少的余量作为后续加工阶段的加工量。粗加工阶段主要考虑如何提高生产效率。因此，粗加工阶段切削用量及切削力都较大，加工精度要求不高。

2）半精加工阶段：进一步减少加工余量，降低误差，为精加工做好必要的精度和余量准备；完成一些次要表面的加工。

3）精加工阶段：将半精加工留下的少许余量切除，使需要精加工的各表面达到零件所要求的精度和表面粗糙度要求。精加工阶段加工精度高，加工余量和切削用量都较小。

4）光整加工阶段：光整加工的目的是进一步提高尺寸精度，降低表面粗糙度，包括研磨、抛光等。对表面粗糙度小于或等于 0.4μm 的表面，一般应该进行光整加工。但是，光整加工一般不能纠正形状精度和相互位置精度。

（2）工艺阶段划分的作用

1）有利于保证零件的加工质量。零件在粗加工时，采用的切削用量、切削力比较大，工件所受的切削力、夹紧力都比较大，因此工件的加工误差较大。粗、精加工分开，可以将粗加工所产生的误差、变形等在后续的半精加工和精加工中逐步消除，从而达到零件的加工要求。而且，如果粗、精加工交叉进行，那么粗加工会影响前面已经精加工的表面的质量。

2）合理使用设备。粗加工阶段可采用功率大、刚度好、精度低、效率高的机床，以提高生产效率。精加工阶段可采用高精度的机床和工艺装备，以保证质量要求。因此，粗、精加工分开，可以充分发挥各类机床的优点，使其得到合理使用，延长高精度机床的使用寿命。

3）便于合理安排热处理工序。将工艺过程划分为 4 个阶段，有利于保证热处理工序与切削加工工序的合理配合，充分发挥热处理的效果，保证零件的切削加工正常进行及其加工精度。例如，粗加工后对零件进行调质或时效处理可以消除零件的内应力，保证后续加工的精度；半精加工后可以安排淬火热处理，既可以保证零件的使用性能，又能避免粗、半精加工困难，零件淬火所产生的变形可以通过精加工消除。

4）有利于及时发现毛坯缺陷。零件在粗加工时，加工余量较大，可以及时发现毛坯的气孔、砂眼等缺陷，以便修整或发现废品，以免对本应报废的零件继续进行后续加工，浪费加工工时和制造费用。

必须指出的是，将零件的工艺阶段划分为 4 个阶段是对整个工艺过程而言的，不是以某一表面的加工或某个工序而论的。在加工过程中，有些定位基准面在半精加工阶段，甚至粗加工阶段就要精加工；而有些孔的粗加工又常常安排在精加工阶段。由此可见，粗加工是有可能出现在精加工阶段的；精加工也是有可能出现在粗加工阶段的，在加工过程中要具体问题具体分析。

（3）传动轴加工阶段的划分

根据传动轴的加工技术要求分析，其加工将经历粗加工、半精加工、精加工 3 个加工阶段，不需要进行光整加工。

4. 传动轴加工工序的划分

面的加工方法选择和加工阶段划分之后，将同一个加工阶段中各表面的加工组合成不同的工序称为工序的划分。

（1）工序划分的原则

1）工序集中。工序集中是指将加工内容安排在少数几道工序中，每个工序中包括尽可能多的内容，工件的装夹次数也相应地减少。工序集中有利于保证各加工面间的相互位置精度要求，有利于采用高生产效率的机床；也有利于减少装夹工件的次数和辅助时间，有利于缩短生产周期；可减少机床数量、操作工人，节省车间生产面积，简化生产计划和生产组织工作。但是，工序集中对机床、夹具、刀具和工人的技术水平提出了更高的要求。工序集中主要用于单件小批量的生产。

2）工序分散。工序分散是指将加工内容安排在多道工序中，每个工序中包括的工步内容少。工序分散可使每个工序使用的设备和夹具比较简单，调整、对刀比较容易，对操作工人的技术水平要求较低，但需要的设备数量多，操作工人多，生产面积大。工序分散主要用于大批量生产，通过工序分散提高资源的综合利用水平，降低成本。划分工序时首先应该确定划分工序的原则，再根据工序划分的依据（即加工对象、地点是否改变，加工是否连续）进行工序划分。

（2）传动轴加工工序的划分

根据本项目传动轴的生产类型——单件生产，采用工序集中的方式划分传动轴工序。在划分切削工序时，需要注意，工序集中、工序分散不是绝对的。本项目传动轴的粗车和半精车如果在一台车床上连续完成，那么它们是可以划分为一个工序的，但是考虑到粗车、半精车前述的定位基准及装夹的要求，这里将粗车和半精车分为了两个工序。本项目传动轴加工工序的划分如表1-5所示。

表1-5　本项目传动轴加工工序的划分

工序名称	工序内容
粗车	粗车端面，钻中心孔，粗车外圆
半精车	半精车外圆、切槽、车螺纹、倒角
铣削	铣键槽、止动垫圈槽
磨削	磨支承轴颈、配合轴颈

除了上述切削加工工序以外，毛坯制造还需要一个锻造工序；为了提高材料的切削性能及达到零件的力学性能要求，还需要增加热处理工序，包括正火热处理和渗碳淬火热处理；为了找正铣削时键槽的加工位置，需要增加划线工序；为了保证渗碳淬火后顶尖孔的定位精度，需要在该热处理后增加钳工工序，修正顶尖孔。此外，还必须包括一定数量的检验工序，以保证质量；检验工序在半精加工、精加工完毕后都应该有。传动轴加工的其他工序如表1-6所示。

表1-6　传动轴加工的其他工序

工序名称	工序内容
锻造	制造毛坯
热处理1——正火	改善切削性能，消除锻造应力
热处理2——渗碳淬火	提高零件强度、硬度及耐磨性
钳工	修研中心孔（保证基准准确，安排在热处理后）
划线	划铣键槽位置、止动垫圈槽线（找正加工位置）
检验1	检验半精加工质量，安排在半精加工后
检验2	检验精加工质量，安排精加工后

5. *传动轴加工工序顺序的安排*

（1）加工工序顺序安排的原则

1）机械加工顺序的安排。安排机械加工顺序时应考虑以下原则。

① 先粗后精。当零件需要分阶段进行加工时，先安排各表面的粗加工工序，中间安排半精加工工序，最后安排各表面的精加工、光整加工工序。次要表面的精度要求不高，一般经粗、半精加工即可完成。对于那些与主要表面相对位置关系密切的表面，通常置于主要表面加工之后进行加工。

② 先主后次。零件上的装配基面和工作表面等主要表面应该先安排加工。而螺纹孔、螺钉过孔等其他次要表面可以穿插在主要表面的加工中。

③ 基面先行。每一加工阶段总是应先安排基面的加工，以便后续工序用它来定位加工其他表面。前一道工序应该为下一工序加工出定位基准。

④ 先面后孔。为了保证孔加工的位置精度、孔加工质量及刀具的使用寿命，工艺过程总是选择平面作为定位基准，且先加工孔所在的平面再加工孔。

机械加工工序顺序的安排原则是从不同角度对工序顺序的安排提出要求，总体上一般会优先考虑满足先粗后精的原则，在此基础上再考虑其他原则，但在实际工作中这些原则难以同时满足。因此，在使用这些原则时应该具体问题具体分析，抓住主要矛盾，综合考虑。

2）热处理工序顺序的安排。

热处理工序顺序的安排，主要取决于零件热处理的目的，应遵循以下原则：

① 为改善工件材料切削性能和金属组织所安排的热处理工序，如退火、正火，应在切削加工之前进行。

② 为了提高零件的综合力学性能所安排的热处理（如调质），应安排在粗加工后、半精加工前。

③ 提高零件硬度和耐磨性的热处理（如淬火、渗碳淬火等），一般安排在半精加工之后、精加工之前。

④ 提高零件表面的耐磨性、耐腐蚀性的热处理（如渗氮处理），应该安排在精加工之后、光整加工之前。

⑤ 对于大型、高精度零件，消除内应力的时效处理应该安排在半精加工、淬火处理之后，精加工之前。

3）其他辅助工序的安排。辅助工序主要有检验、去毛刺、清洗、防锈、刻字等。辅助工序一般安排在：

① 零件粗加工或者半精加工之后、精加工之前；

② 零件外送之前；

③ 重要工序加工前后；

④ 零件加工结束之后；

⑤ 特种性能检验（磁力探伤、密封性检验等）前。

（2）传动轴加工工序顺序的安排

根据传动轴加工的特点和工序顺序安排的原则，传动轴加工工序顺序安排如表 1-7 所示。

表 1-7 传动轴加工工序顺序安排

工序号	工序名称	工序内容
1	锻造	制造毛坯
2	正火	改善切削性能，消除锻造应力
3	粗车	粗车端面，钻中心孔，粗车外圆
4	半精车	半精车外圆，切槽，车螺纹，倒角
5	检验	检验加工质量
6	划线	划铣键槽、止动垫圈槽位置线
7	铣削	铣键槽、止动垫圈槽
8	渗碳淬火	渗碳、淬火达到硬度要求
9	钳工	修研中心孔
10	磨削	磨支承轴颈、配合轴颈
11	检验	检验加工质量

6. 传动轴工艺路线

通过拟定工艺路线的 4 个步骤，就可以拟定出本项目传动轴的加工路线：锻造—正火—粗车—半精车—检验—划线—铣削—渗碳淬火—修研中心孔—磨削—检验。

任务 5　传动轴加工余量、工序尺寸及公差的确定

1.5

1. 传动轴各工序加工余量的确定

工艺路线拟定之后，就需要对每道工序进行详细设计，其中包括正确、合理地确定零件的工序尺寸，而工序尺寸与加工余量具有密切联系。因此确定工序尺寸必须考虑加工余量。

（1）加工余量的概念

加工余量是指在加工过程中从加工表面切除的金属层厚度。加工余量分为工序余量和总余量。

工序余量是指为完成工序的加工从某表面上切除的金属层的厚度。加工余量等于相邻两工序的公称尺寸差值的绝对值，即

$$Z_b = |a - b| \tag{1-2}$$

式中，Z_b——本工序的加工余量；

a——前工序的工序公称尺寸；

b——本工序的工序公称尺寸。

工序余量有单边余量和双边余量之分。平面的加工余量是单边余量，它等于实际切削的金属层的厚度，用 Z_b 表示；外圆面、孔等回转表面的加工余量是双边余量，它等于实际切削金属层厚度的两倍，用 $2Z_b$ 表示，如图 1-33 所示。

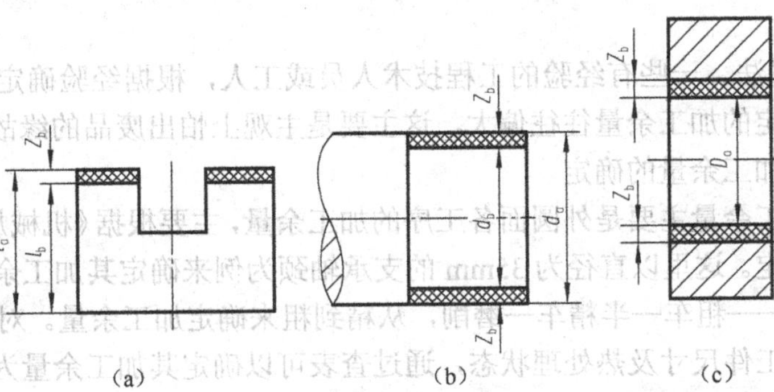

图 1-33　加工余量

1）单边余量。

包容面：

$$Z_b = b - a \tag{1-3}$$

被包容面：

$$Z_b = a - b \tag{1-4}$$

2）双边余量。

轴：

$$2Z_b = d_a - d_b \tag{1-5}$$

孔：

$$2Z_b = d_b - d_a \tag{1-6}$$

毛坯尺寸与零件设计尺寸的差值称为加工总余量。加工总余量的大小取决于加工过程中各个工序切除的金属层厚度的总和，即

$$Z_{总} = \sum_{i=1}^{n} Z_i \tag{1-7}$$

式中，$Z_{总}$——加工总余量；

Z_i——工序余量；

n——工序数目。

（2）加工余量的确定方法

合理规定加工余量的数值是十分重要的，加工余量规定得过大，不仅浪费材料而且耗费加工工时、刀具和电力；加工余量规定得过小，则本工序加工不能完全切除上道工序留在加工表面上的误差、缺陷，达不到设置这道工序的目的。加工余量的确定方法主要有以下几种。

1）查表修正法。以工厂的生产实践和实验研究积累的经验所编写的技术资料为基础，并结合实际加工情况对数据加以修正，确定加工余量。这种方法方便、迅速，在生产上应用较为广泛。

2）分析计算法。如果对影响加工余量的因素比较清楚，则采用计算法确定加工余量比较准确。要弄清影响加工余量的因素，必须具备一定的测量手段，掌握必要的统计分析资料。在掌握各种误差并计算出误差大小的条件下，才能比较准确地计算加工余量。

3）经验估算法。一些有经验的工程技术人员或工人，根据经验确定加工余量的大小。由经验法确定的加工余量往往偏大，这主要是主观上怕出废品的缘故。

（3）传动轴加工余量的确定

传动轴的加工余量主要是外圆面各工序的加工余量，主要根据《机械加工工艺手册》通过查表法来确定。这里以直径为35mm的支承轴颈为例来确定其加工余量。根据支承轴颈的加工方案——粗车—半精车—磨削，从精到粗来确定加工余量。对于磨削这种精加工方式，根据工件尺寸及热处理状态，通过查表可以确定其加工余量为0.3～0.4mm。再考虑上道工序的误差、机床性能、加工效率、本工序的精度等因素综合确定具体数值，这里取0.4mm。对于支承轴颈的半精车工序，还是以同样的方式，查表得半精车的余量是1.0mm。那么粗车余量可以根据毛坯余量进行计算。这就是支承轴颈在各工序加工中的余量确定。其他表面各工序的加工余量也可以用相同的方法确定。

2. 传动轴工序尺寸及公差的确定

工序尺寸及公差是零件加工过程中各道工序应该达到的尺寸和精度要求，是零件加

工、检验的依据。因此，合理地确定工序尺寸及公差是保证加工精度的条件。确定工序尺寸的方法主要有余量法和尺寸链法。

（1）工序尺寸计算方法

1）余量法。当工艺基准与设计基准重合时，利用余量来确定工序尺寸的公称尺寸，再从经济精度的角度来确定其公差的方法称为余量法。采用余量法确定工序尺寸是从最后一道工序往前逐个推算，即由零件的设计尺寸开始，一直推算到毛坯尺寸。推算步骤如下：

① 确定各工序的加工余量。根据零件的工艺过程、各工序的工艺方法，通过查表法、计算法或者经验法确定各工序的余量。

② 确定工序尺寸。从最终加工工序开始，即从零件设计尺寸开始，依次加上或者减去本工序的加工余量就是上道工序的公称尺寸。

③ 确定工序公差。最后一道工序的尺寸公差就是图样上设计尺寸的公差，中间工序的公差按该工序采用的加工方法的经济精度确定。

④ 标注尺寸及公差。中间工序按“入体原则”标注上、下极限偏差，即加工中增大的尺寸标注单向正偏差，加工中减小的尺寸标注单向负偏差。

例如，某轴的直径为50mm，其尺寸精度要求为IT5级，表面粗糙度要求为Ra0.04μm，要求高频淬火，毛坯为锻件。其工艺路线为：粗车—半精车—高频淬火—粗磨—精磨—研磨。下面来计算各工序的工序尺寸及公差。

第一，通过查表法确定加工余量。由《机械加工工艺手册》查得：研磨余量为0.01mm，精磨余量为0.1mm，粗磨余量为0.3mm，半精车余量为1mm，粗车余量为4～5mm。由此可得加工总余量为6.01mm，取加工总余量为6mm，把粗车余量修正为4.49mm。但是需要注意的是，总余量（即毛坯余量）与毛坯制造有关，毛坯余量还需满足毛坯制造的要求，毛坯余量根据相关毛坯制造的工艺手册及零件要求确定。

第二，计算各工序的公称尺寸。本工序的公称尺寸加上本工序的余量就是上道工序的公称尺寸。

研磨：50mm

精磨：50+0.01=50.01（mm）

粗磨：50.01+0.1=50.11（mm）

半精车：50.11+0.3=50.41（mm）

粗车：50.41+1.1=51.51（mm）

毛坯：51.51+4.49=56（mm）

第三，确定各工序的加工经济精度和表面粗糙度。由《机械加工工艺手册》查得：研磨后IT5，Ra0.04μm；精磨后为IT6，Ra0.16μm；粗磨后选定为IT8，Ra1.25μm；半精车后选定为IT11，Ra2.5μm；粗车后选定为IT13，Ra16μm。查《锻造工艺手册》可得锻造毛坯的公差为1～2mm。

第四，公差的确定与标注。根据上述经济加工精度查公差表，将查得的公差数值按“入体原则”标注在工序的公称尺寸上，如表1-8所示。

表 1-8　余量法确定工序尺寸

工序	余量/mm	公称尺寸/mm	经济精度	工序尺寸/mm
毛坯	6	51.51+4.49	公差取±1	56±1
粗车	4.49	50.41+1.1=51.51	IT13，*Ra*16μm	$51.51_{-0.39}^{0}$
半精车	1	50.11+0.3=50.41	IT11，*Ra*2.5μm	$50.41_{-0.16}^{0}$
粗磨	0.3	50.01+0.1=50.11	IT8，*Ra*1.25μm	$50.11_{-0.039}^{0}$
精磨	0.1	50+0.01=50.01	IT6，*Ra*0.16μm	$50.01_{-0.016}^{0}$
研磨	0.01	50	IT5，*Ra*0.04μm	$50_{-0.011}^{0}$

2）尺寸链法。当工艺基准与设计基准不重合时，不能用余量法来确定工序尺寸及工序尺寸公差，这时就需要采用尺寸链法来进行计算。

① 尺寸链的基本概念。在机器零件加工和装配过程中，由相互联系的且按一定顺序排列形成的封闭尺寸组，称为尺寸链。零件在制造工艺过程中构成的尺寸链称为工艺尺寸链。

如图 1-34 所示，图中零件 A_0 和 A_1 是设计尺寸。在加工平面 *B* 时，上下两平面已经加工完毕，为了使工件定位可靠、便于装夹，通常选择下底面作为定位基准，即基准 *A*。加工时直接保证尺寸 A_2 来间接保证尺寸 A_0，这样这 3 个尺寸就构成了相互联系的封闭尺寸组，即工艺尺寸链。

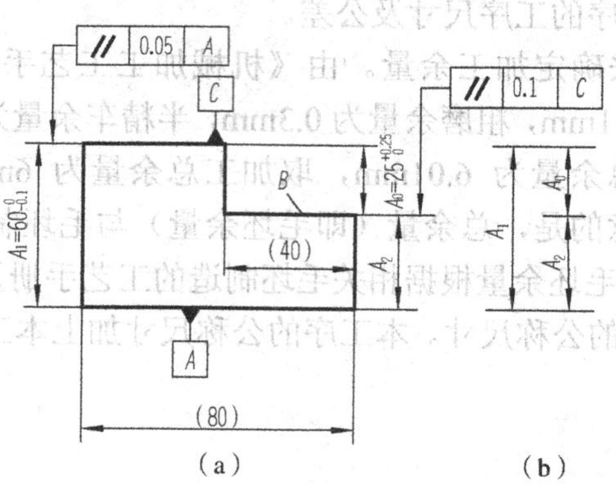

图 1-34　工艺尺寸链

从上述加工过程中可以发现，加工平面 *B* 时定位基准与设计基准不重合，需要通过保证尺寸 A_2 来间接保证尺寸 A_0，那么 A_2 的具体数值是多少，就需要通过尺寸链来进行计算。

尺寸链中的每一个尺寸都称为尺寸链的环。根据环在尺寸链中的性质不同，又分为封闭环和组成环。

封闭环：在加工过程中，间接得到的尺寸。每个尺寸链中只可能有一个封闭环。图中的 A_0 就是间接得到的尺寸，就是封闭环。

组成环：尺寸链中通过加工直接得到的尺寸称为组成环。图示尺寸链中 A_1 与 A_2 都是通过加工直接得到的尺寸，它们都是尺寸链的组成环。组成环按其对封闭环的影响又可分为增环和减环。

增环：当其他组成环的大小不变时，若封闭环随着该组成环的增大而增大，则此组成环就称为增环。

减环：当其他组成环的大小不变时，若封闭环随着该组成环的增大而减小，则此组成环就称为减环。

② 工艺尺寸链的计算公式。尺寸链具有关联性和封闭性的特点，可经过分析得到工艺尺寸链的计算公式。下面介绍采用极值法计算时的计算公式。

封闭环的公称尺寸：

封闭环的公称尺寸等于所有增环公称尺寸之和减去所有减环公称尺寸之和，即

$$A=\sum_{i=1}^{m}A_i-\sum_{j=m+1}^{n-1}A_j \tag{1-8}$$

式中，n——尺寸链的总环数；

m——增环的环数；

$n-1$——组成环的环数。

封闭环的上极限偏差 ES（A_0）和下极限偏差 EI（A_0）：

封闭环的上极限偏差等于所有增环的上极限偏差之和减去所有减环的下极限偏差之和，封闭环的下极限偏差等于所有增环的下极限偏差之和减去所有减环的上极限偏差之和，即

$$\mathrm{ES}(A_0)=\sum_{i=1}^{m}\mathrm{ES}(A_i)-\sum_{j=m+1}^{n-1}\mathrm{EI}(A_j) \tag{1-9}$$

$$\mathrm{EI}(A_0)=\sum_{i=1}^{m}\mathrm{EI}(A_i)-\sum_{j=m+1}^{n-1}\mathrm{ES}(A_j) \tag{1-10}$$

封闭环的公差：

封闭环等于所有组成环的公差之和，即

$$T_A=\sum_{i=1}^{n-1}T_{Ai} \tag{1-11}$$

③ 工艺尺寸链的计算步骤。

第一步：确定封闭环。在进行尺寸链计算时，首先应该根据零件的加工工艺过程找到间接保证的尺寸，即封闭环。

第二步：建立工艺尺寸链。画出尺寸链图。尺寸链中各个尺寸都是相互联系的，从封闭环尺寸的两端出发，依次画出尺寸链中的所有尺寸，形成封闭的尺寸链图。当尺寸链中有直径尺寸时，为了保证尺寸链的封闭性，用半径表示，并将公差减半。

第三步：确定增环和减环。依据尺寸链图，确定出哪些组成环是增环，哪些组成环是减环。

第四步：代入公式计算。按公式进行计算。

第五步：进行必要的验算。在计算完毕后，进行精加工余量的检验；在出现废品时，要通过实际尺寸的检验避免“假废品”。

④ 工艺尺寸链的计算实例。在某些加工中，会出现用待加工的表面作为基准标注工序尺寸，这时工序尺寸与最终尺寸相差一加工余量。在这种情况下，待加工基准

表面的加工往往会同时影响设计尺寸的数值。因此需要对中间工序尺寸进行尺寸链的计算。

【例 1-1】图 1-35 所示为齿轮内孔的局部简图，设计要求孔径为 $\phi40^{+0.05}_{0}$ mm，键槽的深度尺寸为 $43.6^{+0.34}_{0}$ mm，其加工顺序如下：镗孔至 $\phi39.6^{+0.1}_{0}$ mm；插键槽至尺寸 A；热处理淬火；磨内孔至 $\phi40^{+0.05}_{0}$ mm；磨内孔后应保证键槽尺寸 A。

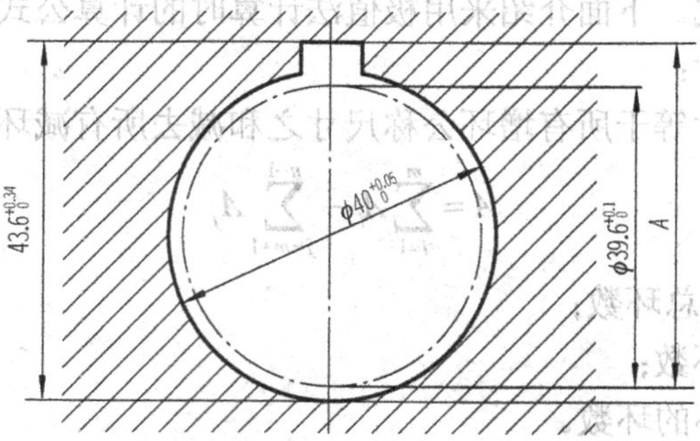

图 1-35　齿轮内孔的局部简图

解：由工艺过程可知，工序尺寸 A 是以尚需继续加工的表面作为基准，根据尺寸的相互关系，可以计算出 A 的尺寸及偏差。

第一，根据加工过程可以判断 $43.6^{+0.34}_{0}$ mm 是间接保证的尺寸，即封闭环；A、$40^{+0.05}_{0}$ mm、$39.6^{+0.1}_{0}$ mm 是组成环。

第二，根据尺寸的相互关系，画出尺寸链图。画尺寸链图时应该注意，直径尺寸一般用半径表示，且公差减半，尺寸链图如图 1-36 所示。

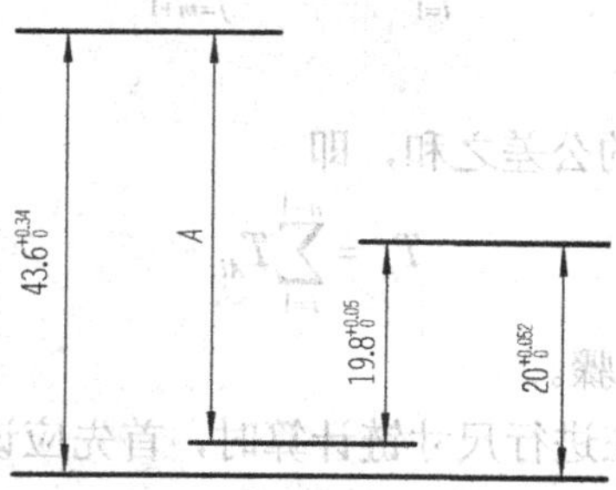

图 1-36　尺寸链图

第三，根据尺寸链关系可知，A、$20^{+0.025}_{0}$ mm 为增环，$19.8^{+0.05}_{0}$ mm 为减环。

第四，代入公式计算。由式（1-8）得 $43.6 = A + 20 - 19.8$，则

$$A = 43.4\text{mm}$$

由式（1-9）得 $0.34 = \mathrm{ES}(A) + 0.025 - 0$，则

$$\mathrm{ES}(A) = 0.315$$

由式（1-10）得 $0 = EI(A) + 0.1 - 0.05$，则

$$\mathrm{ES}(A) = 0.05$$

得 $43.5^{+0.315}_{+0.05}$，按“入体原则”标注为 $43.5^{+0.265}_{0}$。

（2）传动轴的工序尺寸及公差的确定

1）$\phi 46$ 配合轴颈工序尺寸及公差的确定。

根据其加工过程分析，传动轴的外圆面加工的工序尺寸的工艺基准和设计基准是重合的。因此，这些尺寸用余量法就可以确定出各工序的尺寸和公差。例如，$\phi 46$ 配合轴颈的工序尺寸及公差如表1-9所示。

表1-9 $\phi 46$ 配合轴颈的工序尺寸及公差

工序	余量/mm	公称尺寸/mm	经济精度	工序尺寸/mm
毛坯	5	47.4+3.6=51	公差取±1	51.0±1.0
粗车	3.6	46.4+1=47.4	IT12，*Ra*16μm	$47.4_{-0.25}^{0}$
半精车	1	46+0.4=46.4	IT9，*Ra*3.2μm	$46.4_{-0.062}^{0}$
磨削	0.4	46.0	IT6，*Ra*0.8μm	46.0±0.008

2）键槽加工工序尺寸及公差的确定。键槽加工工序图如图2-37（a）所示，采用直径与键槽宽度相等的铣刀直接达到键槽宽度的要求。但是对于 $41.0_{-0.20}^{0}$ 键槽底面的位置尺寸而言，其加工过程是半精车外圆 $\phi 46.4$，铣削键槽（横底面位置尺寸为 A）—渗碳淬火—磨削，磨削后间接保证尺寸 $41.0_{-0.20}^{0}$。因此，需要知道铣键槽的位置尺寸 A 的具体尺寸；而铣键槽时在确定键槽底面位置时，是用直径为 $\phi 46.4$ 的外圆面——一个待加工面作为基准，而设计图样上是以 $\phi 46$ 的外圆面为基准，工艺基准与设计基准不重合，工序尺寸 A 就需要通过尺寸链计算获得。具体计算过程如下：

第一，由键槽加工工艺过程分析可知，间接保证的尺寸 $41.0_{-0.20}^{0}$ 为封闭环，直接保证的尺寸有 A、$23_{-0.004}^{+0.004}$、$23.2_{-0.031}^{0}$，为组成环。

第二，根据加工工序图，画出尺寸链图，如图1-37（b）所示。这里的尺寸链涉及直径，在画图时直径要用半径表示，这样才能画出封闭的图形，且公差减半。

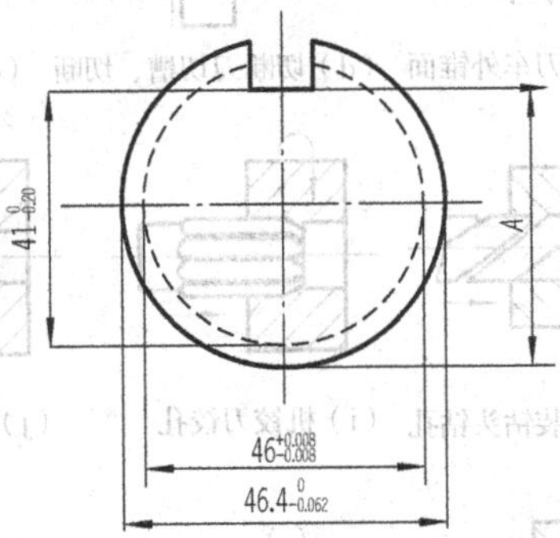

（a）加工工序图

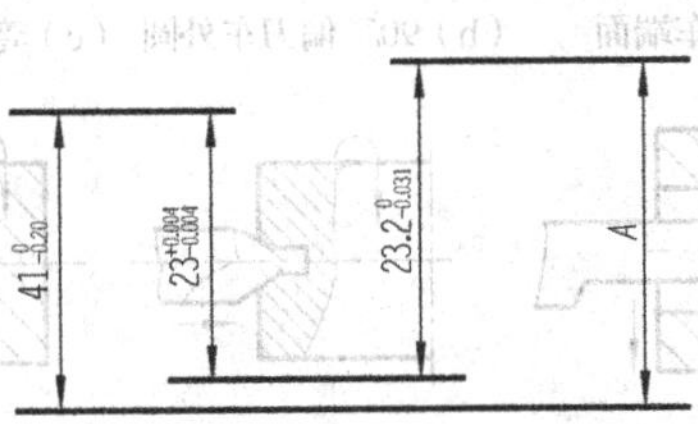

（b）尺寸链图

图1-37 键槽加工工序图与尺寸链图

第三，根据尺寸链图分析，组成环中尺寸 A 和 $23_{-0.004}^{+0.004}$ 是增环，$23.2_{-0.031}^{0}$ 是减环。

第四，根据尺寸链公式计算。

由式（1-8）得 $41=A+23-23.2$，得

$$A=41.2\text{mm}$$

由式（1-9）得 $0 = ES(A) + 0.004 - (-0.031)$，得

$$ES(A) = -0.035$$

由式（1-10）得 $-0.20 = EI(A) + (-0.004) - 0$，得

$$EI(A) = -0.196$$

因此得

$$A = 41.2_{-0.196}^{-0.035}$$

这里分别以ϕ46 配合轴颈和键槽加工深度 A 为例说明了工序尺寸及公差的确定，传动轴的其他尺寸可采用相同的方法分析计算获得，这里就不一一详述了。

任务 6　传动轴机械加工方法及其加工设备与工艺装备的选择

1.6

在工艺规程编制的过程中，对机床设备及工艺装备的选择是非常重要的。它对保证零件的加工质量和提高生产效率有着直接的影响。

1. 传动轴机械加工的主要方法

（1）车削加工

1）车削加工的工艺范围。车削加工是在车床上利用工件旋转，车刀在平面内做直线或曲线移动的切削方法。车削加工的工艺范围非常广泛，可进行车外圆、车内孔、打中心孔、钻孔、镗孔、车端面、切断、切槽、滚花、车螺纹、车锥体等加工，如图 1-38 所示。车削加工尺寸公称等级范围一般在 IT12～IT7，表面粗糙度 Ra 为 12.5～0.8μm，适于工件的粗加工、半精加工；也用于一定场合的精加工，如有色金属的精车。

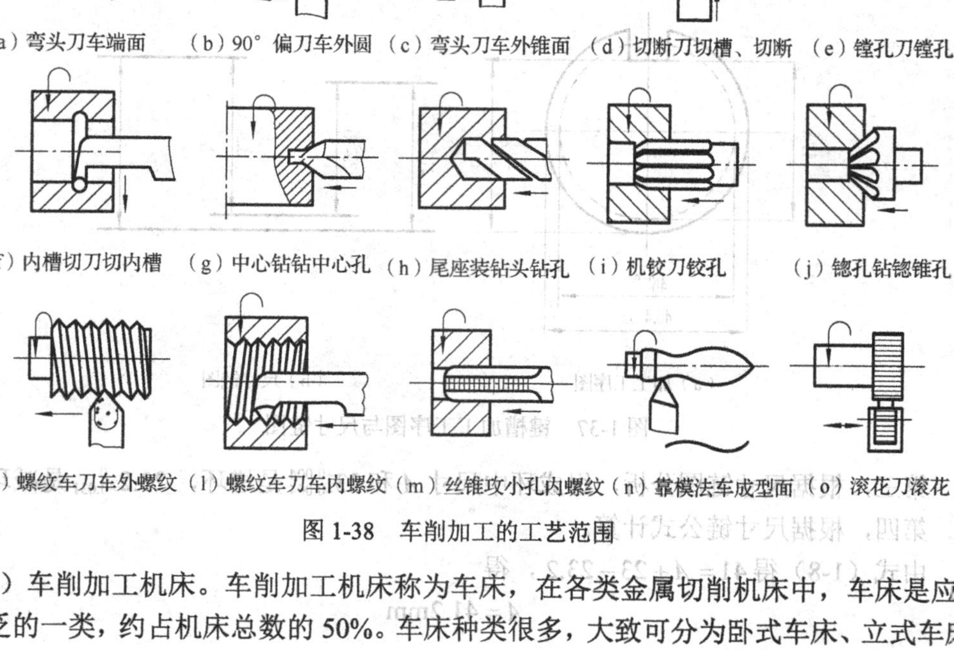
（a）弯头刀车端面　（b）90° 偏刀车外圆　（c）弯头刀车外锥面　（d）切断刀切槽、切断　（e）镗孔刀镗孔

（f）内槽切刀切内槽　（g）中心钻钻中心孔　（h）尾座装钻头钻孔　（i）机铰刀铰孔　（j）锪孔钻锪锥孔

（k）螺纹车刀车外螺纹　（l）螺纹车刀车内螺纹　（m）丝锥攻小孔内螺纹　（n）靠模法车成型面　（o）滚花刀滚花

图 1-38　车削加工的工艺范围

2）车削加工机床。车削加工机床称为车床，在各类金属切削机床中，车床是应用最广泛的一类，约占机床总数的 50%。车床种类很多，大致可分为卧式车床、立式车床、

转塔车床、仿形车床、多刀车床、自动车床等。其中，CA6140 型卧式车床是最常用的车床，如图 1-39 所示。其结构主要由主轴箱、进给箱、溜板箱、刀架、尾座和床身六大部分组成。

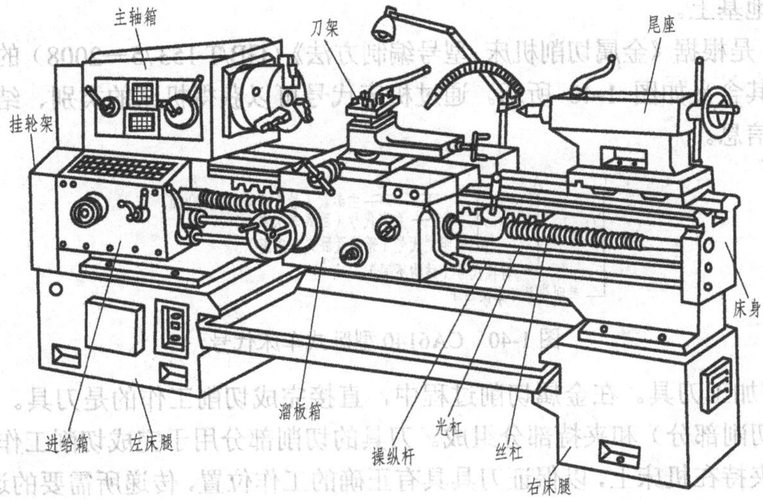

图 1-39　CA6140 型卧式车床

主轴箱：位于车床左上方的箱体。其作用是：支承主轴，将电动机的动力传给主轴，使主轴带动工件旋转，并可以通过变速齿轮机构使主轴获得多种不同转速。床头箱中主轴为空心结构，前部外锥面安装附件（卡盘），是用来夹持工件的。当用三爪夹持工件时，可以实现自动定心。前部内锥面用来安装顶尖，细长孔可以穿入长棒料。

进给箱：其内装进给运动的变速机构，用来传递进给运动。改变手柄位置，可以得到不同的进给速度，并可将主轴的运动分别传递给光杠和丝杠。传给光杠可以得到各种不同的走刀量，传给丝杠可以车削各种不同螺距的螺纹。

溜板箱：车床进给运动的操纵箱。它能够改变运动，可以将光杠传来的旋转运动变为车刀需要的纵向或横向的直线运动；也可操纵对开螺母，使刀架由丝杠直接带动车削螺纹。

刀架：由多层结构组成，它分成纵溜板、横溜板、小溜板、转盘、方刀架 5 个部分。纵溜板（又称大拖板、大刀架）用于控制车刀纵向车削及控制工件长度尺寸。它与溜板箱连接，带动车刀沿床身导轨做纵向移动。它上面有横向导轨。横溜板（中溜板）用于是横向车削工件及控制吃刀。它可在纵溜板上面的导轨上做横向移动。小溜板用于控制长度方向的微量切削。它可沿转盘上面的导轨做短距离的纵向移动。将转盘偏转若干角度后，小溜板做斜向进给，可以车削圆锥体。转盘：它与横溜板用螺钉紧固，松开螺钉，便可在水平面内偏转任意角度。其上面有小溜板的导轨。方刀架固定在小溜板上，可装 4 把车刀。松开锁紧手柄，转动小刀架，可以把所需的车刀转到工作位置上。工作时，必须把手柄扳紧。

尾座：安装于床身导轨上，其位置可沿床身导轨调节。它主要用来配合主轴支持工件或者是装夹钻头及孔加工刀具，它还可以用来套丝及装夹加工需要的专用刀具。将尾座体偏移还可用来车削锥体。

床身：主要用来支承和连接机床的各个部件，并且保持各部件的相对正确位置。床身上面有两组精度很高的导轨：一组用于刀架移动，另一组用于尾座移动。床身由床脚支承固定在地基上。

CA6140 是根据《金属切削机床 型号编制方法》（GB/T 15375—2008）的规定编制的机床型号，其含义如图 1-40 所示。通过机床代号可以获得机床的类别、结构、组别、主要参数等信息。

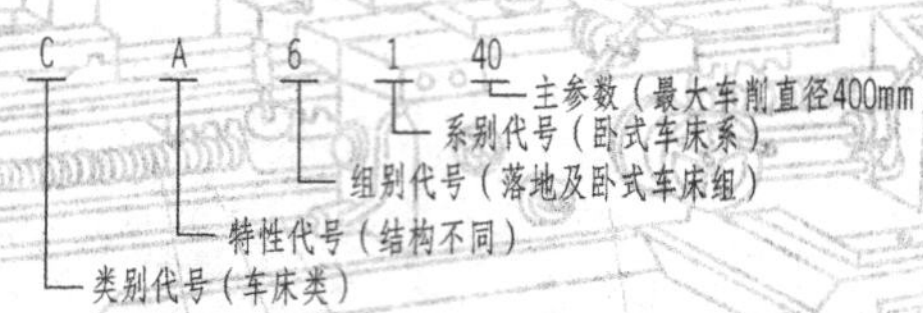

图 1-40 CA6140 型卧式车床代号

3）车削加工刀具。在金属切削过程中，直接完成切削工作的是刀具。刀具一般由工作部分（切削部分）和夹持部分组成。刀具的切削部分用于完成切削工作；夹持部分用于将刀具夹持在机床上，以保证刀具具有正确的工作位置，传递所需要的运动和动力。

车削使用的刀具称为车刀，如图 1-41 所示。不同车刀的用途如下：

◇ 偏刀：用来车削工件的外圆、台阶和端面。
◇ 弯头车刀：用来车削工件的外圆、端面和全角。
◇ 切断刀：用来切断工件或在工件上切出沟槽。
◇ 镗孔刀：用来镗削工件的内孔。
◇ 圆头刀：用来车削工件台阶处的圆角和圆槽或车削特形面工件。
◇ 螺纹车刀：用来车削螺纹。

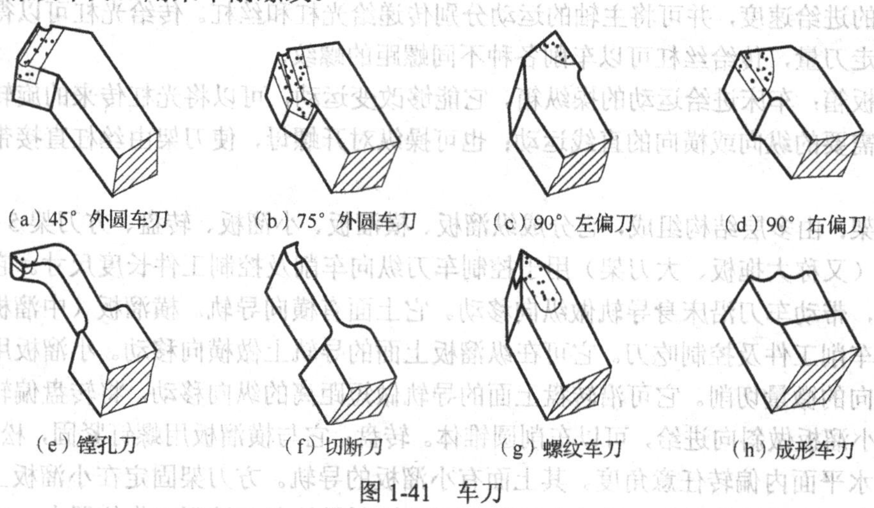

（a）45° 外圆车刀 （b）75° 外圆车刀 （c）90° 左偏刀 （d）90° 右偏刀

（e）镗孔刀 （f）切断刀 （g）螺纹车刀 （h）成形车刀

图 1-41 车刀

除上述普通刀具以外，还有一类车刀称为硬质合金不重磨车刀，如图 1-42 所示。硬质合金材料制造的刀片不需焊接，用机械夹固方式安装在刀杆上。当刀片的切削刃磨损后，只需转过一定角度即可用刀片上新的切削刃继续切削，大大缩短了换刀时间，而且刀杆利用率高，刀片使用寿命长。硬质合金车刀是国内外大力发展和广泛应用的先进刀具之一。

图 1-42 硬质合金不重磨车刀

4）车削加工的装夹方法。车削加工的装夹方法主要有自定心卡盘装夹、单动卡盘装夹、“一夹一顶”装夹和双顶尖装夹。

自定心卡盘是车削加工最常用的夹具，如图 1-43 所示。自定心卡盘装夹时，三爪同步运动，能自动定心，装夹方便、省时，并且可正、反爪使用，以夹持不同直径的工件。自定心卡盘主要用于在粗加工阶段装夹外形规则的中小型工件。

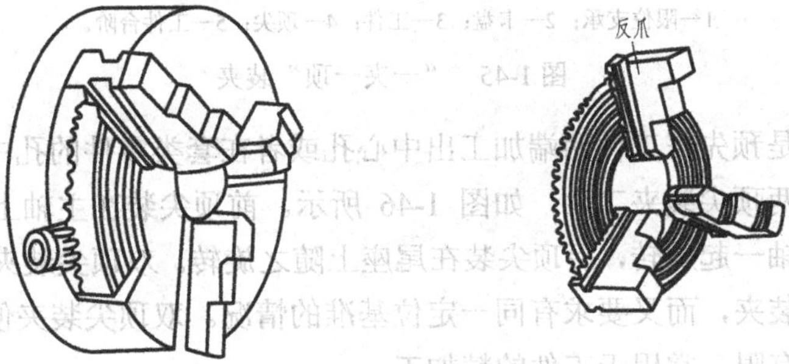

图 1-43 自定心卡盘

单动卡盘具有与自定心卡盘类似的结构，但具有 4 个卡爪，如图 1-44 所示。单动卡盘装夹时，四爪单独运动，夹紧力大，但不能自定心，需找正工件，装夹过程比较费时；主要用于大型、形状不规则的工件的装夹。

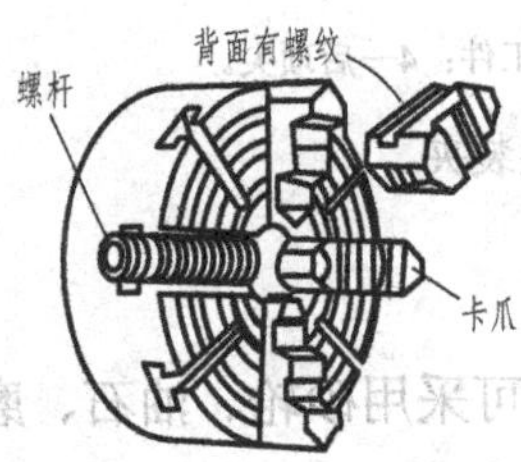

（a）外形

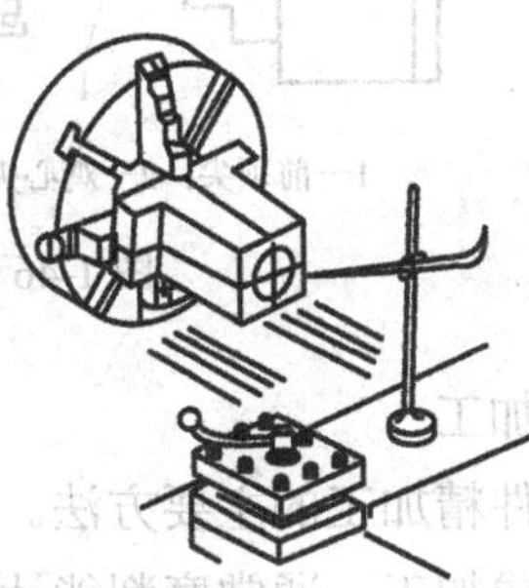
（b）按划线找正

图 1-44 单动卡盘

“一夹一顶”装夹就是一端用自定心卡盘，另一端用后顶尖顶住的装夹方式，如图 1-45 所示。当低速加工精度要求较高的工件时，可采用固定顶尖，而在一般情况下可采用活顶尖。“一夹一顶”装夹使得工件装夹更稳固，同时增加工件刚性，减少工件受到切削力而产生的变形。“一夹一顶”的装夹方法适用于较重工件或者长度尺寸稍大工件的半精加工。在使用这种装夹方法时，为了防止由于切削力的作用而使工件产生轴向位移，可在卡盘内装一限位支承或利用工件的台阶作限位。

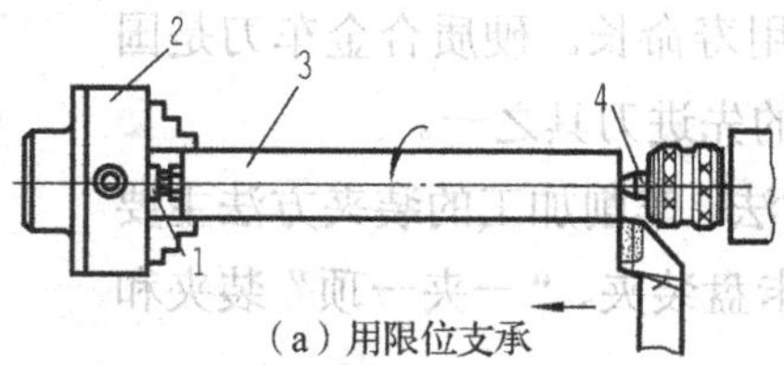

（a）用限位支承

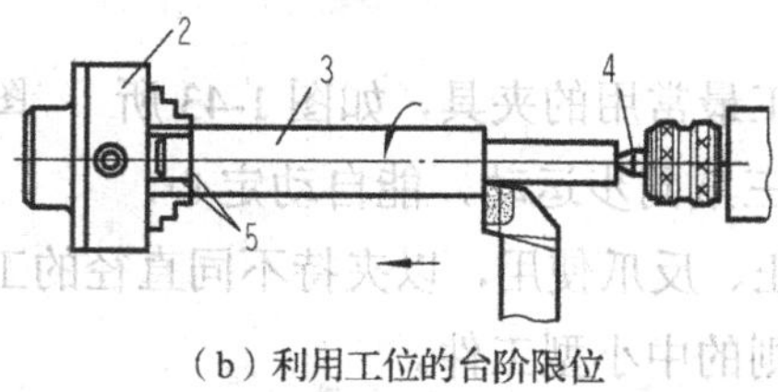

（b）利用工位的台阶限位

1—限位支承；2—卡盘；3—工件；4—顶尖；5—工件台阶。

图 1-45 “一夹一顶”装夹

双顶尖装夹是预先在工件两端加工出中心孔或者在套类零件的孔中预先安装心轴，然后采用前、后两顶尖装夹工件，如图 1-46 所示。前顶尖装在主轴上，通过卡箍和拨盘带动工件与主轴一起旋转，后顶尖装在尾座上随之旋转。双顶尖装夹多用于工件在加工过程中需多次装夹，而又要求有同一定位基准的情况。双顶尖装夹便利，定位准确，但对工件支承性有限，常用于工件的精加工。

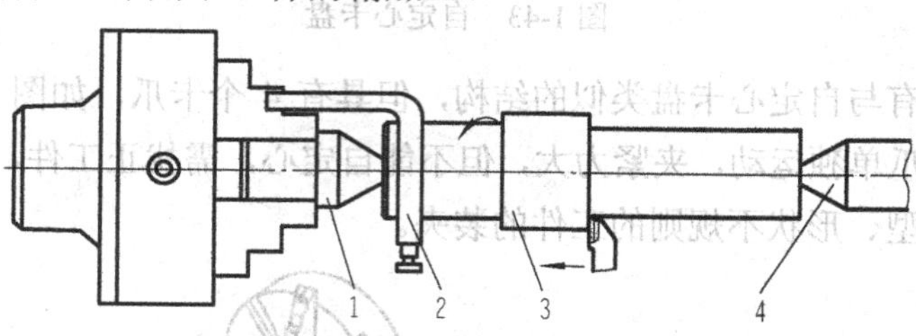

1—前顶尖；2—鸡心夹头；3—工件；4—后顶尖。

图 1-46 双顶尖装夹

（2）外圆磨削加工

磨削加工是零件精加工的主要方法。磨削时可采用砂轮、油石、磨头、砂带等作为磨具，在磨床上完成加工。通常磨削能达到的精度为 IT7～IT5，表面粗糙度 *Ra* 一般可达 0.8～0.2μm，是一种广泛应用的精加工工艺方法。磨削的加工范围很广，不仅可以加工内外圆柱面、内外圆锥面和平面，还可加工螺纹、花键轴、曲轴、齿轮、叶片等特殊表面，如图 1-47 所示。磨削不但可以加工碳钢、铸铁等常用金属材料，还能加工一般刀具难以加工的高硬度、高脆性材料，如淬火钢、硬质合金等。但磨削不适宜加工硬度低而塑性大的有色金属材料。磨削根据加工特征可以分为外圆磨削、内圆磨削、平面磨削、无心磨削等。

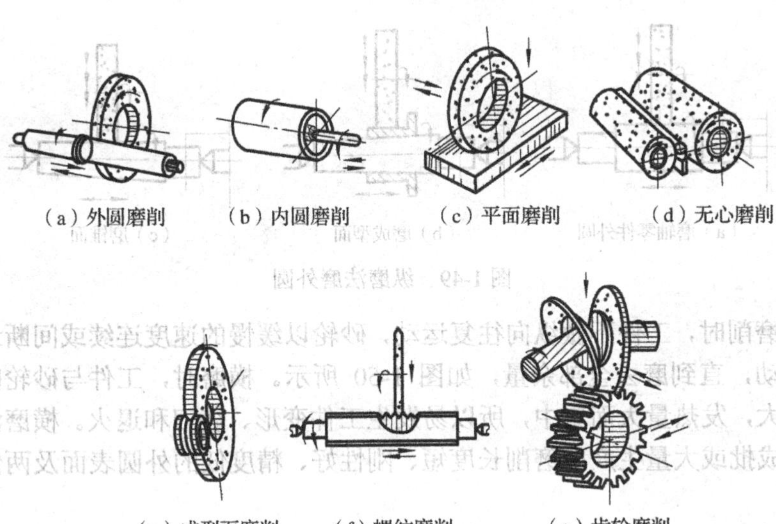

（a）外圆磨削　（b）内圆磨削　（c）平面磨削　（d）无心磨削

（e）成型面磨削　（f）螺纹磨削　（g）齿轮磨削

图 1-47　磨削加工

1）外圆磨削加工的工艺范围。

磨削外圆时，砂轮的回转运动是主运动；根据不同的磨削内容，进给运动可以是砂轮的轴向、径向移动，工件的回转运动等。外圆磨削主要用于轴、套类零件的外圆柱、外圆锥面，台阶轴外圆面及端面的磨削，如图 1-48 所示。外圆磨削的精度可达 IT6～IT5，表面粗糙度 *Ra* 一般为 0.4～0.2μm。

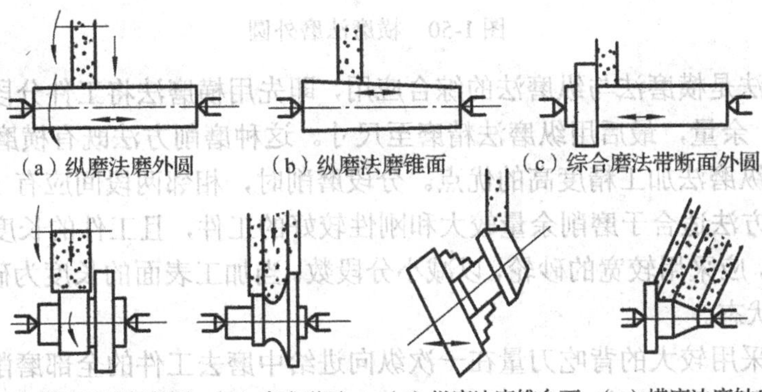

（a）纵磨法磨外圆　（b）纵磨法磨锥面　（c）综合磨法带断面外圆

（d）横磨法磨短外圆　（e）磨成形面　（f）纵磨法磨锥台面　（g）横磨法磨轴肩

图 1-48　外圆磨削加工工艺范围

外圆磨削的方法主要有中心磨削和无心磨削，中心磨削又分为纵磨法、横磨法、综合磨法和深磨法。

纵磨法是使工作台做纵向往复进给运动的磨削方法，如图 1-49 所示。砂轮高速旋转为主运动，工件旋转做圆周进给运动，同时随工作台沿工件轴向做纵向进给运动。每单次行程或每往复行程终了时，砂轮做周期性的横向进给，从而逐渐磨去工件径向的全部磨削余量。纵磨法加工精度和表面质量较高，适应性强，用同一砂轮可磨削直径和长度不同的工件，但生产率低，在单件、小批量生产及精磨中，应用广泛，特别适用于磨削细长轴等刚性差的工件。

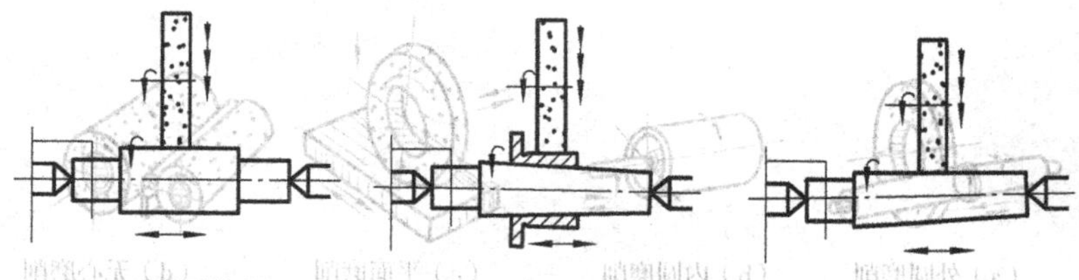

（a）磨轴零件外圆　　（b）磨成型面　　（c）磨锥面

图 1-49　纵磨法磨外圆

横磨法磨削时，工件不做纵向往复运动，砂轮以缓慢的速度连续或间断地向工件做横向进给运动，直到磨去全部余量，如图 1-50 所示。横磨时，工件与砂轮的接触面积大，磨削力大，发热量大而集中，所以易发生工件变形、烧刀和退火。横磨法生产效率高，适用于成批或大量生产中磨削长度短、刚性好、精度低的外圆表面及两侧都有台肩的轴颈。

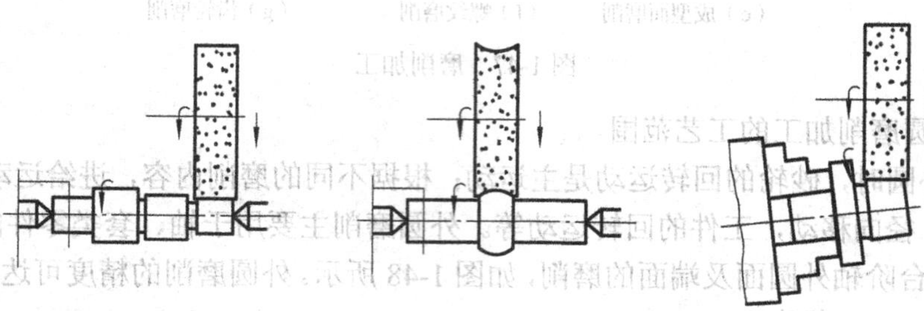

（a）磨轴零件外圆　　（b）磨成型面　　（c）磨锥面

图 1-50　横磨法磨外圆

综合磨削法是横磨法与纵磨法的综合应用，即先用横磨法将工件分段进行粗磨，留 0.03～0.04mm 余量，最后用纵磨法精磨至尺寸。这种磨削方法既有横磨法生产效率高的优点，又有纵磨法加工精度高的优点。分段磨削时，相邻两段间应有 5～10mm 的重叠。这种磨削方法适合于磨削余量较大和刚性较好的工件，且工件的长度也要适当。考虑到磨削效率，应采用较宽的砂轮，以减小分段数。当加工表面的长度为砂轮宽度的 2～3 倍时为最佳状态。

深磨法是采用较大的背吃刀量在一次纵向进给中磨去工件的全部磨削余量。为避免切削负荷集中和砂轮外圆棱角迅速被磨钝，应将砂轮修整成锥形或台阶形，外径小的台阶起粗磨作用，可修粗些；外径大的起精磨作用，可修细些。深磨法可获得较高精度和生产率，表面粗糙度值较小，适用于大批大量生产中加工刚性好的短轴。

2）外圆磨削加工机床。

以磨削回转体外表面为主的磨床称为外圆磨床，主要类型有万能外圆磨床、普通外圆磨床、无心外圆磨床等，其中以万能外圆磨床的应用最为普遍。

图 1-51 所示为 M1432A 万能外圆磨床。

外圆磨床主要由床身、工作台、砂轮架、头架、尾座等组成。

床身用于支承和连接磨床各个部件。为提高机床刚度，磨床床身一般为箱形结构，内部装有液压传动装置，上部有纵向和横向两组导轨以安装工作台和砂轮架。

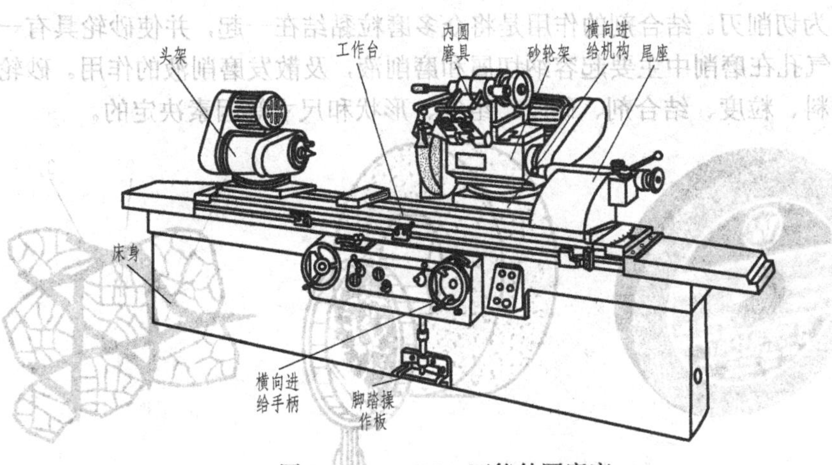

图 1-51　M1432A 万能外圆磨床

工作台由上、下两层组成，上工作台可相对于下工作台偏转一定角度，以便磨削锥面；下工作台下装有活塞，可通过液压机构使工作台做往复运动。

砂轮架上安装砂轮，由单独电动机带动做高速旋转。砂轮架安装在床身的横向导轨上，可通过手动或液压传动实现横向运动。

头架用于安装工件，其主轴由电动机经变速机构带动做旋转运动，以实现轴向进给；主轴前端可安装卡盘或顶尖。

尾座安装在工作台右端，尾座套筒内装有顶尖，可与主轴顶尖一起支承工件。它在工作台上的位置可根据工件长度任意调整。

万能磨床主要用于内外圆柱表面、圆锥表面的精加工，虽然生产率较低，但由于其通用性较好，被广泛用于单件小批生产车间、工具车间和机修车间，其加工示意图如图 1-52 所示。

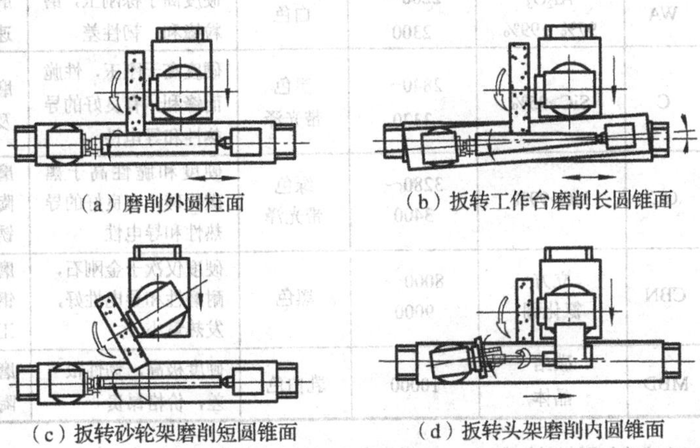

（a）磨削外圆柱面　（b）扳转工作台磨削长圆锥面　（c）扳转砂轮架磨削短圆锥面　（d）扳转头架磨削内圆锥面

图 1-52　M1432A 型万能外圆磨床典型加工示意图

3）外圆磨削加工工具。

砂轮是磨削加工中最主要的磨削工具，由磨料和结合剂经压坯、干燥、烧结而成的疏松体，由磨粒、结合剂和气孔三部分组成，如图 1-53 所示。砂轮磨粒暴露在表面部分的尖角即为切削刃。结合剂的作用是将众多磨粒黏结在一起，并使砂轮具有一定的形状和强度，气孔在磨削中主要起容纳切屑和磨削液，及散发磨削液的作用。砂轮的特性主要是由磨料、粒度、结合剂、硬度、组织、形状和尺寸等因素决定的。

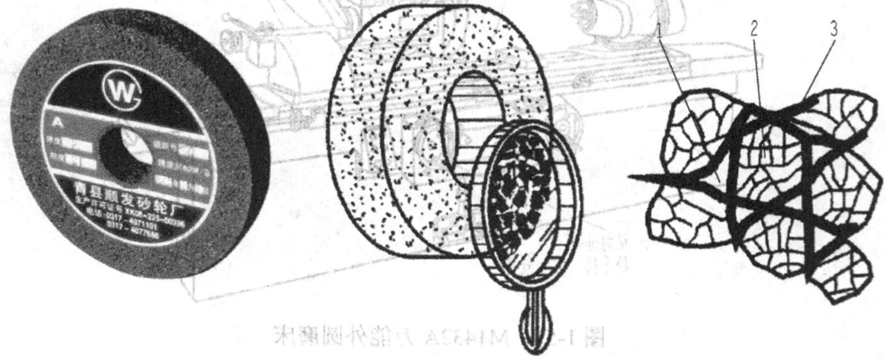

1—气孔；2—磨料；3—结合剂。

图 1-53 砂轮

磨料是砂轮的主要成分，它承担切削工作，应具有很高的硬度和锋利的棱角，并要有良好的耐热性。常用的磨料有氧化物系、碳化物系和高硬磨料系 3 种，其代号、特性及适用范围详见表 1-10。

表 1-10 常用磨料的代号、特性及适用范围

系别	名称	代号	主要成分	显微硬度（HV）	颜色	特性	适用范围
氧化物系	棕刚玉	A	Al_2O_3 91%～96%	2200～2280	棕褐色	硬度高，韧性好，价格低廉	磨削碳钢、合金钢、可锻铸铁、硬青铜
	白刚玉	WA	Al_2O_3 97%～99%	2200～2300	白色	硬度高于棕刚玉，磨粒锋利，韧性差	磨削淬硬的碳钢、高速钢
碳化物系	黑碳化硅	C	SiC>95%	2840～3320	黑色带光泽	硬度高于刚玉，性脆而锋利，有良好的导热性和导电性	磨削铸铁、黄铜、铝及非金属
	绿碳化硅	GC	SiC>99%	3280～3400	绿色带光泽	硬度和脆性高于黑碳化硅，有良好的导热性和导电性	磨削硬质合金、宝石、陶瓷、光学玻璃、不锈钢
高硬磨料	立方氮化硼	CBN	立方氮化硼	8000～9000	黑色	硬度仅次于金刚石，耐磨性和导电性好，发热量小	磨削硬质合金、不锈钢、高合金钢等难加工材料
	人造金刚石	MBD	碳结晶体	10000	乳白色	硬度极高，韧性很差，价格昂贵	磨削硬质合金、宝石、陶瓷等高硬度材料

粒度用来表示磨料颗粒的大小。一般直径较大的砂粒称为磨粒，其粒度用磨粒所能通过的筛网号表示；直径极小的砂粒称为微粉，其粒度用磨粒自身的实际尺寸表示。常用磨料的粒度号为 30～100 号。粒度号越大，磨料越细。磨粒粗，磨削深度大，生产率高，但表面粗糙度大。反之，则磨削深度均匀，表面粗糙度小。所以粗磨时，一般选粗粒度，精磨时选细粒度。磨软金属时，多选用粗磨粒；磨削脆而硬的材料时，则选用较

细的磨粒。粒度的选用如表 1-11 所示。

表 1-11 砂轮粒度的选用

粒度号	粒度尺寸/μm	适用范围	粒度号	粒度尺寸/μm	适用范围
12～36	2000～1600 500～400	粗磨、荒磨、切断钢坯、打磨毛刺	W40-W20	40～28 20～14	精磨、超精磨、螺纹磨、珩磨
46～80	400～315 200～160	粗磨、半精磨、精磨	W14-W10	14～10 10～7	精磨、精细磨、超精磨、镜面磨
100～280	165～125 50～40	精磨、成形磨、刀具刃磨、珩磨	W7-W3.5	7～5 3.5～2.5	超精磨、镜面磨、制作研磨剂等

结合剂的作用是将磨粒黏结在一起，并使砂轮具有所需要的形状、强度、耐冲击性、耐热性等。黏结越牢固，磨削过程中磨粒就越不易脱落。常用的结合剂有陶瓷结合剂、树脂结合剂和橡胶结合剂，如表 1-12 所示。

表 1-12 常用结合剂的种类、性能及用途

种类	代号	性能	用途
陶瓷	V	耐热性、耐腐蚀性好、气孔率大、易保持轮廓、弹性差	应用最广，适用于 v<35m/s 的各种成形磨削、磨齿轮、磨螺纹等
树脂	B	强度高、弹性大、耐冲击、坚固性和耐热性差、气孔率小	适用于 v>50m/s 的高速磨削，可制成薄片砂轮，用于磨槽、切割等
橡胶	R	强度和弹性更高、气孔率小、耐热性差、磨粒易脱落	适用于无心磨的砂轮和导轮、开槽和切割的薄片砂轮、抛光砂轮等
金属	M	韧性和成形性好、强度大，但自锐性差	可制造各种金刚石磨具

硬度是指砂轮表面上的磨粒在磨削力的作用下脱落的难易程度。磨粒容易脱落，则砂轮的硬度低，称为软砂轮；磨粒难脱落，则砂轮的硬度就高，称为硬砂轮。砂轮的硬度主要取决于结合剂的黏结能力及含量，与磨粒本身的硬度无关。砂轮的硬度主要根据工件材料特性和磨削条件来选择。一般磨削软材料时应选用硬砂轮，磨削硬材料时应选用软砂轮，成形磨削和精密磨削也应选用硬砂轮。

砂轮的组织是指磨粒和结合剂的疏密程度，它反映了磨粒、结合剂、气孔三者之间的比例关系。按照《固结磨具 一般要求》（GB/T 2484—2018）的规定，砂轮组织分为紧密、中等和疏松三大类 15 级。砂轮的组织对磨削生产率和工件表面质量有直接影响。一般的磨削加工广泛使用中等组织的砂轮；成形磨削和精密磨削则采用紧密组织的砂轮；而平面端磨、内圆磨削等接触面积较大的磨削，以及磨削薄壁零件、有色金属、树脂等软材料时，应选用疏松组织的砂轮。

为适应各种磨床结构和磨削加工的需要，砂轮可制成各种形状和尺寸。常用砂轮的形状如表 1-13 所示，有平行砂轮（P）、双斜边砂轮（PSX）、双面凹砂轮（PSA）、杯形砂轮（B）、碗形砂轮（BW）、碟形砂轮（D）、薄片砂轮（PB）、筒形砂轮（N）。

表 1-13　常用砂轮的形状

砂轮名称	代号	简图	主要用途
平行砂轮	1	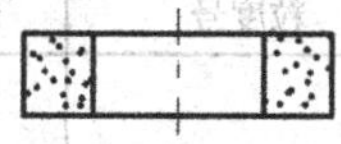	外圆磨、内圆磨、平面磨、无心磨、工具
薄片砂轮	41		切断及切槽
筒形砂轮	2	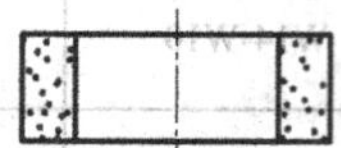	端磨平面
碗形砂轮	11	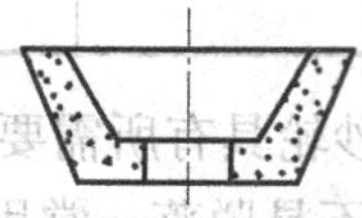	刃磨刀具、磨导轨
蝶形砂轮	12a	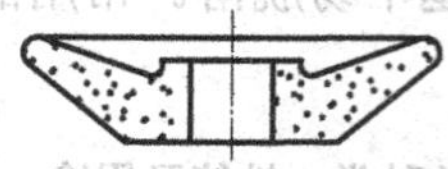	磨铣刀、铰刀、拉刀、磨齿轮
双斜边砂轮	4	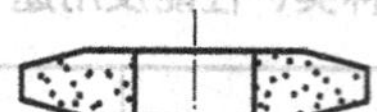	磨齿轮及螺纹
杯形砂轮	6	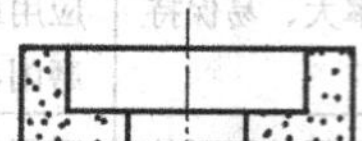	磨平面、内圆、刃磨刀具

4）外圆磨削加工的装夹方法。

在外圆磨床上磨削工件外圆时，轴类零件常用顶尖装夹，其方法与车削时基本相同，但磨床所用顶尖不随工件一起转动。这样，主轴与轴承的制造误差、轴承间隙、顶尖的同轴度误差等就不会反映到工件上，可提高加工精度。

盘套类工件则用心轴和顶尖装夹，所用心轴和车削心轴基本相同，只是形状和位置精度及表面粗糙度要求较严格。

磨削短又无中心孔的轴类工件时，可用自定心卡盘或单动卡盘装夹。

2. 传动轴加工设备的选择

选用加工设备应尽量立足于国内设备，必须进口的机床设备须经充分论证，严格履行审批手续才可进口。当工件尺寸太大（或太小）或工件的加工精度要求过高，没有现成的机床设备可供选择时，可以考虑采用自制专用机床。可根据工序加工要求提出专用机床的设计任务书。

（1）选择原则

1）设备的主要规格尺寸应与零件的外廓尺寸相适应。

2）设备的精度应与工序要求的加工精度相适应，对于高精度的零件加工，在缺乏精密设备时，可通过设备改造及夹具的利用“以粗干精”。

3）设备的生产率应与零件的生产类型相适应，单件小批量生产选择通用设备，大批量生产选择提高生产率的专用设备。

4）设备选择应结合现场的实际情况。例如，设备的类型、规格及精度状况，设备负荷的平衡状况及设备的分布排列情况等，都应根据现场实际情况确定。

（2）传动轴各工序加工设备的选择

传动轴加工主要用到车削加工、磨削加工和铣削加工，根据加工设备选择的原则及所在工厂、车间配备设备的实际情况选择各工序加工设备。传动轴各工序加工设备如表 1-14 所示。其他设备如表 1-15 所示。

表 1-14　传动轴各工序加工设备

序号	工序名称	加工设备
1	粗车	CA6140
2	半精车	
3	铣削	XL-1050
4	钳工研修中心孔	CA6140
5	磨削	M1432A

表 1-15　其他设备

序号	工序名称	加工设备
1	锻造	蒸汽压力机
2	正火热处理	马弗炉
3	渗碳淬火	渗碳炉

3. 传动轴加工工艺装备的选择

（1）工艺装备选择原则

1）夹具的选择。单件小批量生产时应尽量选用通用夹具，如各种卡盘、台钳和回转台等。为了提高生产率，应积极推广使用组合夹具。大批量生产时，应采用高生产率的气、液传动专用夹具。同时，夹具的精度还需与加工精度相适应。

2）刀具的选择。刀具的选择主要取决于工序采用的加工方法、加工表面的尺寸、工件的材料、所要求的加工精度和表面粗糙度等。在加工中一般采用标准刀具，必要时也可采用各种高生产率的复合刀具及其他专用刀具。刀具的类型、规格及精度等级应符合加工要求。

3）量具的选择。量具的选择主要根据生产类型和加工精度要求来确定。单件小批量生产中常采用通用量具，如游标卡尺、百分表等；大批量生产应采用量规或者高生产效率的专用量具。

（2）传动轴各工序加工工艺装备的选择

根据工艺装备选择的原则及实际情况，传动轴各工序加工工艺装备如表 1-16 所示。

表 1-16　传动轴各工序加工工艺装备

序号	工序名称	工艺装备
1	锻造	刻度尺
2	正火	热处理钳、垫块
3	粗车	自定心卡盘、顶尖，外圆车刀、中心钻，游标卡尺
4	半精车	自定心卡盘、顶尖，外圆车刀、螺纹车刀、切槽刀，游标卡尺、螺纹规
5	检验	游标卡尺、螺纹规
6	划线	钳工台、划针
7	铣削	台虎钳；$\phi6$、$\phi8$、$\phi12$ 立铣刀，游标卡尺
8	渗碳淬火	热处理钳、冷却液
9	钳工修研中心孔	自定心卡盘、硬质合金多棱顶尖
10	磨削	顶尖、拨盘，砂轮，千分尺
11	检验	游标卡尺、千分尺、螺纹规

任务 7　传动轴切削用量及时间定额的确定

1.7

1．传动轴切削用量的确定

（1）切削用量基本概念

切削用量是加工中切削运动参数的总称，包括背吃刀量 a_p、进给量 f 和切削速度 v_c 三个要素，如图 1-54 所示。

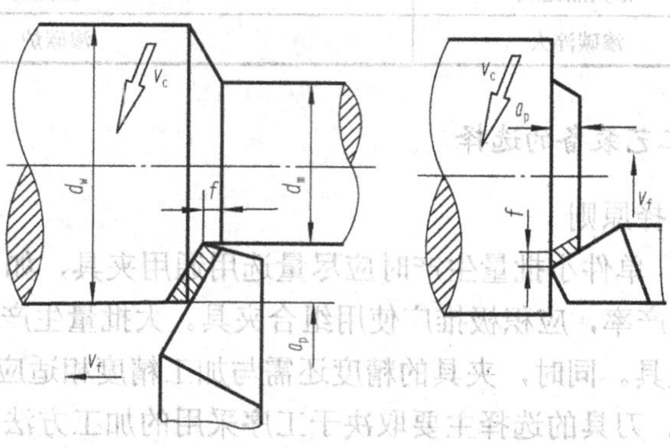

（a）　（b）

图 1-54　切削用量

1）背吃刀量。对于车削、刨削而言，背吃刀量为工件上已加工表面和待加工表面间的垂直距离，用 a_p 表示，单位为 mm，有

$$a_p = (d_w - d_m)/2 \tag{1-12}$$

式中，d_w——工件待加工表面的直径；

d_m——工件已加工表面的直径。

2）进给量。工件或刀具每回转一周时，两者沿进给运动方向的相对位移称为进给量，它是衡量进给运动大小的参数，用 f 表示，单位是 mm/r（毫米/转）。进给速度 $v_f = fn$，

其中 n 是工件或刀具的转速。

对于铣刀、铰刀、拉刀、齿轮滚刀等多刃切削工具，在它们进行工作时，还应规定每一个刀齿的进给量 f_z，即后一个刀齿相对于前一个刀齿的进给量，单位是 mm/z（毫米/齿）。f_z 与齿数 z、进给量、转速、进给速度有以下关系：

$$v_f = fn = f_z zn \tag{1-13}$$

式中，f——进给量；

v_f——进给速度；

z——齿数；

n——转速。

3）切削速度。大多数切削加工的主运动采用回转运动，因此回旋体（刀具或工件）上外圆或内孔某一点的切削速度 v_c（单位为 m/min）的计算公式如下：

$$v_c = \pi dn / 1000 \tag{1-14}$$

式中，d——工件或刀具上某一点的回转直径（mm）；

n——工件或刀具的转速（r/min）。

（2）切削用量的确定考虑的因素

切削用量不仅是在机床调整前必须确定的重要参数，而且其数值合理与否对加工质量、加工效率、生产成本等有着非常重要的影响。所谓"合理的"切削用量，是指充分利用刀具的切削性能和机床的动力性能（功率、转矩），在保证质量的前提下，获得高的生产率和低的加工成本的切削用量。

1）切削加工生产率。在切削加工中，金属切除率与切削用量三要素 a_p、f、v_c 均保持线性关系，即其中任一参数增大一倍，都可使生产率提高一倍。然而由于刀具寿命的制约，当任一参数增大时，其他两参数必须减小。因此，在制订切削用量时，三要素获得最佳组合，此时的高生产率才是合理的。

2）刀具寿命。切削用量三要素对刀具寿命影响的大小，按顺序为 v_c、f、a_p。因此，从保证合理的刀具寿命出发，在确定切削用量时，首先应采用尽可能大的背吃刀量；然后选用大的进给量；最后求出切削速度。

3）加工表面粗糙度。精加工时，增大进给量将增大加工表面粗糙度值。因此，它是精加工时抑制生产率提高的主要因素。

（3）切削用量的选择原则及方法

1）切削用量的选择原则。

① 背吃刀量 a_p 的选择原则：切削深度应尽可能大，尽量减少走刀次数，以提高效率。由粗加工到精加工，背吃刀量应该逐渐减小，以减小切削力，保证零件的加工质量。

② 进给量 f 的选择原则：粗加工时，在工艺系统刚度和强度允许时，尽量选较大值；精加工、半精加工一般选较小值。

③ 切削速度 v_c 的选择原则：粗加工时应选较低的切削速度，精加工时应选较高的切削速度；加工材料强度、硬度较高时，选较低的切削速度，反之选较高的切削速度；刀具材料的切削性能越好，切削速度可以选取得越高。

2）切削用量的选择方法。切削用量的确定方法有查表法、计算法、经验法等。查表法是根据《机械加工工艺手册》所提供的参考参数来确定切削用量；计算法是根据相应的经验公式来计算相关的切削用量；经验法是根据工作实践的经验来确定切削用量。这些方法具体采用哪种，可以根据实际情况选择，但最终的切削用量还要结合加工的实际条件综合考虑确定。

（4）传动轴切削用量的选择

这里以传动轴$\phi 52$外圆面半精车为例来介绍采用查表法确定切削用量。

该工序的加工条件如下：

加工材料：20CrMnTi，$\sigma_b \approx 700$MPa。

工件尺寸：加工前直径为$\phi 53$，加工后直径为$\phi 52$，长度为44mm。

加工要求：IT9，$Ra3.2\mu m$。

加工机床：CA6140，双顶尖装夹。

第一步，确定刀具参数。根据该工序内容和加工条件，参照《切削用量手册》及CA6140车床要求，CA6140中心高度为200mm，刀杆尺寸为16mm×25mm，采用YT15硬质合金刀片，厚度为4.5mm，车刀几何形状主偏角$\kappa_r=45°$，副偏角$\kappa_r'=5°$，刀尖圆弧半径$r_B=0.5$mm，前角$\gamma_o=10°$，后角$\alpha_o=8°$，刃倾角$\lambda_s=3°$。

第二步，确定背吃刀量a_p。该表面半精车余量为1mm，半精车背吃刀量一般在0.3～2mm范围，考虑到材料强度及双顶尖装夹的稳固性，分两次走刀，取$a_p=0.5$mm。

第三步，确定进给量f。半精车进给量主要受表面粗糙度限制，根据表面粗糙度Ra为3.2μm，刀尖圆弧半径$r_B=0.5$mm，切削速度$v=50$m/min，此时的切削速度是预估的，材料为合金钢，根据《机械加工工艺手册》查表得$f=0.25～0.3$mm/r，取f为0.25mm/r。进给量确定后，还需根据手册进行机床刚性的校核，这里我们就不多做介绍，大家可以去查相关资料。

第四步，选择刀具磨钝标准及寿命。根据《机械加工工艺手册》，确定车刀后面最大磨损厚度为0.6mm，刀具使用寿命$T=60$min。

第五步，确定切削速度。这里根据《机械加工工艺手册》，由于$a_p=0.5$，$f=0.25$mm/r，$\sigma_b \approx 720$MPa，通过查表得$v_c=156$m/min，该数值乘以修正系数K_v就是加工时需要的切削速度。K_v是一系列切削修正系数的乘积，即$K_v=K_{Tv} \cdot K_{Mv} \cdot K_{Sv} \cdot K_{tv} \cdot K_{Kv} \cdot K_{\gamma ov}$，其中，$K_{Tv}=1.0$，$k_{Mv}=0.87$，$K_{Sv}=1.0$，$K_{tv}=1.0$，$K_{Kv}=1.0$，$K_{\gamma ov}=1.0$，故计算切削速度为

$$v_c'=v_c'K_v=156\times 0.87=135.7\ (\text{m/min})$$

根据切削速度与机床转速的关系，即$n=1000v_c'/(\pi d)$，其中d为工件直径，得$n=$831.1r/min。

根据CA6140车床说明书，选择$n=900\text{r/min}$，这时，实际切削速度$v_c=147\text{m/min}$。

第六步，校核机床功率。切削速度确定以后，还需要校核机床的功率。如果符合要求，那么所确定的切削参数是合理的，否则应当重新分析确定。

根据《机械加工工艺手册》，$a_p<2.0\text{mm}$，$f=0.25\text{mm/r}$，$\sigma_b \approx 720\text{MPa}$，$v_c<162\text{m/min}$时，$P_c=1.7\text{kW}$。

根据CA6140车床说明书，转速为900 r/min时，主轴允许的功率是7.5kW，$P_c<P_e$，故选用的切削用量可用，即$a_p=0.5\text{mm}$，$f=0.25\text{mm/r}$，$v_c<147\text{m/min}$。

上述是根据手册查表获得切削速度的，也可以通过切削速度计算公式计算，这里不再赘述。

2. 时间定额的确定

时间定额是指在一定生产条件下规定生产一件产品或完成一道工序所消耗的时间。时间定额是安排作业计划、进行成本核算的重要依据，也是设计或扩建工厂（或车间）时计算设备和工人数量的依据。合理的确定时间定额才能保证工厂的高效运转，才能提高劳动的积极性，因此，在工艺编制时确定时间定额也是一项重要的工作内容。

时间定额是生产过程一系列工艺工作所消耗时间的总和，包括五部分：基本时间、辅助时间、布置工作地时间、休息和生理需要时间、准备与终结时间。基本时间是直接改变生产对象的尺寸、形状、性能和相对位置关系所消耗的时间；辅助时间是为实现基本工艺工作所做各种辅助动作所消耗的时间；布置工作地时间是为使加工正常进行，工人照管工作地（如更换刀具、润滑机床、清理切屑、收拾工具等）所消耗的时间；休息和生理需要时间是工人在工作班内为恢复体力和满足生理需要所消耗的时间；准备与终结时间是工人为了生产一批产品和零件进行准备和结束工作的时间，如熟悉工艺文件、领取毛坯、归还工装等。

时间定额的确定就是将上述五部分时间分别确定并求和。但在实际工作中，一一计算求和过于烦琐。因此，在实际生产中在工厂会根据时间定额的计算方法，同时考虑该厂的生产条件、生产技术水平等因素确定一个工时当量值，即在该厂单位时间能完成的工作量值。在确定具体工序的时间定额时，就只需考虑该工序的工作量是工时当量的多少倍，来确定该工序的时间定额。根据工时当量来确定，主观因素比较大，在工厂一般由工艺员初定，再由工艺主管核定。这里就仅为大家介绍方法，具体如何确定，大家在工作岗位上再深入学习。

任务8　传动轴工艺文件的编写

传动轴加工虽然工序集中，但各工序并不复杂，因此，该零件工艺卡片只需编写机械加工工艺过程卡即可。根据前面的分析，传动轴机械加工工艺过程卡如表1-17所示。

1.8

表1-17　传动轴机械加工工艺过程卡

<table>
<tr><td colspan="2" rowspan="2">企业名称</td><td colspan="3" rowspan="2">机械加工工艺过程卡</td><td>产品型号</td><td></td><td>零件图号</td><td colspan="2">1</td><td colspan="2"></td></tr>
<tr><td>产品名称</td><td>减速器</td><td>零件名称</td><td colspan="2">传动轴</td><td>共　页</td><td>第　页</td></tr>
<tr><td colspan="2">材料牌号</td><td>20CrMnTi</td><td>毛坯种类</td><td>锻造件</td><td>毛坯外形尺寸</td><td>φ60×270</td><td>每件毛坯可制件数</td><td>1</td><td>每台件数</td><td>1</td><td>备注</td></tr>
<tr><td rowspan="2">工序号</td><td rowspan="2">工序名称</td><td colspan="4" rowspan="2">工序内容</td><td rowspan="2">车间</td><td rowspan="2">工段</td><td rowspan="2">设备</td><td rowspan="2">工艺装备</td><td colspan="2">工时</td></tr>
<tr><td>准终</td><td>单件</td></tr>
<tr><td>00</td><td>锻造</td><td colspan="4">锻造毛坯φ60×270</td><td>锻造</td><td>自由锻</td><td>蒸汽压力机</td><td>卡钳</td><td>1</td><td>2</td></tr>
</table>

续表

工序号	工序名称	工序内容	车间	工段	设备	工艺装备	工时	
							准终	单件
05	正火	消除锻造应力，改善加工性能	热加工	热处理	马弗炉	热处理钳、垫块	0.5	2
10	粗车	自定心卡盘夹持工件，车端面见平，长度留2mm余量，钻中心孔；用尾顶尖顶住中心孔，粗车传动轴右侧ϕ52、ϕ46、ϕ35台阶及M24螺纹至ϕ53.1、ϕ47.4、ϕ36.4、ϕ25；表面粗糙度*Ra*达16μm 调头，自定心卡盘夹持工件另一端，车端面，保证总长259mm，钻中心孔；用尾顶尖顶住中心孔，粗车传动轴左侧ϕ35、ϕ30及M24螺纹至ϕ36.4、ϕ31.4、ϕ25；表面粗糙度*Ra*达16μm	机加	车工工段	车床CA6140	自定心卡盘、顶尖，外圆车刀、中心钻，游标卡尺	0.3	1.5
15	半精车	双尖装夹，半精车传动轴右侧ϕ52、ϕ46、ϕ35台阶及M24螺纹至ϕ52、ϕ46.4、ϕ35.4、ϕ24；表面粗糙度*Ra*达3.2μm；车右端螺纹M24×1.6-6g，切槽，倒角 调头，半精车传动轴左侧ϕ35、ϕ30及M24螺纹至ϕ35.4、ϕ30.4、ϕ24；表面粗糙度*Ra*达3.2μm；车右端螺纹M24×1.6-6g；切槽，倒角	机加	车工工段	车床CA6140	自定心卡盘、顶尖，外圆车刀、螺纹车刀、切槽刀，游标卡尺、螺纹规	0.5	2
20	划线	划键槽及止动垫圈槽加工位置线	机加	钳工工段		钳工台、划针	0.1	0.2
25	铣削	铣各键槽及止动垫圈槽至尺寸；表面粗糙度*Ra*达3.2μm	机加	铣工工段	铣床XL-1050	ϕ6、ϕ8、ϕ12立铣刀，台虎钳，游标卡尺	0.5	1
30	检验	检验	机加	检验工段		游标卡尺、螺纹规	0.1	0.2
35	渗碳淬火	保证硬度55～62HRC	热处理	热处理	渗碳炉	热处理钳、冷却液	0.5	2.5
40	钳工	研修中心孔	机加	车工工段	车床CA6140	自定心卡盘、硬质合金多棱顶尖	0.2	0.5
45	磨削	磨外圆ϕ46±0.008、ϕ35±0.008、ϕ30±0.0065至尺寸，磨削各面表面粗糙度*Ra*达0.8μm	机加	磨削工段	外圆磨床	顶尖、拨盘，砂轮，千分尺	0.5	1.5
50	检验	检验	机加	检验工段		游标卡尺、千分尺、螺纹规	0.2	0.5

										设计日期	审核日期	标准化日期	会签日期
标记	处数	更改文字编号	签字	日期	标记	处数	更改文字编号	签字	日期				

轴类零件加工工艺编制要点分析

1. 加工工艺编制分析

在编制零件的工艺规程时，基准的正确选择是零件质量的保证。对于轴类零件而言，如何保证轴的位置精度要求是加工工艺的难点。因此，为保证轴的位置精度，一般采用轴的轴线为精基准，用两中心孔（顶尖孔）定位。这符合基准统一和基准重合原则，容易保证较高位置精度，工件装夹也比较方便。要注意的是，加工过程中，中心孔始终要保持位置准确和清洁。每次热处理后，在转入下一加工阶段前应对中心孔进行研磨或修整，以去除中心孔表面的氧化皮或其他损伤。

而在粗加工阶段，一般采用外圆面定位，用卡盘装夹；当需要增加工件刚性时可以在轴的一端加工中心孔，并用顶尖支承，构成“一夹一顶”的装夹方式。采用外圆面定位，用卡盘装夹，特别是“一夹一顶”的装夹方式装夹稳固，可以承受较大的切削力，符合粗加工阶段重在提高加工效率而采用较大被吃刀量的加工特征。因而以外圆面定位在粗加工阶段使用得较多。

在半精加工阶段可以使用外圆定位，也可以使用双顶尖定位。使用外圆面定位刚性更好，因而效率更高；而使用双顶尖定位，精度容易保证。因此，在具体选择基准时应该根据实际情况而定。

此外，在车削长轴时，为保证轴的刚性，应使用中心架、跟刀架托住，避免轴受到切削力变形而影响加工精度。

2. 轴类零件的绿色生产分析

绿色生产是当前制造技术的发展趋势，也是时代发展的要求，对于人类社会的科学发展、对于制造业的可持续发展具有重要意义。轴类零件的绿色化生产可以从以下几个方面予以考虑：

第一，对于大批量生产的轴，应采用质量稳定、精度高的毛坯，如精锻件、精铸件等，以减少毛坯余量，从而减少切削加工量，节约材料，减少加工工时，降低能耗，从而提高生产的整体效益。

第二，车削加工中尽量采用高硬度刀片实现干切削，以减少或者不用切削液。切削液是加工中的一个重要污染源，减少或者不适用切削液是实现绿色生产的重要一环。

第三，对于机床，进行能源控制管理改造，以实现能源的有效管理和综合利用，减少机床的能耗。

绿色化生产是一个系统工程，这里仅仅列举出了一些进行绿色生产的举措，还有很多方面需要深入研究、持续推进。

习　题

一、填空题

1．零件的工艺分析包括________、________、________。

2．根据生产纲领可以将生产分为________、________、________3 种类型。

3．用来确定生产对象几何要素与几何关系所依据的那些点、线、面称为基准，可以分为________和________。

4．确定加工方法和加工阶段后，将同一阶段中各个面的加工组合成不同的工序称为________。

5．在工件加工和机器装配过程中，由相互联系的并按一定顺序排列的尺寸形成的封闭尺寸组，称为________。

6．选择基准时，首先应该选择________，再选择粗基准。

7．在划分工序时，大批量生产应采用________的原则，而单件生产应该采用________的原则。

二、单项选择题

1．在确定面的加工方法时，首先应该确定的是（　　）。

A．基准　　B．表面加工的最终工序的加工方法

C．粗加工工序的加工方法　　D．半精加工的加工方法

2．下列基准中不属于工艺基准的是（　　）。

A．工件装配时的基准　　B．零件图样上的基准

C．工件定位的基准　　D．测量时用的基准

3．在尺寸链的计算中，间接保证的尺寸称为（　　）。

A．封闭环　　B．增环　　C．组成环　　D．减环

4．定位基准是指（　　）。

A．机床上的某些点、线、面　　B．夹具上的某些点、线、面

C．工件上的某些点、线、面　　D．刀具上的某些点、线、面

5．确定切削用量时，首先应该确定的是（　　）。

A．背吃刀量　　B．切削速度　　C．进给量　　D．机床转速

三、简答题

1．毛坯的种类有哪些？如何选择？

2．什么是定位？定位原理是怎样的？定位方式有哪些？哪些是加工中常用的定位方式？

3．如何选择基准？需要遵循哪些原则？

4．拟定工艺路线的内容包括哪些方面？

5．什么是经济精度？什么是经济表面粗糙度？

6．如何安排切削加工工序？

7．工序尺寸及公差的确定有哪些方法？

8．尺寸链法确定工序尺寸时的条件是什么？

9．切削用量的三要素是什么？应该如何选取？

四、计算题

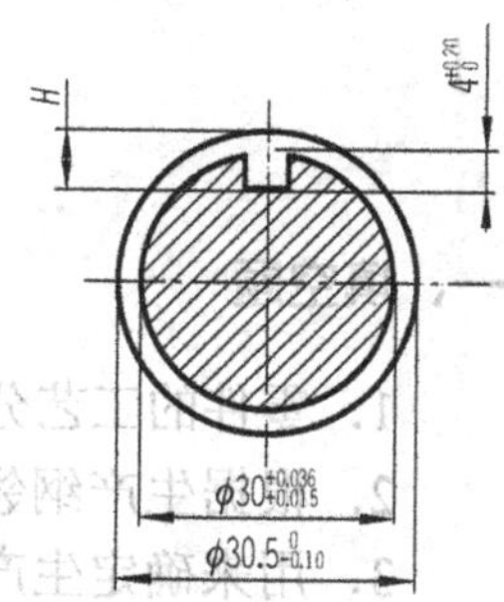

图 1-55　工件

工件如图 1-55 所示，小轴的部分工艺过程是：车外圆至 $\phi30.5^{0}_{-0.10}$，铣键槽深度至 H，磨外圆至 $\phi30^{+0.036}_{+0.015}$，求保证键槽深度为 $4^{+0.20}_{0}$ 时的铣键槽深度 H，及上、下极限偏差。

五、拟定工艺路线

1. 传动轴如图 1-56 所示，材料为 35 钢，请拟定工艺路线。

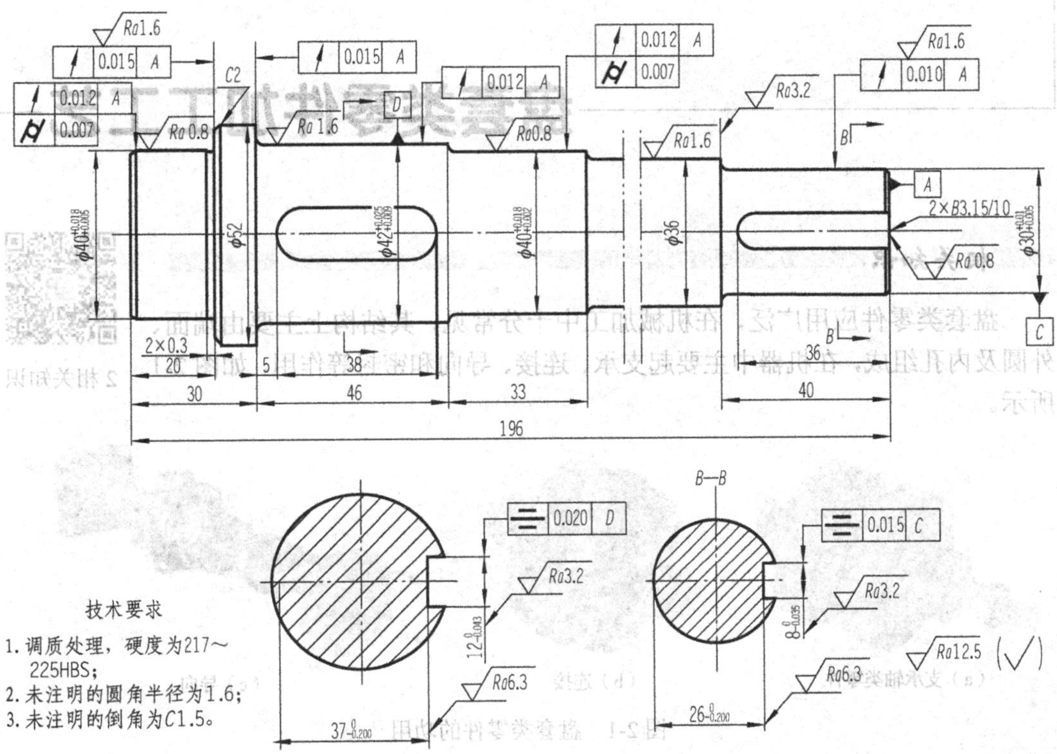

图 1-56　传动轴

2. 图 1-57 所示为导柱，材料为 20 钢，为保证零件表面的耐磨性，需渗碳淬火硬度达到 52～55HRC，试拟定工艺路线。

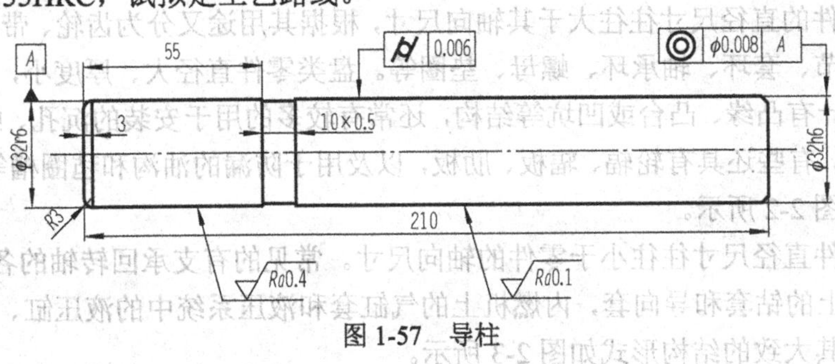

图 1-57　导柱

项目 2

盘套类零件加工工艺

相关知识

盘套类零件应用广泛，在机械加工中十分常见，其结构上主要由端面、外圆及内孔组成，在机器中主要起支承、连接、导向和密封等作用，如图 2-1 所示。

2 相关知识

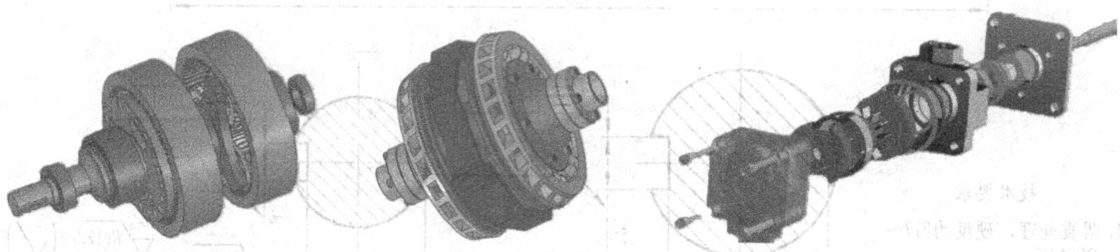

（a）支承轴类零件　　（b）连接　　（c）导向

图 2-1　盘套类零件的功用

1. 盘套类零件的分类

盘套类零件根据零件的长径比不同分为盘类零件和套类零件。

盘类零件的直径尺寸往往大于其轴向尺寸，根据其用途又分为齿轮、带轮、法兰盘、端盖、联轴节、套环、轴承环、螺母、垫圈等。盘类零件直径大、厚度小，为了减少加工面，常设计有凸缘、凸台或凹坑等结构，还常有较多的用于安装的沉孔、螺孔、光孔、定位销孔等，有些还具有轮辐、辐板、肋板，以及用于防漏的油沟和毡圈槽等密封结构。盘类零件如图 2-2 所示。

套类零件直径尺寸往往小于零件的轴向尺寸。常见的有支承回转轴的各类轴承套、轴套，夹具上的钻套和导向套，内燃机上的气缸套和液压系统中的液压缸、电液伺服阀的阀套等，其大致的结构形式如图 2-3 所示。

套类零件的结构与尺寸随其用途不同而异，但其结构一般具有以下特点：外圆直径 d 一般小于其长度 L，但 $L/d<5$；内孔与外圆直径之差较小，故壁薄易变形；内、外圆回转面的同轴度要求较高；套类零件结构比较简单。

（a）带轮　（b）主轴承盖　（c）法兰盘

图 2-2　盘类零件

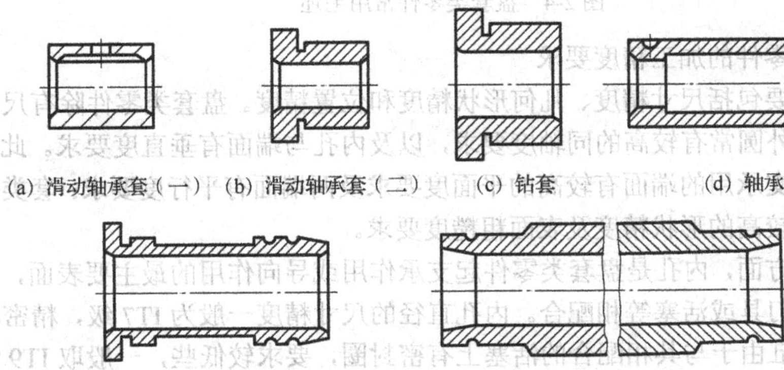

(a) 滑动轴承套（一）(b) 滑动轴承套（二）(c) 钻套　(d) 轴承衬套

(e) 气缸套　(f) 液压缸

图 2-3　套类零件

2. 盘套类零件的材料与毛坯

盘套类零件材料的选择主要取决于零件的功能要求、结构特点及使用时的工作条件等，常用材料如表 2-1 所示。

表 2-1　盘套类零件常用材料

使用条件	常用材料
一般盘套类零件	钢、铸铁、青铜或黄铜等
带轮、轴承压盖等轮盘类零件	HT150～300 等铸铁或 Q235
齿轮等轮盘类零件	常用 20Cr、20CrMnTi 等低碳合金钢
滑动轴承	为节省贵重材料而采用双金属结构，即用离心铸造法在钢或铸铁套筒的内壁上浇注一层巴氏合金等材料，用来提高轴承寿命

盘套类零件的毛坯主要根据零件材料、形状结构、尺寸大小及生产批量等因素来选。零件孔径较大（一般直径大于 20mm）时，常采用型材（如无缝钢管）、带孔的锻件或铸件；孔径较小（一般直径小于 20mm）时，一般多选择热轧或冷拉棒料，也可采用实心铸件；大批量生产时，可采用冷挤压、粉末冶金等工艺生产的毛坯件，不仅节约原材料，而且生产率及毛坯质量精度均可提高。盘套类零件常用毛坯如图 2-4 所示。

3. 盘套类零件的技术要求

盘套类零件的技术要求包括零件的加工精度要求、表面质量要求和热处理要求 3 个方面。

（a）冷拉棒料　　（b）锻造件毛坯　　（c）铸造件毛坯

图 2-4　盘套类零件常用毛坯

（1）盘套类零件的加工精度要求

加工精度主要包括尺寸精度、几何形状精度和位置精度。盘套类零件除有尺寸精度要求外，内孔和外圆常有较高的同轴度要求，以及内孔与端面有垂直度要求。此外，盘类零件往往还对支承用的端面有较高的平面度要求及两端面有平行度要求；套类零件的内孔和外圆常有较高的形状精度及表面粗糙度要求。

在尺寸精度方面，内孔是盘套类零件起支承作用或导向作用的最主要表面，它通常与运动着的轴、刀具或活塞等相配合。内孔直径的尺寸精度一般为 IT7 级，精密轴套有时取 IT6 级，油缸由于与其相配合的活塞上有密封圈，要求较低些，一般取 IT9 级。外圆表面一般是盘套类零件本身的支承面，常以过盈配合或过渡配合同机架上的孔连接，外径的尺寸精度通常为 IT7～IT6 级，也有一些套类零件外圆表面不需加工。

在几何形状精度方面，内孔的几何形状精度应控制在孔径公差以内，有些精密轴套控制在孔径公差的 1/2～1/3，甚至更严。对于长的套件，除了圆度要求外，还应注意孔的圆柱度。外圆表面的几何形状精度应控制在外径公差以内。

在位置精度方面，当内孔的最终加工是在装配后进行时，盘套类零件本身的内外圆之间的同轴度要求较低，若最终加工是在装配前完成，则要求较高，一般为 0.01～0.05mm。当盘套类零件的外圆表面不需加工时，内外圆之间的同轴度要求很低。当盘套类零件端面在工作中承受载荷，或虽不承受载荷但其作为加工中的定位基准面和装配中的装配基准时，内孔轴线与端面的垂直度精度要求较高，一般为 0.01～0.05mm。

（2）盘套类零件的表面质量要求

为保证盘套类零件的功用和提高其耐磨性，内孔表面粗糙度 Ra 常为 2.5～0.16μm，有的要求更高达 0.04μm。要求较高的外圆面，其表面粗糙度要求可达 Ra0.63～0.5μm。

（3）盘套类零件的热处理要求

盘套类零件的功能要求和结构特点决定了其热处理方法，一般轮盘类零件中，如果其为锻件，要求通过正火或调质来改善力学性能和切削加工性能；如果为铸件，在铸造过程中由于壁厚不均匀，在加热、冷却及相变过程中，会产生效应力和组织应力，需进行去应力退火，此外，铸件冷却时，表层及薄截面处往往产生白口，白口组织硬而脆、加工性能差、易剥落，需采用高温石墨化退火（或正火）的方法消除白口组织；部分套类零件要求表面有较高的硬度和耐磨性，常对表面进行渗碳淬火、表面淬火、调质、高温时效及渗氮等处理。

项目任务要求

本项目需制定法兰盘的加工工艺。如图 2-5 所示，该零件为起连接作用的法兰盘，毛坯材料为 HT300，生产量为 600 件，无热处理要求。

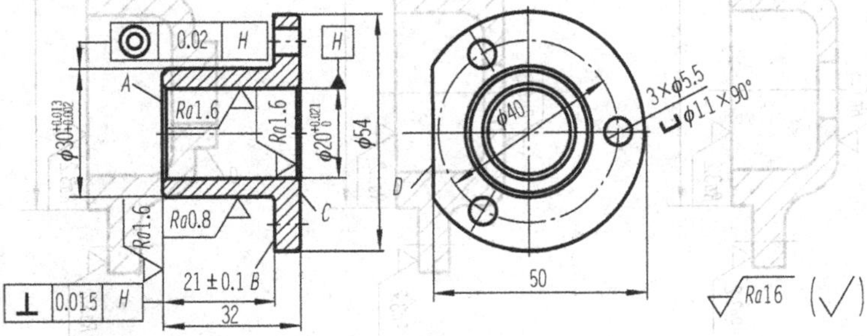

图 2-5　法兰盘

项目任务实施

任务 1　法兰盘的工艺分析

2.1

1. 几何形状分析

本项目任务中法兰盘零件总长 32mm，大端直径 54mm，小端直径 30mm，属于小型盘套类零件。零件以外圆面、端面和内孔为主，主要表面为内孔和外圆面，外圆面与内孔之间的同轴度、孔与端面 *A* 之间的垂直度要求较高。

2. 零件的结构工艺性分析

首先，设计的结构要便于用刀。图 2-6（a）所示的孔与零件立壁相距太近，这将会造成钻夹头与立壁干涉，只能采用非标准加长钻头进行加工，刀具刚性差。改进后，如图 2-6（b）所示，可以采用标准刀具，从而可保证加工精度，减少生产成本。

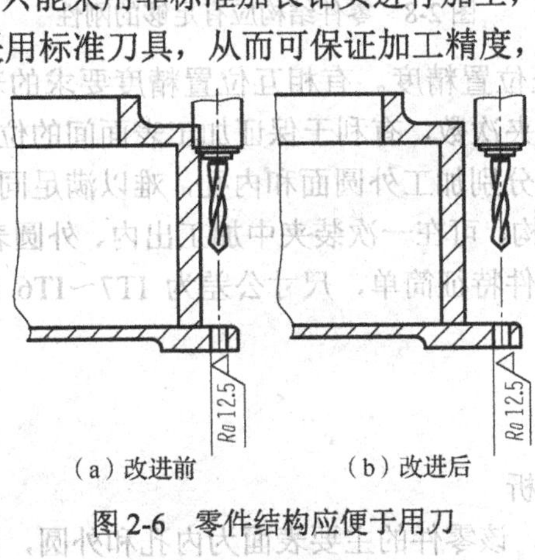

（a）改进前　（b）改进后

图 2-6　零件结构应便于用刀

其次，零件应便于装夹，即准确定位、可靠夹紧。图 2-7（a）所示的轴承盖，要加工外圆及端面，如果夹在 *A* 处，一般卡爪的长度不够，*B* 面又不便装夹。若改为图 2-7（b）所示结构，便可在 *C* 面方便地装夹，或者改成图 2-7（c）所示的结构，增加一工艺圆柱

面 *D* 用于装夹。

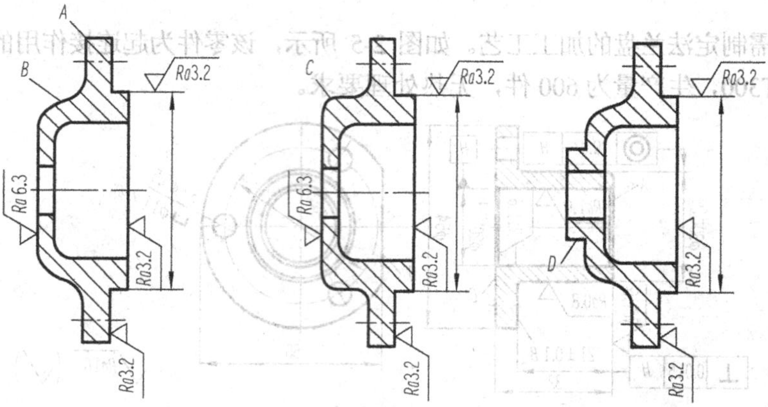

（a）改进前　　（b）改进后（一）　　（c）改进后（二）

图 2-7　零件应便于装夹

再次，零件结构应有足够的刚性，以减小其在夹紧力或切削力作用下的变形，保证加工精度。图 2-8（a）所示管件的壁厚较薄，易因夹紧力和切削力而变形，增设凸缘后如图 2-8（b）所示，提高了零件的刚度。

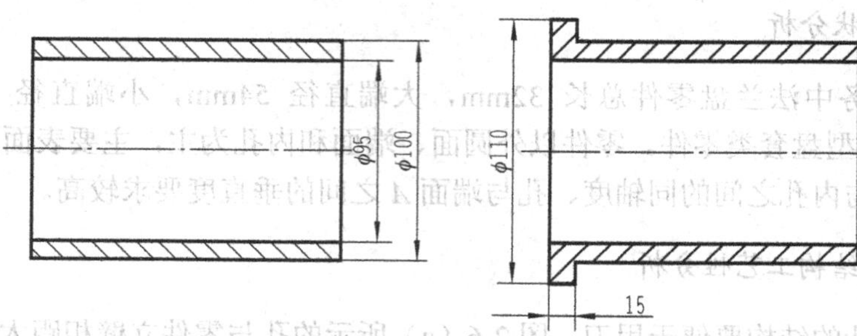

（a）改进前　　（b）改进后

图 2-8　零件结构应有足够的刚性

最后，应有利于保证位置精度。有相互位置精度要求的表面，最好能在一次装夹中加工出来，这样减少装夹次数，有利于保证加工表面间的位置精度。图 2-9（a）所示结构需要通过两次装夹来分别加工外圆面和内孔，难以满足同轴度的精度要求。若改为图 2-9（b）所示的凸台结构，可在一次装夹中加工出内、外圆表面，易满足同轴度要求。

本项目中的法兰盘零件特征简单，尺寸公差为 IT7～IT6 级，结构设计合理，具备较好的加工工艺性。

3. 技术要求分析

（1）加工精度要求分析

通过图 2-5 可以得知，该零件的主要表面为内孔和外圆，次要表面为端面 $\phi5.5$ 孔及 *D* 面等。在尺寸精度方面，$\phi30$ 外圆面尺寸精度为 IT6 级，$\phi20$ 内孔尺寸精度为 IT7 级，精度要求较高，其余尺寸精度为一般要求。

几何形位精度方面，$\phi30$ 外圆面与 $\phi20$ 内孔的同轴度公差为 0.02，*A*、*B* 端面对 $\phi20$

内孔轴线 H 的垂直度公差为 0.015，几何形位公差要求较高。

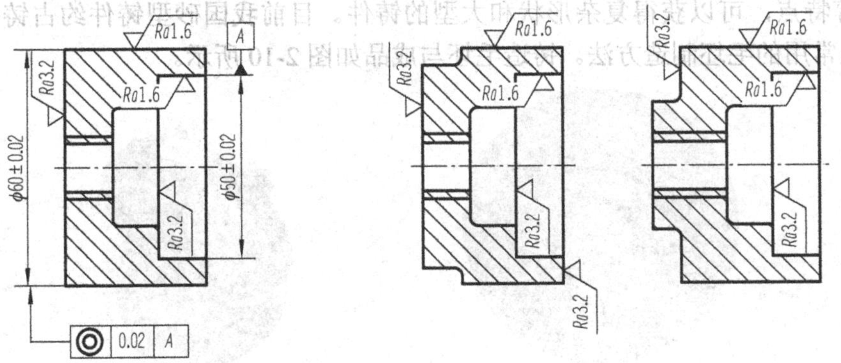

（a）改进前　　（b）改进后

图 2-9 应有利于保证零件位置精度

（2）表面质量要求分析

ϕ30 外圆面表面粗糙度为 Ra0.8μm，内孔 ϕ20 的表面粗糙度为 Ra1.6μm，A、B 端面表面粗糙度为 Ra1.6μm，其余表面为 Ra16μm，主要表面的表面质量要求较高，ϕ54 外圆及端面 C、D 要求较低。

该零件无热处理要求。

通过工艺分析可知，该零件材料为铸铁 HT300，零件结构合理，各尺寸精度、表面粗糙度等技术要求均在正常加工要求范围内，符合机械加工工艺。零件产量为 600 件，ϕ30 外圆面与 ϕ20 内孔同轴度要求较高，且内孔与端面 A、B 有垂直度要求，适合工序集中的划分方式，应采用在一次装夹中完成以上几个表面的加工。根据零件的几何形状及技术要求，该零件采用车削、钻削、铣削及磨削进行加工。外圆在精加工时选用 ϕ20 内孔轴线作为精基准。

任务 2 法兰盘生产类型的确定

首先根据企业在计划期内应该生产的产品数量和进度计划确定生产纲领，再依据生产纲领和生产类型的关系确定生产类型。生产类型确定的具体过程已在前面轴类零件加工中有详细介绍，在此不再赘述。根据企业在计划期内应该生产的产品数量和进度计划确定其生产纲领。本项目任务中法兰盘的年产量为 600 件，根据生产纲领和生产类型的关系表（表 1-2）可知法兰盘的生产类型为中批量生产。

任务 3 法兰盘毛坯的选择

法兰盘毛坯的生产工艺主要分为铸造、锻造、割制、卷制 4 种。

本项目任务中法兰盘的材料为铸铁 HT300，铸铁具有容易成型、切削性能好、价格低廉及良好的耐磨性和减振性等特点，其铸造工艺性能较好。

2.3

铸造是通过将熔融的金属液体浇注入与零件形状相适应的铸型型腔中，经冷却凝固后获得所需形状和性能零件的制作过程。铸造工艺过程包括金属熔炼、模型制造、浇注凝固和脱模清理等。铸造工艺可分为砂型铸造工艺和特种铸造工艺。砂型铸造是一种以型砂作为主要造型材料制作铸型的传统铸造工艺，具备成型方便、工艺灵活性大、生产成本低等特点，可以获得复杂形状和大型的铸件。目前我国砂型铸件约占铸件产量的80%，是常用的毛坯制造方法。铸造毛坯与成品如图 2-10 所示。

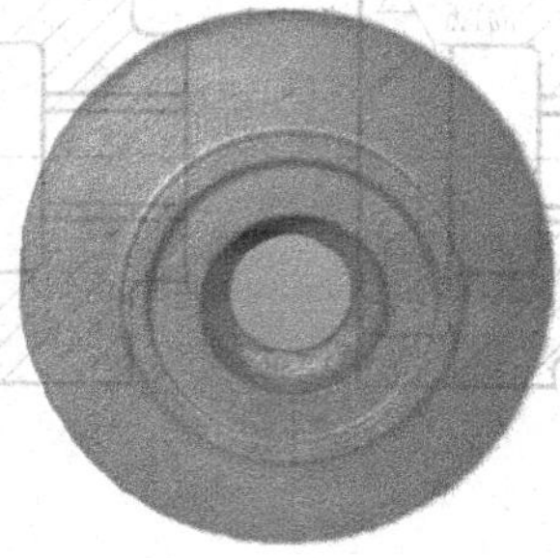

（a）毛坯

（b）成品

图 2-10　铸造毛坯与成品

砂型铸造主要采用重力铸造工艺，即金属液在地球重力作用下注入铸型的工艺。其工艺过程为砂型与砂芯—合型—熔融金属—浇注—落砂—清理—检验—铸件，如图 2-11 所示。

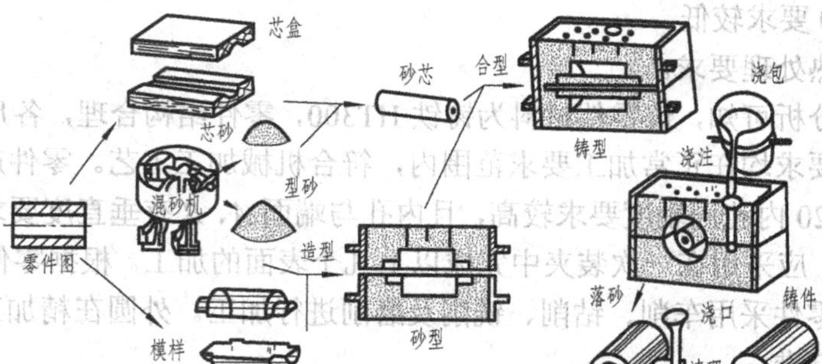

图 2-11　铸造工艺过程

砂型铸造的模具以前多用木材制作，通称木模。木模缺点是易变形、易损坏，随着数控机床的普及，金属模具的生产逐渐趋于短周期、低成本，因此越来越被广泛使用。但模具材料的选用仍然视生产批量和毛坯精度而定，大批量流水线生产时通常采用金属模具，小批量或者单件生产时仍然采用木头或者聚苯乙烯泡沫塑料。

铝合金模具相对传统木模具使用寿命长，不易损坏，耐腐蚀，精度较高，主要适合小口径的批量生产，可节约成本；同时，相对其他常用金属模具而言，铝合金模具具有质轻、便于搬运和拆卸、本身切削性能优于钢模等其他金属模具的特点，是一种轻量化的理想材料。

本项目任务中法兰盘零件材料为 HT300，生产量为 600 件，且零件尺寸小、精度高，因此毛坯制造方式选择铸造，选用铝合金模具；另外，零件内孔孔径较小，考虑制造成本原因，内孔不预铸出，由后期切削加工完成。

任务 4　法兰盘工艺路线拟定

2.4

1. 法兰盘定位基准的选择

盘套类零件内孔及外圆面加工精度要求较高，同时内孔与外圆常有较高的同轴度要求，因此定位基准的选择主要有以下几种原则：

1）以加工好的内孔和端面定位加工外圆，在安排孔和外圆加工顺序时，应尽量采用先加工内孔，然后以内孔定位加工外圆；

2）以外圆和端面定位加工内孔；

3）内孔与外圆互为基准，以达到反复提高同轴度的目的。

粗基准的选择：法兰盘这类回转体零件，通常选择外圆面及端面为粗基准来加工其他表面，本项目任务中，以ϕ54 外圆及端面 *C* 为粗基准，在一次装夹中完成ϕ30 外圆面与 *A*、*B* 端面，以及ϕ20 内孔的加工。

精基准选择：本项目任务中，零件各部位的尺寸精度较好保证，较难保证的是内孔及外圆的同轴度要求。孔是设计基准，为避免由于基准不重合而产生误差，应选孔为定位精基准，在加工完ϕ20 的内孔后，用顶尖及心轴装夹内孔，以内孔轴线作为外圆磨削精加工基准。加工ϕ54 外圆及端面 *C* 和ϕ5.5 孔（3 个）时，可用ϕ30 外圆面及端面 *A* 为精基准；加工 *D* 面时，用ϕ20 内孔、端面 *C* 和任一ϕ5.5 的孔为精基准。

2. 法兰盘面加工方法的选择

法兰盘的加工要素有孔、外圆面、端面。其主要表面是孔和外圆面，外圆面的加工方法已在轴类零件的加工做详细阐述，本节将对内圆面的加工方法做介绍。

（1）孔加工方法的选择

孔加工方法较多，当孔的精度低于 IT7 级，表面粗糙度大于 3.2μm 时，可采用钻孔、车孔、镗孔等；精度要求高于 IT7 级，表面粗糙度小于 3.2μm 时，尺寸较小时可采用铰孔，尺寸较大时可采用磨孔、珩孔、滚压孔；生产批量较大时，可采用拉孔（无台阶阻挡）；有较高表面贴合要求时，可采用研磨孔；加工有色金属等软材料时，采用金刚镗。

各种内孔加工方案能达到的经济精度如表 2-2 所示。

表 2-2　内孔的经济精度

序号	加工方法	经济精度（公差等级表示）	经济表面粗糙度 *Ra*/μm	适用范围
1	钻	IT13～IT11	12.5	加工未淬火钢及铸铁的实心毛坯，也可用于加工有色金属，孔径大于 15～20mm
2	钻—铰	IT10～IT8	1.6～6.3	
3	钻—粗铰—精铰	IT8～IT7	0.8～1.6	
4	钻—扩	IT11～IT10	6.3～12.5	加工未淬火钢及铸铁的实心毛坯，也可用于加工有色金属，孔径大于 15～20mm
5	钻—扩—铰	IT9～IT8	1.6～3.2	
6	钻—扩—粗铰—精铰	IT7	0.8～1.6	
7	钻—扩—机铰—手铰	IT7～IT6	0.2～0.4	
8	钻—扩—拉	IT9～IT7	0.1～1.6	大批大量生产（精度由拉刀的精度而定）

续表

序号	加工方法	经济精度（公差等级表示）	经济表面粗糙度 Ra/μm	适用范围
9	粗镗（或扩孔）	IT13～IT11	6.3～12.5	除淬火钢外的各种材料，毛坯有铸出孔或锻出孔
10	粗镗（粗扩）—半精镗（精扩）	IT10～IT9	1.6～3.2	
11	粗镗（粗扩）—半精镗（精扩）—精镗（铰）	IT8～IT7	0.8～1.6	
12	粗镗（粗扩）—半精镗（精扩）—精镗—浮动镗刀精镗	IT7～IT6	0.4～0.8	
13	粗镗（扩）—半精镗—磨孔	IT8～IT7	0.2～0.8	主要用于淬火钢，也可用于未淬火钢，但不宜用于有色金属
14	粗镗（扩）—半精镗—粗磨—精磨	IT7～IT6	0.1～0.2	
15	粗镗—半精镗—精镗—精细镗（金刚镗）	IT7～IT6	0.05～0.4	主要用于精度要求高的有色金属加工
16	钻—（扩）—粗铰—精铰—珩磨；钻—（扩）—拉—珩磨；粗镗—半精镗—精镗—珩磨	IT7～IT6	0.025～0.2	精度要求很高的孔
17	钻—（扩）—粗铰—精铰—研磨；钻—（扩）—拉—研磨；粗镗—半精镗—精镗—研磨	IT6～IT5	0.006～0.1	

（2）法兰盘主要表面加工方法的选择

本项目任务中，ϕ30 外圆面和ϕ20 内孔既有较高的尺寸精度，彼此还有较高的同轴度要求，为主要加工表面。此外，端面 *A*、*B* 与ϕ20 内孔有较高的垂直度要求，也为主要加工表面。ϕ54 外圆面，端面 *C*、*D* 及ϕ5.5 孔为次要加工表面。本项目任务中，内、外圆面和端面 *A*、端面 *B*、端面 *C* 及倒角的加工主要仍以车削完成，其中ϕ30 外圆精加工采用磨削；其余表面按其形状选择适当方法，如侧面 *D* 可采用铣削，ϕ5.5 安装孔可采用钻削。

根据图样要求可知ϕ30 外圆面表面粗糙度要求为 1.6μm，公差为 IT6 级，ϕ30 外圆面的加工方案可选为粗车—半精车—磨削。ϕ20 内圆面的表面粗糙度要求为 1.6μm，公差为 IT7 级，且孔未预铸出，其加工方案可选为在车床上一次性完成钻孔—扩孔—粗铰—精铰。其余 *A*、*B* 端面的表面粗糙度要求为 1.6μm，可选用粗车—半精车—精车的加工方案；ϕ54 外圆面、*C* 端面的表面粗糙度要求为 16μm，无尺寸公差要求，通过粗车即可完成；*D* 端面的表面粗糙度要求为 16μm，无尺寸公差要求，通过粗铣即可完成；ϕ5.5 孔选用钻孔—锪孔的加工方案。法兰盘主要表面加工方法的选择如表 2-3 所示。

表 2-3　法兰盘主要表面加工方法的选择

加工对象	尺寸公差等级	表面粗糙度 Ra/μm	加工方法
ϕ30 外圆面	IT6	0.8	粗车—半精车—磨削
A、*B* 面	IT8	1.6	粗车—半精车—精车
ϕ20 孔	IT7	1.6	钻孔—扩孔—粗铰—精铰
C 面		16	粗车
ϕ54 外圆面		16	粗车
ϕ5.5 孔		16	钻孔—锪孔
D 面		16	粗铣—半精铣

3. 法兰盘加工阶段的划分

盘套类零件由于壁薄，加工中常因夹紧力、切削力、内应力和切削热的作用而产生变形，故在划分加工阶段时应注意以下几点。

（1）减少切削力和切削热的影响

粗、精加工应分开进行，使粗加工产生的热变形在精加工中可以得到纠正，并应严格控制精加工的切削用量，以减少零件加工时的变形。

（2）减少热处理变形的影响

热处理工序应置于粗加工之后、精加工之前，以便使热处理引起的变形在精加工中得以纠正。

根据本项目任务法兰盘的加工技术要求分析，其加工阶段分为粗加工阶段、半精加工阶段、精加工阶段，不需要进行光整加工。

4. 法兰盘工序的划分

本项目任务中法兰盘的加工主要在车床上完成，且内外圆同轴度要求较高，*A* 端面与ϕ20 内圆面有较高的垂直度要求，为保证各加工表面的位置精度，应尽量减少装夹次数，尽可能使这些表面在一次装夹中加工出来。因此选择工序集中的原则，详细的工序划分如表 2-4 所示。

表 2-4　法兰盘加工的工序划分

工序名称	工序内容
粗车	粗车端面、外圆、钻中心孔、钻孔
半精车	半精车外圆、端面、扩孔
精车	精车端面、铰孔、内外倒角
钻削	钻ϕ5.5 孔、锪ϕ11 沉孔
铣削	铣 *D* 面
磨削	ϕ30 外圆

除了上述切削加工工序以外，毛坯制造需要一个铸造工序；为了找正钻削ϕ5.5 孔和铣削 *D* 面的加工位置，需要增加划线工序；此外，还必须包括一定数量的检验工序，以保证质量。法兰盘加工的其他辅助工序如表 2-5 所示。

表 2-5　法兰盘加工的其他辅助工序

工序名称	工序内容
铸造	制造毛坯
划线	划孔加工线、*D* 面加工线
检验	检验精加工质量，安排在精加工后

5. 法兰盘工序顺序的安排

根据法兰盘加工的特点和工序顺序安排的原则，法兰盘工序顺序的安排如表 2-6 所示。

表 2-6 法兰盘工序顺序的安排

工序号	工序名称	工序内容
1	铸造	制造毛坯
2	车削	车外圆、端面、倒角、钻—扩—铰ϕ20 内孔
3	检验	检验加工质量
4	划线	划孔加工线、D 面加工线
5	钻削	钻ϕ5.5 孔、锪ϕ11 沉孔
6	铣削	铣 D 面
7	磨削	磨削ϕ30 外圆
8	检验	检验精加工质量

6. 法兰盘工艺路线

通过拟定工艺路线的 4 个步骤，就可以拟定出法兰盘的加工路线：铸造毛坯—粗车—半精车—精车—钻孔—铣削—钳工（去毛刺）—磨削—检验。

任务 5 法兰盘加工余量、工序尺寸及公差的确定

根据制定好的加工工艺路线，本项目采用计算与查表相结合的方法来确定各工序加工余量、工序尺寸及公差。以下介绍几个重要表面的加工余量、工序尺寸及公差的确定。

2.5

1. ϕ30 外圆面的加工余量、工序尺寸及公差的确定

根据图样要求可知，ϕ30 外圆面表面粗糙度要求为 1.6μm，公差等级为 IT6，其加工过程为粗车—半精车—磨削。首先通过查《机械加工工艺手册》得磨削余量为 0.3mm，半精车余量为 1mm，粗车余量可取 3.7mm。由此可得加工总余量可取 5mm。ϕ30 外圆面的加工余量、工序尺寸及公差如表 2-7 所示。

表 2-7 ϕ30 外圆面的加工余量、工序尺寸及公差 单位：mm

工序	工序余量	工序公称尺寸	工序尺寸的公差等级	工序尺寸及偏差
磨削外圆	0.3	ϕ30	IT6（0.011）	$\phi30^{+0.013}_{-0.002}$
半精车外圆	11	ϕ30.3	IT8（0.039）	$\phi30.3^{0}_{-0.039}$
粗车外圆	33.7	ϕ31.3	IT11（0.16）	$\phi31.3^{0}_{-0.16}$
毛坯	55	ϕ35	±1	ϕ35±1

2. ϕ20 内圆面加工余量、工序尺寸和公差的确定

根据图样要求可知，ϕ20 内圆面的表面粗糙度要求为 1.6μm，公差等级为 IT7，毛坯为铸件，并未铸出孔，可知总余量为 20mm。其加工过程为钻孔—扩孔—粗铰—精铰，通过查表及计算修正可得ϕ20 内孔的加工余量、工序尺寸及公差，如表 2-8 所示。

表 2-8　ϕ20 内孔的加工余量、工序尺寸和公差　　单位：mm

工序	工序余量	工序公称尺寸	工序尺寸公差等级	工序尺寸及偏差
精铰	0.06	ϕ20	IT7（0.021）	$\phi20^{+0.021}_{0}$
粗铰	0.14	ϕ19.94	IT8（0.033）	$\phi19.94^{+0.033}_{0}$
扩孔	7.8	ϕ19.8	IT10（0.084）	$\phi19.8^{+0.084}_{0}$
钻孔	12	ϕ12	IT12（0.18）	$\phi12^{+0.18}_{0}$
毛坯	20	ϕ0	—	—

其他尺寸可采用相同的方法分析计算获得，这里不再赘述。

任务 6　法兰盘机械加工方法及其加工设备与工艺装备的选择

2.6

1. 法兰盘机械加工的主要方法

本项目任务法兰盘零件作为回转体零件，主要加工方法为车削，圆周上的ϕ5.5 孔在立式钻床上完成，D 面的加工选用铣削，外圆的精加工选用磨削。车削及外圆磨削的介绍请参考项目二中传动轴的加工相应内容，铣削的介绍请参考项目四箱体类零件的加工。这里主要介绍钻削加工和内圆磨削基本知识。

（1）钻削加工

1）钻削加工的工艺范围。

用钻削刀具（如麻花钻、铰刀等）在钻床上对工件进行孔加工的方法称为钻削。钻削主要用于钻孔、扩孔、铰孔、攻螺纹、锪孔和锪凸台等，如图 2-12 所示。在钻床上加工，钻削刀具既做旋转运动又沿轴线方向做垂直进给，通常刀具旋转为主运动，刀具轴向移动为进给运动。

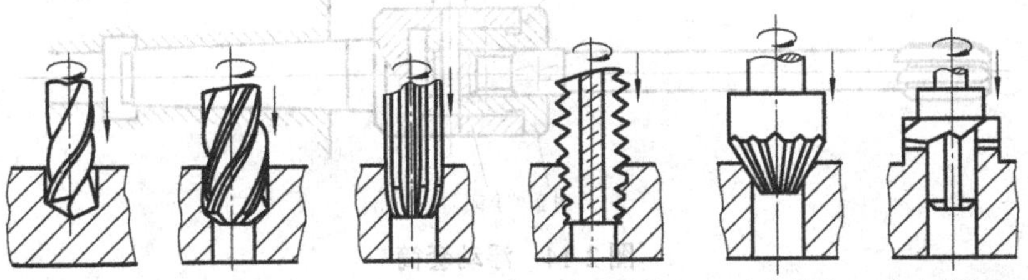

（a）钻孔　（b）扩孔　（c）铰孔　（d）攻螺纹　（e）锪孔　（f）锪凸台（孔的端面）

图 2-12　钻削加工的工艺范围

① 钻孔。钻孔是利用钻头在实体材料上加工内孔的工艺方法。钻孔属于孔的粗加工，多用作扩孔、铰孔前的预加工，或加工螺纹底孔和油孔，其精度可达 IT13～IT11，表面粗糙度 Ra 达 12.5μm。钻孔加工时有两种运动方式，如图 2-13 所示。

第一种：工件做旋转运动，刀具做进给运动（如在车床上钻孔），加工中若刀具引偏，会造成工件孔径扩大，如图 2-13（a）所示。

第二种：工件不动，刀具既做旋转运动又做进给运动（如在钻床上钻孔），加工中若刀具引偏，会造成工件孔轴线弯曲，如图 2-13（b）所示。

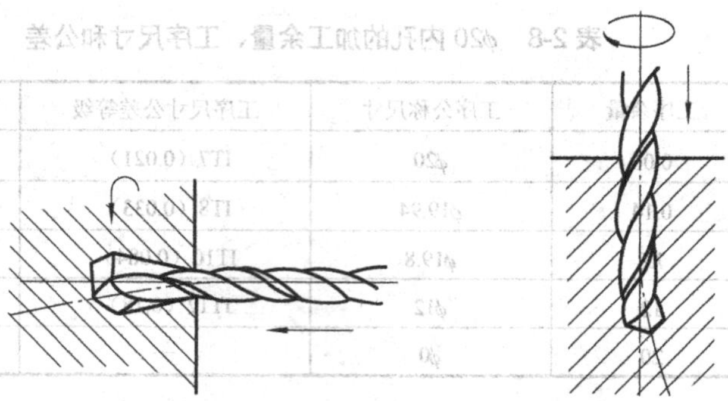

（a）在车床上钻孔　　（b）在钻床上钻孔

图 2-13　钻孔

② 扩孔。扩孔属于孔的半精加工，常用作钻孔之后、铰孔等精加工之前的准备工序，也可作为精度要求不高的孔的最终加工工序，公差等级可达 IT11～IT10，表面粗糙度 *Ra* 可达 6.3～12.5μm。一般工件的扩孔可用麻花钻，孔的半精加工可用扩孔钻。扩孔可以在一定程度上校正钻孔时产生的轴线偏斜，其加工质量和生产率比钻孔高；扩孔钻的结构刚性好，刀刃数目较多，且无端部横刃，加工余量较小（一般为 2～4mm），切削时轴向力小，切削过程平稳，因此可以采用较大的切削速度和进给量。

③ 铰孔。铰孔是在半精加工（扩孔或半精镗孔）基础上进行的一种孔的精加工方法，其公差等级可达 IT8～IT6，表面粗糙度 *Ra* 可达 0.4～1.6μm。铰孔有手铰和机铰两种方式。在机床上进行的铰削称为机铰，铰刀与机床主轴采用浮动连接，浮动套筒利用衬套和套筒之间的间隙而产生浮动，使铰刀中心和工件旋转中心重合而保证孔的加工精度。浮动套筒如图 2-14 所示。

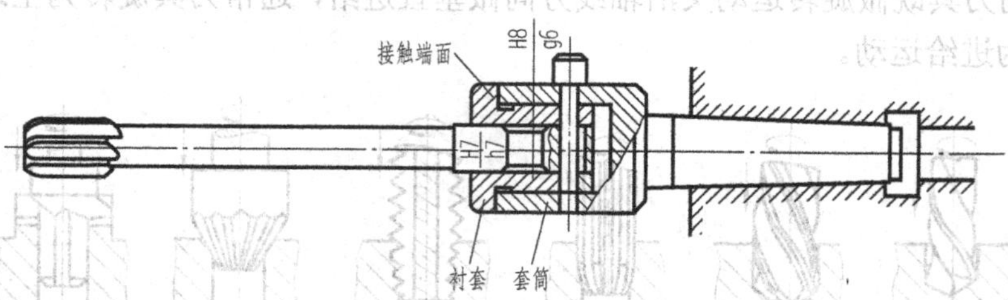

图 2-14　浮动套筒

铰削参数的选择：粗铰时余量设置为 0.15～0.25mm，精铰时余量设置为 0.05～0.15mm，不能过大或者过小。粗铰时铰削速度为 4～10m/min，精铰时铰削速度为 1.5～5m/min，应避免产生积屑瘤及引起振动。机铰进给量一般为 0.15～1.5mm/r，比钻削提高 3～4 倍。

铰孔的精度主要取决于铰刀的尺寸，铰刀的公称尺寸与孔的公称尺寸相同。铰刀的公差是根据孔的公差等级、加工时可能出现的扩大量或收缩量及铰刀的允许磨损量来确定的。可按下述方法来确定铰刀的上、下极限偏差：上极限偏差=2/3×被加工孔公差；下极限偏差=1/3×被加工孔公差。

钻—扩—铰连用是常见小孔的加工方法组合，公差等级可达 IT8～IT7，表面粗糙度 *Ra* 可达 0.4～1.6μm，是直径在 ϕ50mm 以下的孔的典型加工方法。

2）钻削加工机床。

钻削加工主要在钻床上完成。钻床是用钻头在工件上加工孔的机床。在钻床上钻孔时工件固定不动，刀具做旋转运动，并沿主轴方向进给，操作可以是手动，也可以是机动。钻床根据用途和结构主要分为台式钻床、立式钻床、摇臂钻床和深孔钻床。下面对前3种钻床进行介绍。

① 台式钻床。台式钻床一般用于加工孔径为13mm以下的孔，最小可加工ϕ0.1mm的孔，其主轴变速是通过改变三角带在塔形带轮上的位置来实现的，主轴进给为手动，如图2-15所示。

② 立式钻床。立式钻床主轴竖直布置且中心位置固定，工作台和主轴箱可以在立柱上垂直移动，用于加工中小型工件。图2-16所示为Z5125A立式钻床。

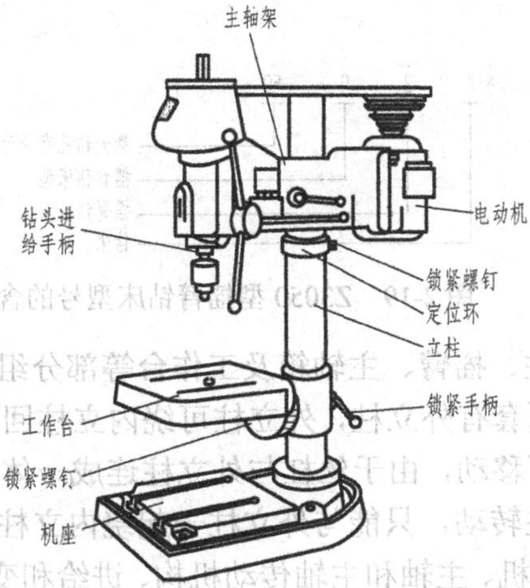

图2-15 台式钻床

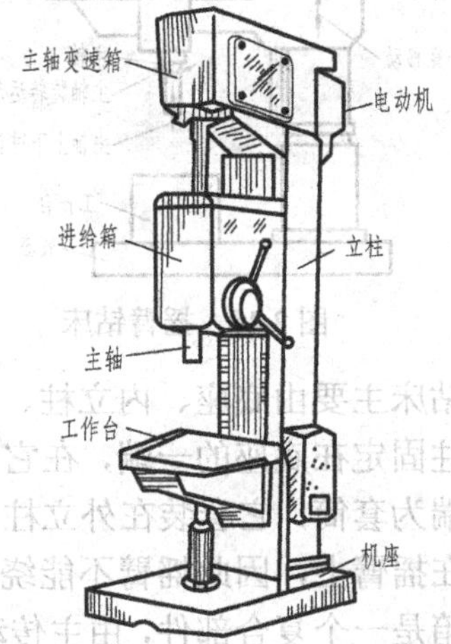

图2-16 Z5125A立式钻床

立式钻床主要由机座、工作台、电动机、主轴、立柱、主轴变速箱、进给箱和手柄等组成。底座用于支承钻床各部件，工作台用于放置并固定加工工件；主轴箱内有主运动及进给运动的传动机构，电动机通过主轴箱使主轴获得所需的各种转速和进给速度。立式钻床的刀具安装在主轴的锥孔内，由主轴通过锥面摩擦传动带动刀具做旋转运动，即主运动，而进给运动是靠手动或机动使主轴套筒做轴向进给。

立式钻床加工前，须先调整工件在工作台上的位置，使被加工孔中心线对准刀具轴线。加工时，工件固定不动，主轴在套筒中旋转并与套筒一起做轴向进给。工作台和主轴箱可沿立柱导轨调整位置，以适应不同高度的工件。

立式钻床型号的含义如图2-17所示。

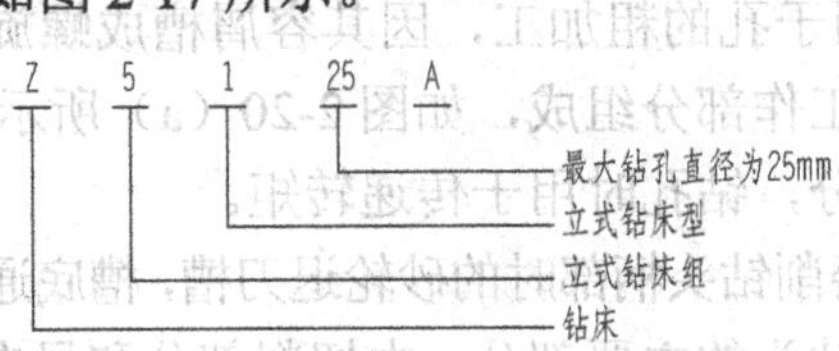

图2-17 立式钻床型号的含义

③ 摇臂钻床。摇臂钻床是一种摇臂可绕立柱回转和升降，通常主轴箱在摇臂上做水平移动的钻床。工件固定不动，摇臂钻床适用于加工大而重和多孔的工件，广泛应用于机械制造中。按机床夹紧结构分类，摇臂钻床可以分为液压摇臂钻床和机械摇臂钻床。在各类钻床中，摇臂钻床操作方便、灵活，适用范围广，具有典型性，特别适用于单件或批量生产带有多孔大型零件的孔加工，是一般机械加工车间常见的机床，如图 2-18 所示。

Z3050 型摇臂钻床型号的含义如图 2-19 所示，通过机床型号可以获得机床的类别、结构、组别、主要参数等信息。

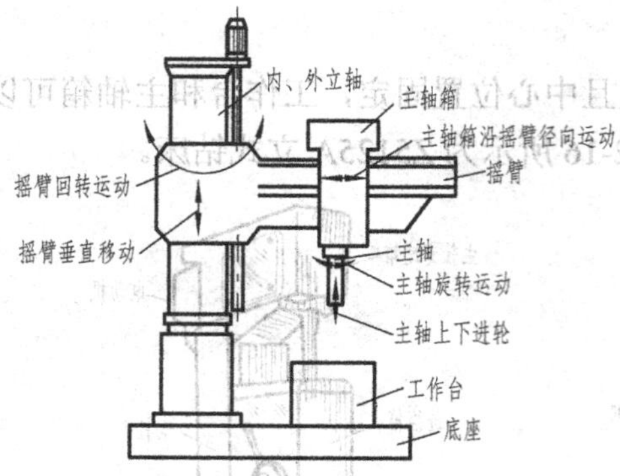

图 2-18 摇臂钻床

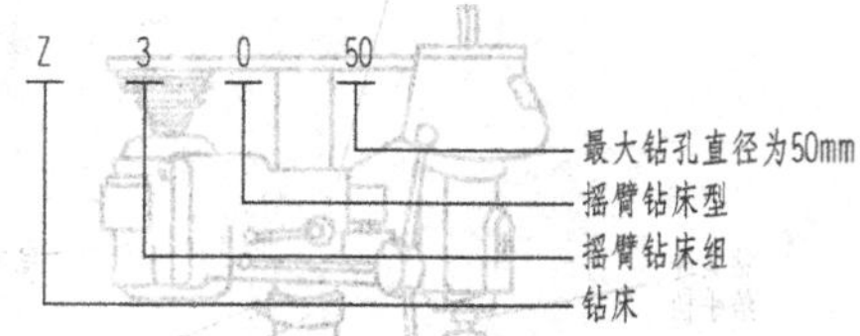

图 2-19 Z3050 型摇臂钻床型号的含义

摇臂钻床主要由底座、内立柱、外立柱、摇臂、主轴箱及工作台等部分组成。

内立柱固定在底座的一端，在它的外面套有外立柱，外立柱可绕内立柱回转 360°。摇臂的一端为套筒，它套装在外立柱做上下移动，由于丝杠与外立柱连成一体，而升降螺母固定在摇臂上，因此摇臂不能绕外立柱转动，只能与外立柱一起绕内立柱回转。

主轴箱是一个复合部件，由主传动电动机、主轴和主轴传动机构、进给和变速机构、机床的操作机构等部分组成。主轴箱安装在摇臂的水平导轨上，可以通过手轮操作，使其在水平导轨上沿摇臂移动。

加工时，由特殊的加紧装置将主轴箱紧固在摇臂导轨上，而外立柱紧固在内立柱上，摇臂紧固在外立柱上，然后进行钻削加工。钻削加工时，钻头一边进行旋转切削，一边进行纵向进给。摇臂钻床的主运动为主轴的旋转运动，进给运动为主轴的纵向进给，辅助运动有摇臂沿外立柱的垂直移动、主轴箱沿摇臂长度方向的移动、摇臂与外立柱一起绕内立柱的回转运动。

3）孔加工刀具。

孔加工刀具是用于工件实心材料中形成孔或将已有孔扩大的刀具。孔加工刀具结构样式很多，按用途可分为实心材料上孔加工刀具和对已有孔进行加工的刀具两大类。

① 麻花钻。麻花钻用于孔的粗加工，因其容屑槽成螺旋状，形似麻花而得名。标准麻花钻由柄部、颈部和工作部分组成，如图 2-20（a）所示。

柄部是钻头的夹持部分，钻孔时用于传递转矩。

麻花钻的颈部凹槽是磨削钻头柄部时的砂轮退刀槽，槽底通常刻有钻头的规格及厂标。

麻花钻的工作部分是钻头的主要部分，由切削部分和导向部分组成。切削部分担负着切削工作，由两个前面、两个后面、两个副后面、两条主切削刃、两条副切削刃和一条横刃组成，如图 2-20（b）所示。导向部分是在切削部分切入工件后起导向作用的，也是切削部分的备磨部分。

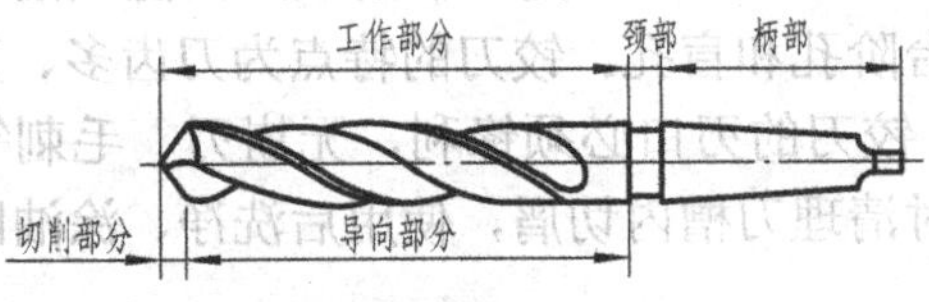

（a）麻花钻组成

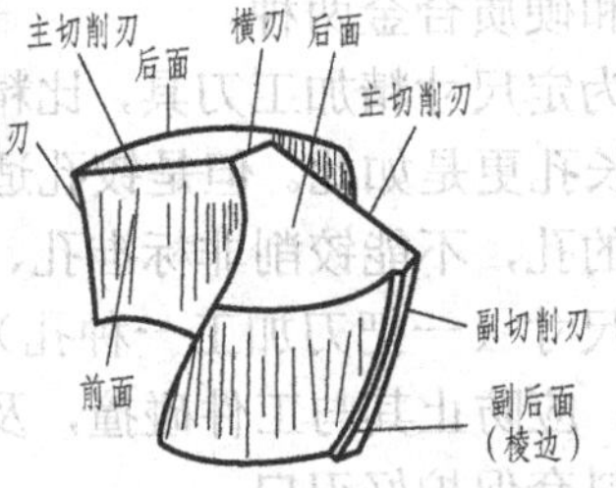

（b）切削部分组成

图 2-20　麻花钻

麻花钻的直径受孔径的限制，螺旋槽使钻芯更细，钻头刚度低，仅有两条棱带导向，孔的轴线容易偏斜；横刃使定心困难，轴向抗力增大，钻头容易摆动，因此，钻出孔的形位误差较大。麻花钻的前面和后面都是曲面，沿主切削刃各点的前角、后角各不相同，横刃的前角达−55°，切削条件很差；此外，切削速度沿切削刃的分配不合理，强度最低的刀尖切削速度最大，所以磨损严重。因此，加工的孔精度低。钻头主切削刃全刃参加切削，刃上各点的切削速度又不相等，容易形成螺旋形切屑，排屑困难，因此切屑与孔壁挤压摩擦，常常划伤孔壁，加工后的表面粗糙度很低。

② 扩孔钻。扩孔钻（图 2-21）是扩大孔径、提高孔加工质量的刀具，可用于孔的最终加工或铰孔、磨孔前的预加工，扩孔钻的加工公差等级为 IT10～IT9，表面粗糙度 *Ra* 可达 6.3～3.2μm，扩孔钻的齿数比麻花钻要多，一般有 3～4 个，因而导向性好，切削平稳；扩孔钻的心部没有刀刃，避免了横刃对切削的不良影响；扩孔时容屑槽较浅，钻芯较厚，强度和刚度较高，加工质量和生产率均比麻花钻好。

③ 铰刀。铰刀用于中、小直径孔的半精加工和精加工，其尺寸公差等级可达 IT9～IT7，表面粗糙度 *Ra* 可达 1.6～0.4μm，可加工圆柱孔、圆锥孔、通孔和盲孔。

铰刀由工作部分、颈部和柄部组成，如图 2-22 所示。铰刀的工作部分可分为切削部分和校准部分。切削部分则由导锥和切削锥组成，其中机用铰刀的导锥起切削作用，手动铰刀导锥便于铰刀引入预制孔。校准部分有圆柱部分和倒锥部分，圆柱部分主要起导向、校准和修光作用，倒锥部分主要用于减小孔壁摩擦和防止孔径扩大。颈部的作用与麻花钻相同。柄部用来夹持和传递转矩。

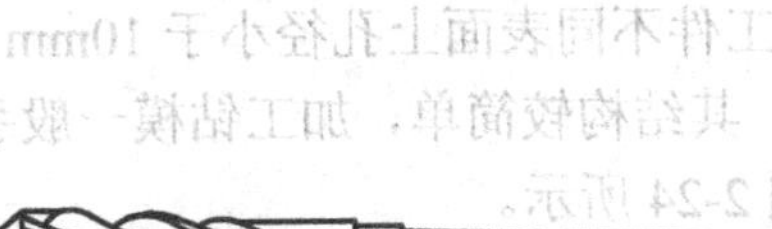

图 2-21　扩孔钻

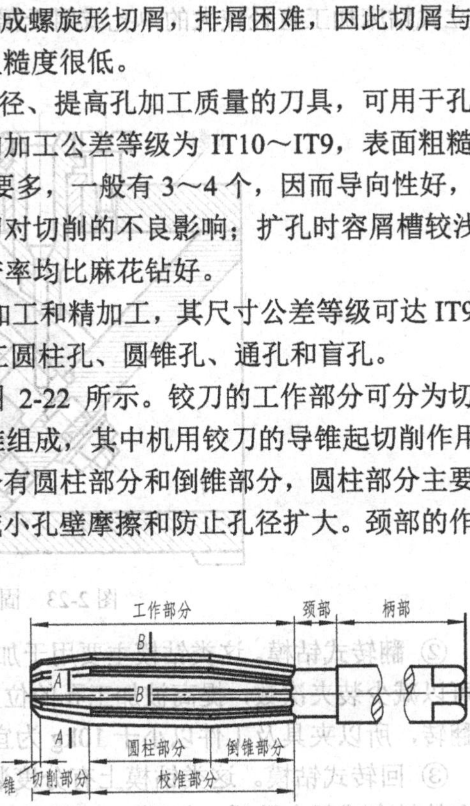

图 2-22　铰刀的结构

铰刀按用途可分为机用铰刀和手用铰刀。机用铰刀切削部分较短，铰孔时由车床尾座定向，铰削连续稳定，主偏角较大，一般为 12°～15°。手用铰刀的切削部分比机用铰刀长，定心作用好，铰削时轴向力小，工作时省力。手用铰刀的校准部分只有一段倒锥部分，其柄部做成方榫形，使铰杠方便套入，以完成铰削工作。铰刀切削部分的材料有高速钢和硬质合金两种。

铰刀为定尺寸精加工刀具，比精镗孔更容易保证孔的尺寸精度和形状精度，生产率高，对细长孔更是如此。但是铰孔适应性差，因为一定直径的铰刀只能铰削一定直径及尺寸公差的孔，不能铰削非标准孔、台阶孔和盲孔。铰刀的特点为刀齿多、刀槽浅、刚度好、定尺寸（一把刀加工一种孔）。铰刀的刃口必须锋利，无崩刃、毛刺等缺陷。使用铰刀时，应防止其与工件碰撞，及时清理刀槽内切屑，使用后洗净、涂油防锈，保管时要用塑料套保护好刃口。

4）钻削加工的装夹方法。

钻床上除使用台虎钳及自定心卡盘等通用夹具外，常使用钻模进行装夹。钻模主要用于加工孔及螺纹，主要由钻套、钻模板、定位及夹紧装置、夹具体等组成。由于钻床进给运动较少和钻头结构特点等原因，钻削加工往往精度较低，在进行多孔加工时，孔距精度难以保证。因此，钻床夹具是钻削精度的重要保证，钻床夹具也是所有夹具中应用最广的机床夹具。

① 固定式钻模。这类钻模在机床上的位置固定不动，而且加工精度较高，主要用于立式钻床加工直径较大的单孔或用于摇臂钻床加工平行孔系，如图 2-23 所示。

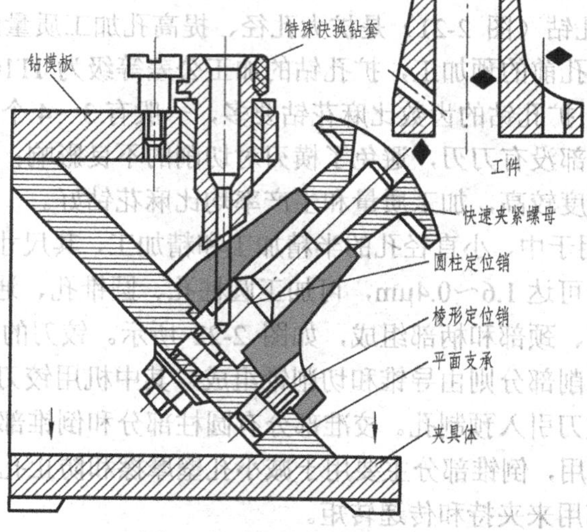

图 2-23　固定式钻模的结构

② 翻转式钻模。这类钻模主要用于加工小型工件不同表面上孔径小于 10mm 的孔。它可以减少装夹次数，提高被加工孔的位置精度。其结构较简单，加工钻模一般手工进行翻转，所以夹具及工件以小于 10kg 为宜，如图 2-24 所示。

③ 回转式钻模。这类钻模上有分度装置，因此可以在工件上加工出若干个绕轴线分布的轴向或径向孔系，如图 2-25 所示。

④ 盖板式钻模。这种钻模无夹具体，其定位元件和夹紧装置直接装在钻模板上，钻模板在工件上装夹，适用于体积大而笨重的工件上的小孔加工，夹具、结构简单轻便，易清除切屑，如图 2-26 所示。

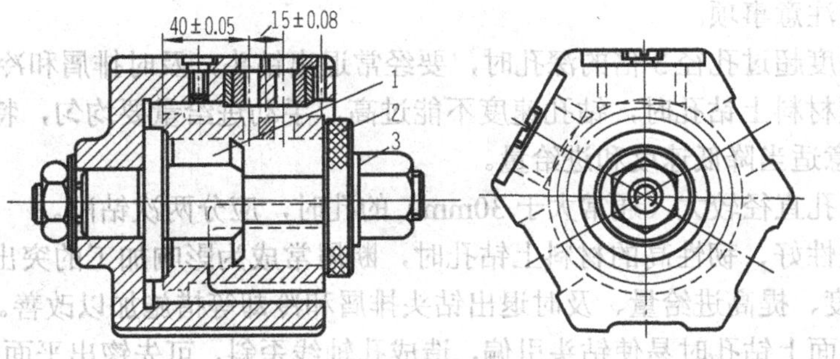

1—台肩销；2—快换垫圈；3—螺母。

图 2-24 翻转式钻模的结构

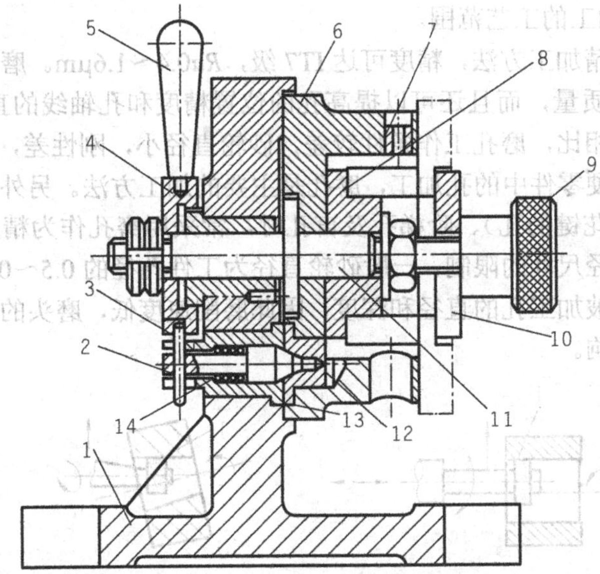

1—夹具体；2—对定销；3—横销；4—螺套；5—手柄；6—分度转盘；7—钻套；8—定位件；9—滚花螺母；10—开口垫圈；11—转轴；12—锥套；13—衬套；14—楔块用弹簧。

图 2-25 回转式钻模的结构

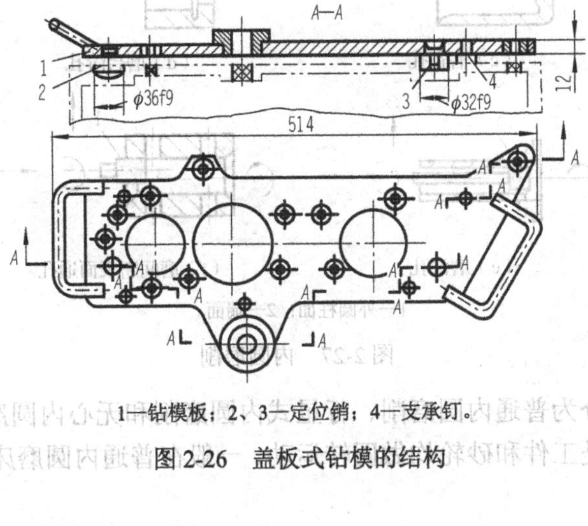

1—钻模板；2、3—定位销；4—支承钉。

图 2-26 盖板式钻模的结构

5）钻削注意事项。

① 钻深度超过孔径 3 倍的深孔时，要经常退出钻头，及时排屑和冷却。

② 在硬材料上钻孔时，钻孔速度不能过高，手动进给量要均匀，特别是孔将要钻透时，应注意适当降低速度和进给量。

③ 钻削孔直径较大（通常大于 30mm）的孔时，应分两次钻削。

④ 在塑性好、韧性高的材料上钻孔时，断屑常成为影响加工的突出问题，可通过降低切削速度、提高进给量、及时退出钻头排屑和冷却等措施加以改善。

⑤ 在斜面上钻孔时易使钻头引偏，造成孔轴线歪斜，可先锪出平面后再进行钻孔，或采用特殊钻套来引导钻头。

（2）内圆磨削加工

1）内圆磨削加工的工艺范围。

磨孔属于孔的精加工方法，精度可达 IT7 级，$Ra0.4\sim1.6\mu m$。磨孔不仅能获得较高的尺寸精度和表面质量，而且还可以提高孔的位置精度和孔轴线的直线度，如图 2-27 所示。与外圆磨削相比，磨孔工作条件较差，砂轮直径小，刚性差，排屑和散热困难，生产率低。对于淬硬零件中的孔加工，磨孔是主要的加工方法。另外，内孔为断续圆周表面（如有键槽或花键的孔）、阶梯孔及盲孔时，常采用磨孔作为精加工。磨孔时砂轮的尺寸受被加工孔径尺寸的限制，一般砂轮直径为工件孔径的 0.5～0.9 倍，磨头轴的直径和长度也取决于被加工孔的直径和深度，因此磨削速度低，磨头的刚度差，磨削质量和生产率均受到影响。

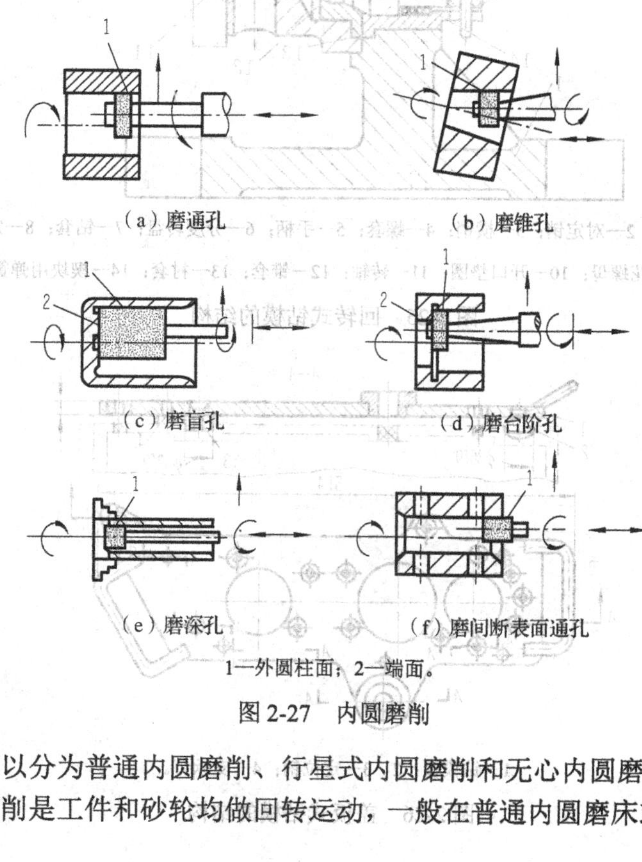

图 2-27 内圆磨削

内圆磨削可以分为普通内圆磨削、行星式内圆磨削和无心内圆磨削。

普通内圆磨削是工件和砂轮均做回转运动，一般在普通内圆磨床或万能外圆磨床上磨削内孔，适用于套筒、齿轮、法兰盘等零件内孔的磨削，生产中应用普遍。

行星式内圆磨削是工件固定不动，砂轮既绕自己的轴线做高速旋转，又绕所磨孔的中心线做低速旋转，以实现圆周进给，如图 2-28 所示。对质量大、形状不对称的零件，可采用行星式内圆磨削，此时工件外圆应先经过精加工。

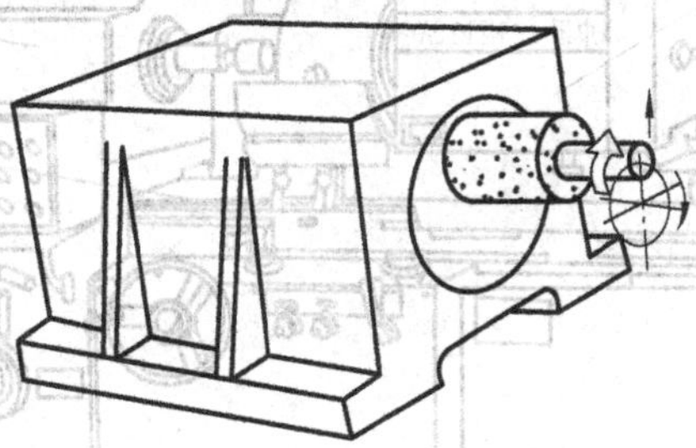

图 2-28　行星式内圆磨削

无心内圆磨削是在无心磨床上进行的，其工作原理如图 2-29 所示。磨削时，工件支承在滚轮 1 和导轮 4 上，压紧轮 2 使工件靠紧导轮，工件即由导轮带动旋转，实现圆周进给运动。砂轮除了完成主运动外，还做纵向进给运动和周期性横向进给运动。加工结束时，压紧轮沿箭头方向 *A* 摆开，以便装卸工件。无心内圆磨削适用于大批量加工薄壁类零件。

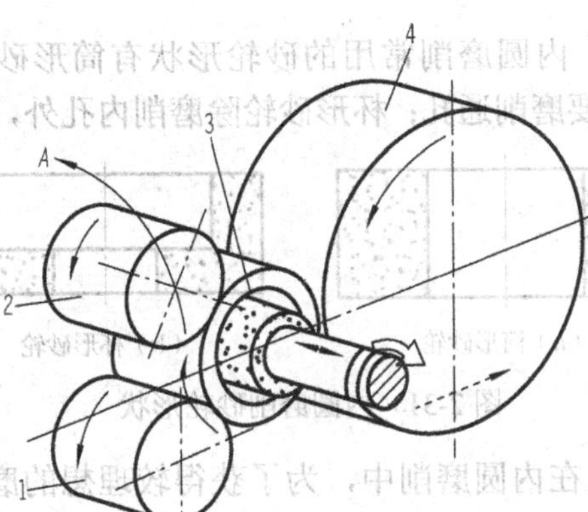

1—滚轮；2—压紧轮；3—工件；4—导轮。

图 2-29　无心内圆磨削

内圆磨削由于砂轮轴刚性差，一般采用纵磨法。只有孔径较大、磨削长度较短的特殊情况下，内圆磨削才采用横磨法。

2）内圆磨削机床。

内圆磨床主要用于磨削圆柱孔、圆锥孔及端面等。内圆磨床分为普通内圆磨床和万能内圆磨床。其中，万能内圆磨床是应用最广泛的磨床。在内圆磨床上可磨削各种轴类和套筒类工件的内圆柱面、内圆锥面及台阶轴端面等。

图 2-30 所示为 M2110A 内圆磨床。头架可以在水平方向转动一个角度，以便磨削锥孔。工件转速能做无级调整。砂轮架安放在工作台上。工作台由液压传动控制做往复运动，也能做无级调速，而且砂轮趋近及退出时能自动变为快速，以提高生产效率。

M2110A 内圆磨床磨削孔径范围为 50～100mm。

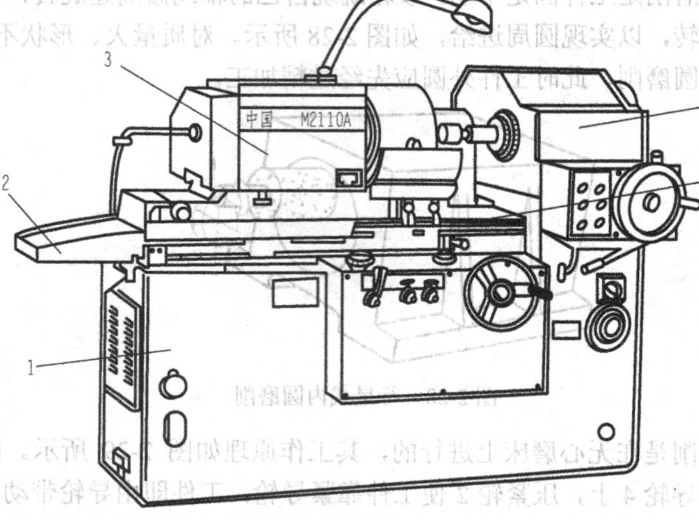

1—床身；2—工作台；3—头架；4—砂轮架；5—滑座。

图 2-30 M2110A 内圆磨床

3）内圆磨削的砂轮。

① 砂轮形状的选择。内圆磨削常用的砂轮形状有筒形砂轮和杯形砂轮两种，如图 2-31 所示。筒形砂轮主要磨削通孔；杯形砂轮除磨削内孔外，还可磨削台阶孔的端面。

（a）筒形砂轮　（b）杯形砂轮

图 2-31 内圆磨削砂轮形状

② 砂轮直径的选择。在内圆磨削中，为了获得较理想的磨削速度，最好采用接近孔径尺寸的砂轮，但若砂轮直径太大，则砂轮与工件的接触弧随之增大，使磨削热增加，冷却和排屑困难。若砂轮直径太小，难以达到理想的磨削速度（30～50m/s），使磨削厚度增加，磨粒所受的负荷增大，容易磨钝，使内孔表面粗糙度增大，生产效率降低。为了获得良好的磨削效果，砂轮直径与内孔直径应保持适当的比值，此值通常为 0.5～0.9。当工件孔径较小时，主要问题是砂轮圆周速度低，此时可取较大的比值；当工件孔径较大时，砂轮圆周速度较高，主要问题是冷却和排屑困难，此时应取较小的比值。孔径在 $\phi12$～$\phi100$ 范围内选择的砂轮直径参数如表 2-9 所示。当工件孔径大于 $\phi100$ 时，要注意砂轮的圆周速度不应超过砂轮的安全圆周速度。内圆磨削砂轮直径的选择可参见表 2-9。

表 2-9 内圆磨削砂轮直径的选择　单位：mm

被磨孔直径	砂轮直径	被磨孔直径	砂轮直径
12～17	10	22～27	20
17～22	15	27～32	25

续表

被磨孔直径	砂轮直径	被磨孔直径	砂轮直径
32～45	00	70～80	65
45～55	40	80～100	75
55～70	50		

③ 砂轮宽度的选择。采用较宽的砂轮，有利于降低工件表面粗糙度和提高生产效率，并可降低砂轮的磨耗。但砂轮也不能选得太宽，否则会使磨削力增大，从而引起砂轮接长轴的弯曲变形。在砂轮接长轴的刚性和机床功率允许的范围内，砂轮宽度可以按工件长度选择，参见表2-10。

表2-10 内圆磨削砂轮宽度的选择 单位：mm

磨削长度	14	30	45	>50
砂轮宽度	10	25	32	40

④ 内圆砂轮的安装。内圆砂轮一般安装在砂轮接长轴的一端，而接长轴的另一端与磨头主轴连接，也有些磨床内圆砂轮是直接安装在内圆磨具的主轴上的。内圆砂轮的紧固一般采用螺纹紧固和粘接剂紧固两种方法。采用螺纹紧固内圆砂轮牢固，安装方法如图2-32所示。

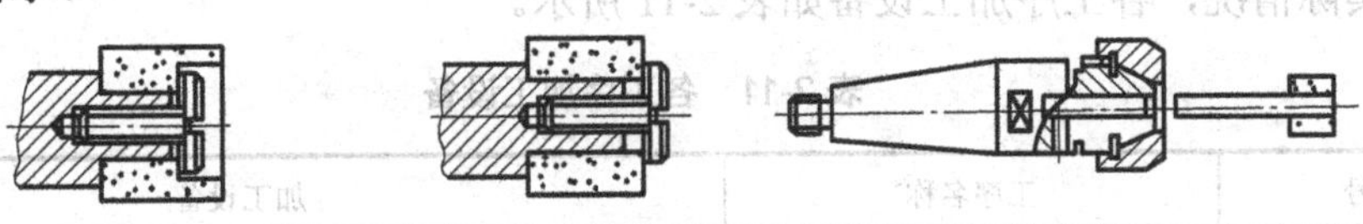

（a）杯形砂轮螺纹紧固 （b）筒形砂轮螺纹紧固 （c）用粘接剂紧固

图2-32 内圆砂轮的安装

4）内圆磨削加工的装夹方法。

内圆磨削时，工件装夹方法很多，常用自定心卡盘、单动卡盘、花盘、卡盘和中心架组合、吸盘等装夹。一般根据工件的形状、尺寸选用合适的夹具进行装夹。

① 自定心卡盘装夹。自定心卡盘适于装夹套类和盘类工件，如图2-33所示，具有装夹方便、能自动定心但定心精度不高的特点。一般中等尺寸工件夹紧后的径向圆跳动误差为0.08mm，高精度的自定心卡盘的径向圆跳动误差为0.04mm。对于成批磨削径向圆跳动量公差较小的零件，可以用调整卡盘自身定心精度的办法来提高装夹工件的定心精度，调整后的自定心精度可使工件径向圆跳动误差在0.02～0.01mm。

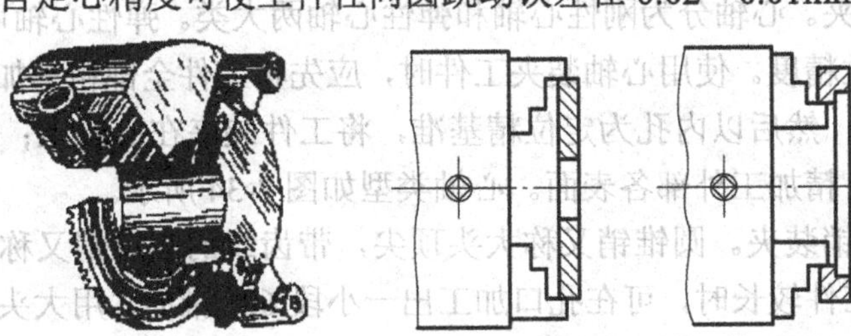

图2-33 自定心卡盘

② 单动卡盘装夹。单动卡盘用来装夹尺寸较大或外形不太规则的工件，经校正可以达到很高的定心精度，适合定心精度较高、单件及小批量生产。

③ 用卡盘和中心架组合装夹。磨削较长的轴套类工件内孔时，可采用卡盘和中心架组合装夹，以提高工件的装夹稳定性。

5）内圆磨削的特点。

① 由于砂轮直径小，为了保证磨削质量和磨削效率，砂轮必须有足够的磨削线速度，这就要求砂轮主轴要具有极高的转速，所以容易引起工艺系统的震动，另外砂轮直径小，单位磨削量就大，砂轮易变钝，需要经常修整。

② 砂轮轴刚度低，砂轮轴为细长的悬臂梁模型，磨削中弹性变形量大，容易形成锥孔，需要较长的无进给光磨时间来使砂轮轴恢复弹性变形，导致磨削时间较长，效率低。

③ 接触面积大，相对于外圆磨削来说，砂轮内圆磨削接触弧长比外圆长，接触面积比外圆要大得多，所以产生的磨削热也多，切削液又不容易到达磨削区，所以工件的散热及排屑条件都比较差。

2. 法兰盘加工设备的选择

法兰盘加工主要用到车削、铣削、钻削和磨削 4 种加工方法，根据加工设备选择的原则及实际情况，各工序加工设备如表 2-11 所示。

表 2-11 各工序加工设备

序号	工序名称	加工设备
1	车削	车床 CA6140
2	铣削	铣床 XL-1050
3	钻削	钻床 Z5125A
4	磨削	外圆磨床

3. 法兰盘加工工艺装备的选择

（1）盘套类零件工艺装备选择原则

1）夹具的选择。

盘套类零件装夹的几种方式。

① 以心轴装夹。心轴分为刚性心轴和弹性心轴两大类。弹性心轴可消除配合间隙，可获得较高的定位精度。使用心轴装夹工件时，应先将工件全部粗车加工；再将内孔精车好（IT9～IT7）；然后以内孔为定位精基准，将工件装夹在心轴上；最后把心轴装夹在前后顶尖之间，精加工外部各表面。心轴类型如图 2-34 所示。

② 用两圆锥销装夹。圆锥销又称大头顶尖，带齿纹的圆锥销又称梅花顶尖。当工件孔精度较低或工件较长时，可在孔口加工出一小段 60° 锥面，用大头顶尖或梅花顶尖定位，如图 2-35 所示。梅花顶尖锥面上的齿纹加大了顶尖与工件之间的摩擦力，因此可直接用顶尖带动工件旋转而不用鸡心夹头。

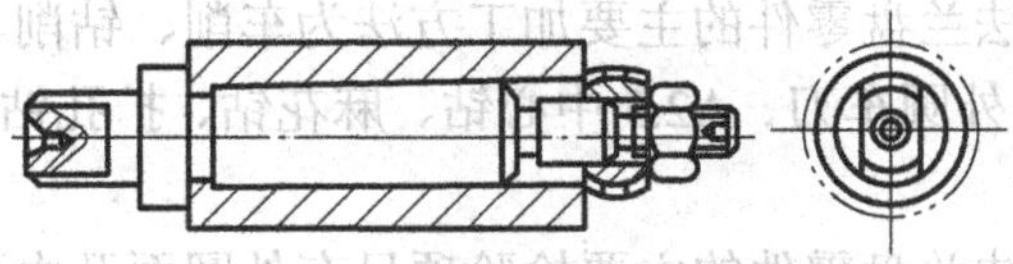

（a）圆柱心轴

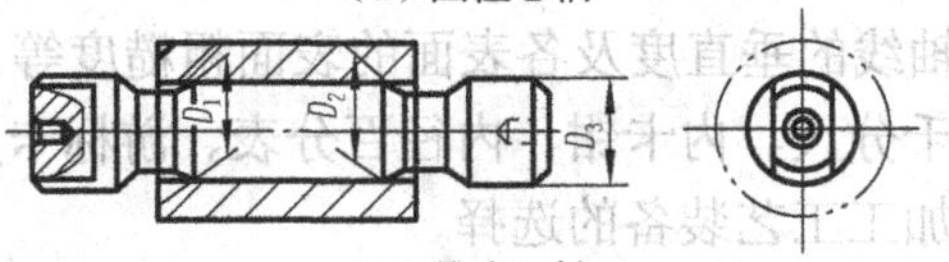

（b）锥度心轴

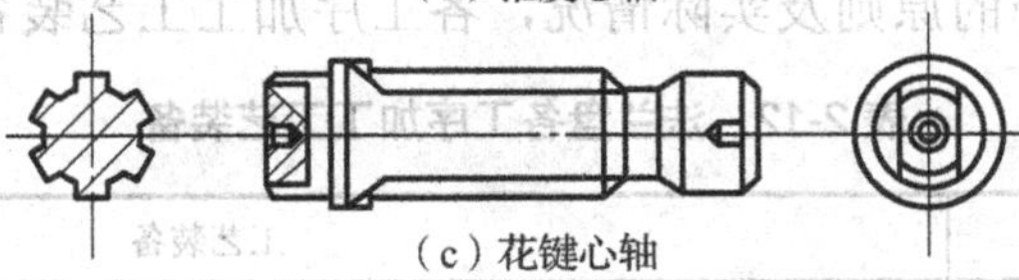

（c）花键心轴

图 2-34　心轴类型

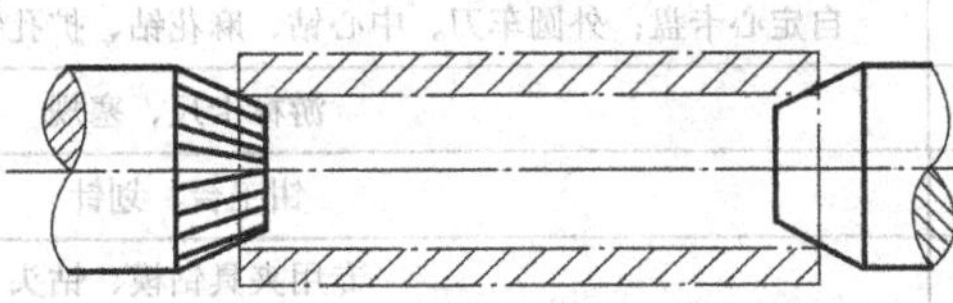

图 2-35　大头顶尖和梅花顶尖

③ 外圆定位装夹。采用精加工外圆定位加工内孔时，装夹迅速可靠，但因卡盘定心精度不高，易使套筒产生夹紧变形，故加工后工件的几何精度较低，若欲获得较高的同轴度，则必须采用定心精度高的夹具，如弹性膜片卡盘、液性塑料夹具、经过修磨的自定心卡盘和“软爪”等。

根据法兰盘的批量要求和结构特征及工艺路线，车削加工时选择通用夹具——自定心卡盘；扩、铰内孔采用外圆定位并加装开缝套夹，以解决套类零件壁薄易变形的加工问题；外圆的精加工采用心轴、顶尖，*D* 面的铣削采用平口虎钳。$\phi5.5$ 的孔（3 个）钻削时采用专用夹具——端面钻模，如图 2-36 所示。

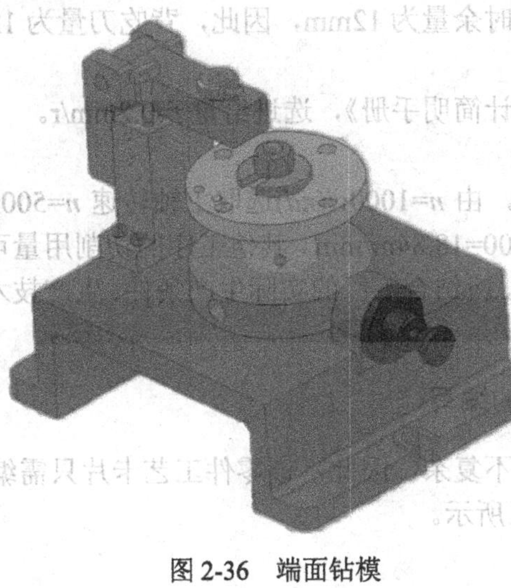

图 2-36　端面钻模

2）刀具的选择。法兰盘零件的主要加工方法为车削、钻削、铣削和磨削。根据任务要求，刀具选用 93° 外圆车刀、A2.5 中心钻、麻花钻、扩孔钻、铰刀、锪孔钻、砂轮和铣刀。

3）量具的选择。法兰盘零件的主要检验项目有外圆面及内孔的尺寸、内外圆轴线的同轴度、端面与内孔轴线的垂直度及各表面的表面粗糙度等。根据法兰的精度要求和批量，其量具采用内径千分尺、内卡钳、内径百分表、游标卡尺、外径千分尺等。

（2）法兰盘各工序加工工艺装备的选择

根据工艺装备选择的原则及实际情况，各工序加工工艺装备如表 2-12 所示。

表 2-12　法兰盘各工序加工工艺装备

序号	工序名称	工艺装备
1	铸造	刻度尺
2	车削	自定心卡盘；外圆车刀、中心钻、麻花钻、扩孔钻、铰刀；游标卡尺、塞规
3	检验	游标卡尺、塞规
4	划线	钳工台、划针
5	钻削	专用夹具钻模、钻头
6	铣削	自定心卡盘、ϕ12 立铣刀、游标卡尺
7	磨削	顶尖、心轴、拨盘、砂轮、千分尺
8	检验	游标卡尺、千分尺、塞规

任务 7　法兰盘切削用量及时间定额的确定

切削用量的选择原则及计算方法请参考项目 1。本项目任务以 ϕ20 内孔的钻削加工为例介绍切削用量及时间定额的确定。

（1）背吃刀量的选择

钻孔为定尺寸刀具加工，一次性完成工序余量的去除，因此背吃刀量为钻头直径的一半。本项目任务中钻削时余量为 12mm，因此，背吃刀量为 12/2=6mm。

（2）进给量的选择

查《机械制造工艺设计简明手册》，选进给量 f=0.2mm/r。

（3）切削速度的选择

查表选取 v=22m/min，由 $n=1000v/(\pi d)$选取主轴转速 n=500r/min，可求得该工步的实际钻削速度为 $v=n\pi d/1000$=18.84m/min。其他工序的切削用量可以以此类推进行选取。

在时间定额的计算上，应结合工厂的实际生产条件、生产技术水平等因素综合考虑，此处不再进行举例说明。

任务 8　法兰盘工艺文件的编写

由于法兰盘各工序并不复杂，因此，该零件工艺卡片只需编写机械加工工艺过程卡，如表 2-13 所示。

2.8

表 2-13 法兰盘机械加工工艺过程卡

企业名称	机械加工工艺过程卡	产品型号		零件图号	1		
		产品名称	法兰盘	零件名称	法兰盘	共 页	第 页

材料牌号	HT300	毛坯种类	铸件	毛坯外形尺寸		每件毛坯可制件数	1	每台件数	1	备注	

工序号	工序名称	工序内容	车间	工段	设备	工艺装备	工时 准终	工时 单件
00	铸造	铸造毛坯	铸造					
10	车	夹ϕ54 大端，粗、精车端面 A、ϕ30 外圆及端面 B，保证长度尺寸 21±0.1 钻孔ϕ12，扩孔至ϕ19.8，粗铰至ϕ19.94，精铰至ϕ20 尺寸 内、外圆倒角 $C1$ 调头夹ϕ30 外圆，车端面 C，保证长度 32，车ϕ54 外圆至尺寸 内、外圆倒角 $C1$	机加	车削工段	车床 CA6140	自定心卡盘，外圆车刀、麻花钻、扩孔钻、铰刀，游标卡尺、塞规		
20	检验	检验	机加	检验工段		游标卡尺、塞规		
30	划线	划ϕ5.5 孔线（3 个）及 D 面加工线	机加	钳工工段		钳工台、划针		
40	钻削	钻ϕ5.5 孔（3 个），锪ϕ11×90° 沉孔（3 个）	机加	钻削工段	钻床 Z5125A	麻花钻、锪孔钻、内卡钳		
50	铣削	铣 D 面，保证尺寸 50	机加	铣削工段	铣床 XL-1050	台虎钳、铣刀、游标卡尺		
60	磨削	磨削小外圆至ϕ30	机加	磨削工段	外圆磨床	心轴、顶尖、拨盘，砂轮，千分尺		
70	检验	检验	机加	检验工段		游标卡尺、千分尺、塞规、百分表		

									××	设计日期	审核日期	标准化日期	会签日期	
标记	处数	更改文字编号	签字	日期	标记	处数	更改文字编号	签字	日期		张××			

盘套类零件加工工艺编制要点分析

1．加工工艺编制分析

盘套类零件由于壁薄，加工中常因夹紧力、切削力、内应力和切削热的作用而产生变形，且零件表面相互位置精度要求较高，所以在加工中应注意以下几点：

1）粗、精加工应分开进行；

2）尽量采用轴向压紧，若采用径向夹紧，应使径向夹紧力均匀；

3）热处理工序应放在粗、精加工之间；

4）中小型套类零件的内外圆表面及端面，应尽量在一次装夹中加工出来；

5）在安排孔和外圆加工顺序时，应尽量采用先加工内孔，然后以内孔定位加工外圆的加工顺序。

2. 盘套类零件的绿色生产分析

在保证产品质量及符合机械制造标准的前提下，采用环保型工艺技术，使工艺制造对环境产生的污染得到有效控制和清除。从本质上看，机械工艺生产的过程就是从输入到输出、从原料到产品的过程，当生产原料被放入后，系统会自动将与产品无关的物质排出，形成生产废物（如废水、废气、废渣等），使环境受到严重污染。而采用环境保护型工艺技术，可以使机械工艺制造过程得到有效改善，增强对末端生产的治理技术，有效减少环境污染等问题。例如，工艺方面通过采用新刀具，使刀具在生产过程中的能耗降低，延长使用寿命和提高利用率；为节约有效的使用资源，降低工艺制造对环境的污染，可采用干式加工技术，并通过先进的制作技术来减少原料的消耗及实现工艺的优化。

习　题

一、填空题

1. 某机床型号为Z3040X16，“Z”表示________；第一主参数是________，它的含义是________；第二主参数是________，它的含义是________。

2. 麻花钻的重要结构参数是________和________。

3. 铰刀工作部分的结构参数是________和________。

4. 钻床夹具上装有钻模板和钻套，故习惯上称为________。

5. 通过引导刀具进行加工，是________钻模的主要特点。

6. 钻套的主要结构参数是________及________；钻套的类型有________及________。

7. 麻花钻的工作部分分为________及________。

二、单项选择题

1. 若钻孔需要分两次进行，一般孔径应大于（　　）。

   A. 10mm　　B. 20mm　　C. 30mm　　D. 40mm

2. 标准麻花钻切削部分切削刃共有（　　）个。

   A. 6　　B. 5　　C. 4　　D. 3

3. 扩孔钻的刀齿一般有（　　）个。

   A. 2～3　　B. 3～4　　C. 6～8　　D. 8～12

4. 铰刀的直径越小，则选用每分钟转速（　　）。

   A. 越高　　B. 越低　　C. 值一样　　D. 呈周期性递减

5. 下列机床中，只有主运动没有进给运动的是（　　）。

A．车床　　B．刨床　　C．钻床　　D．拉床

三、多项选择题

1．适宜铰削的孔有（　　）。

A．通孔　　B．盲孔

C．带内回转槽的孔　　D．阶梯孔

2．钻—扩—铰方案适于加工（　　）。

A．中小孔件上的孔　　B．精度要求较高的孔

C．大批大量的孔　　D．有一定批量的孔

3．下列加工方法中，适合有色金属精加工的有（　　）。

A．磨削　　B．金刚车　　C．珩磨　　D．金刚镗

4．下列材料的套筒类零件的内孔精密加工可采用珩磨的（　　）。

A．铸铁　　B．铜

C．淬硬的钢件　　D．不淬硬的钢件

四、简答题

1．加工薄壁套筒零件时，工艺上采取哪些措施防止变形?

2．简述钻夹具的类型及适用场合。

3．简述深孔加工的特点。

4．简述套类零件的功用及主要加工表面。

项目 3　箱体类零件加工工艺

相关知识

箱体类零件一般是指传动零件的基座，具有足够的强度和刚度。它将机器和部件中的许多零件（如轴、轴承、轴套、齿轮等）连接成为一个整体，并使之保持正确的相互位置关系，按规定的运动关系协调动作，完成某种运动。常见的箱体类零件如图 3-1 所示的各种形式的机床主轴箱体、减速器箱体等。

3. 相关知识

蜗轮减速器箱体是减速器箱体零件中比较常见的一种，其作用是支承蜗杆、蜗轮轴和轴承等传动件，并起安全保护、密封、润滑和散热的作用。蜗轮减速器主要由蜗轮、蜗杆、轴、轴承和机箱等构件组成。由图 3-2 可看出蜗轮减速器箱体的外形基本是由 6 个或 5 个平面组成的密封式多面体，结构形状比较复杂，内部为空腔型，箱壁上面通常布置有平行孔系或垂直孔系，加工难度较大。

图 3-1　常见箱体类零件

图 3-2　蜗轮减速器

1. 箱体的分类

箱体类零件可依据箱体的功能和制造方法进行分类。按照功能可以分为如图 3-3 所示的传动箱体、泵体和阀体、支架箱体等。按照制造方法可以分为如图 3-4 所示的铸造箱体、焊接箱体和其他箱体等。

2. 箱体的材料与毛坯

箱体的材料根据箱体的使用要求、材料的工艺性能、成本等综合考虑。箱体类零件常用材料如表 3-1 所示。

（a）传动箱体　（b）泵体和阀体　（c）支架箱体

图 3-3　按功能分类

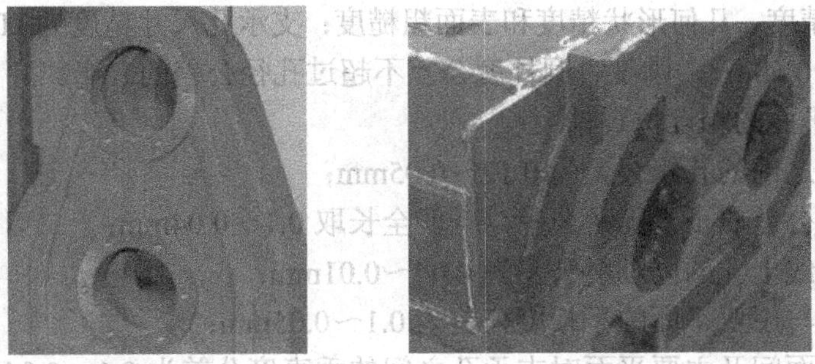

（a）铸造箱体　（b）焊接箱体

图 3-4　按制造方法分类

表 3-1　箱体类零件常用材料

箱体材料	使用要求
铸铁 HT200～400	一般箱体零件材料
铸造铝合金	要求减小质量且载荷不大
钢材	要求一定的强度、良好的塑性、韧性、导热性和焊接性

箱体的毛坯一般选用铸造毛坯[图 3-5（a）]或者焊接毛坯[图 3-5（b）]，应根据具体条件进行全面分析决定。铸造容易造出结构复杂的箱体毛坯，具备热变形小、吸振能力强、结构刚度好的特点。焊接的箱体允许有薄壁和大平面，质量小，而铸造较难实现薄壁和大平面。

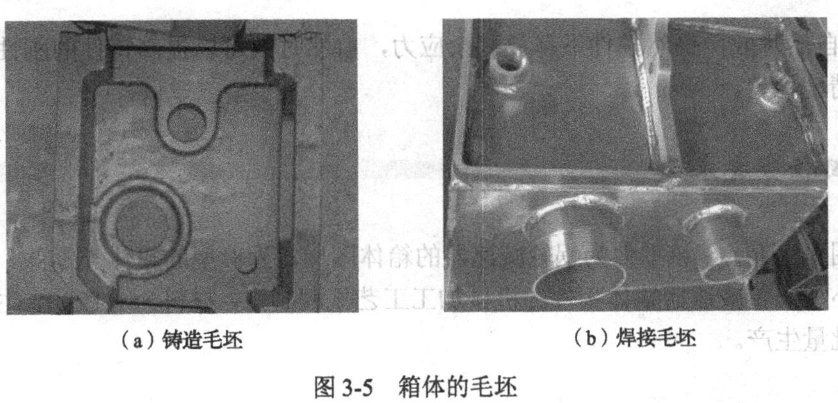

（a）铸造毛坯　（b）焊接毛坯

图 3-5　箱体的毛坯

3. 箱体的技术要求

箱体类零件的技术要求包括零件的加工精度、表面质量和热处理要求 3 个方面，具体的要求如下。

（1）加工精度

箱体的加工精度包括主要平面的形状精度和表面粗糙度，孔的尺寸精度、几何形状精度和表面粗糙度，主要孔和平面的相互位置精度。

主要平面的形状精度和表面粗糙度：主要平面的平面度一般为 0.1～0.03mm，表面粗糙度一般为 *Ra*2.5～0.63μm，基准面垂直度为 0.1/300。

孔的尺寸精度、几何形状精度和表面粗糙度：支承孔尺寸精度为 IT7～IT6，表面粗糙度为 *Ra*2.5～0.63μm，圆度、圆柱度公差不超过孔径公差的一半。

主要孔和平面的相互位置精度：

1）支承孔之间的孔距公差为 0.12～0.05mm；

2）平行度公差应小于孔距公差，一般全长取 0.1～0.04mm；

3）同一轴线上孔的同轴度公差为 0.04～0.01mm；

4）支承孔与主要平面的平行度公差为 0.1～0.05mm；

5）主要平面间及主要平面对支承孔之间的垂直度公差为 0.1～0.04mm。

（2）表面质量

箱体类零件中以机床主轴箱的表面精度要求最高，其一般主要平面的表面粗糙度为 *Ra*2.5～0.63μm，主轴支承孔表面粗糙度为 *Ra*0.63～0.32μm，其余支承孔表面粗糙度为 *Ra*2.5～0.63μm。

（3）热处理要求

热处理的作用是提高材料的力学性能、消除残余应力和改善金属的切削加工性。箱体毛坯的剩余应力会使箱体变形，因此箱体毛坯粗加工后要用热处理的方法消除剩余应力。常用的热处理方法有以下 3 类：

1）热时效：铸件在 500～600℃下退火，可以大幅度地降低或消除铸造箱体中的剩余应力；

2）热冲击时效：铸件快速加热，利用产生的热应力与剩余应力叠加，松弛剩余应力；

3）自然时效：自然条件下释放剩余应力，自然时效可以提高铸件的刚性，使铸件的尺寸精度稳定。

项目任务要求

如图 3-6 所示，该零件为蜗轮减速器的箱体图样，为典型的箱体类零件。任务要求为完成小型蜗轮减速器箱体零件的机械加工工艺规程制定，材料为 HT200，生产批量为单件小批量生产。

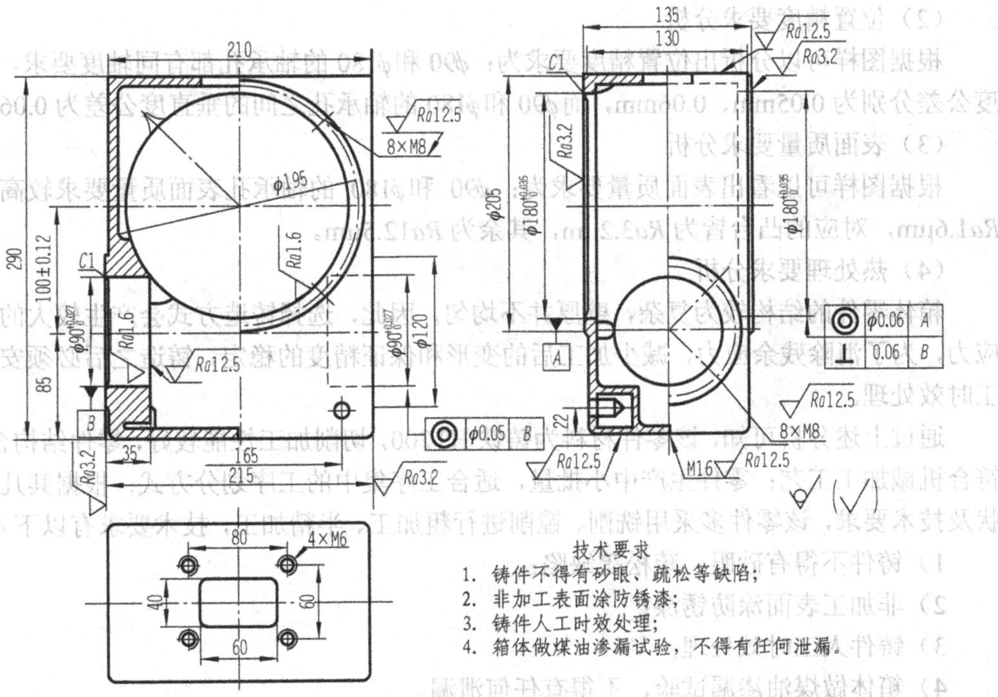

图 3-6　蜗轮减速器箱体零件

项目任务实施

任务 1　蜗轮箱体的工艺分析

3.1

1. 几何形状分析

一般情况下，箱体类零件的主要加工表面可归纳为主要平面、主要孔和其他加工部分。主要平面包括箱盖的对合面和顶部方孔端面，底座的底面和对合面、轴承孔的端面等；主要孔包括轴承孔及孔内环槽等；其他加工部分主要为连接孔、螺孔、销孔、斜油标孔及孔的凸台面等。本项目任务中的箱体零件外形尺寸为长×宽×高为 215mm×135mm×290mm，属于小型箱体类零件。

2. 零件的结构工艺性分析

在结构工艺性方面，为了保证箱体的强度，减少应力集中对箱体造成损害，壁与壁之间的连接要用圆角过渡。同时有必要在适当的地方增加一些加强筋来加强整个箱体的强度和刚性，特别是受力比较大的地方，另外尽量避免出现大而薄的壁。从图 3-6 所示箱体的设计结构上来看，该零件结构设计合理，符合机械加工工艺要求。

3. 技术要求分析

（1）尺寸精度要求分析

根据图样可以分析出尺寸精度要求为：$\phi 90$ 和 $\phi 180$ 的轴承孔尺寸精度要求较高，达到 IT7 级；$\phi 120$ 和 $\phi 205$ 的凸台尺寸精度要求为 IT10 级。

（2）位置精度要求分析

根据图样可以分析出位置精度要求为：ϕ90 和ϕ180 的轴承孔都有同轴度要求，同轴度公差分别为 0.05mm、0.06mm，而ϕ90 和ϕ180 的轴承孔之间的垂直度公差为 0.06mm。

（3）表面质量要求分析

根据图样可以看出表面质量要求为：ϕ90 和ϕ180 的轴承孔表面质量要求较高，为 *Ra*1.6μm，对应的凸台皆为 *Ra*3.2μm，其余为 *Ra*12.5μm。

（4）热处理要求分析

箱体零件的结构较为复杂，壁厚并不均匀，因此，选择铸造方式会产生较大的残余应力，为了消除残余应力，减少加工后的变形和保证精度的稳定，铸造之后必须安排人工时效处理。

通过上述分析可知，该零件材料为铸铁 HT200，切削加工性能较好，零件结构合理，符合机械加工工艺；零件生产中小批量，适合工序集中的工序划分方式；根据其几何形状及技术要求，该零件多采用铣削、镗削进行粗加工、半精加工，技术要求有以下 4 点：

1）铸件不得有砂眼、疏松等缺陷；

2）非加工表面涂防锈漆；

3）铸件人工时效处理；

4）箱体做煤油渗漏试验，不得有任何泄漏。

任务 2　蜗轮箱体生产类型的确定

本项目的任务要求表明该箱体零件的生产是试制型的生产，另外项目任务要求中也已说明生产批量为单件小批量生产，即仅生产一件或者数件，很少重复生产。

任务 3　蜗轮箱体毛坯的选择

毛坯是根据机器零件所要求的工艺尺寸、形状而制成的坯料，供进一步加工使用，以获得成品零件。常用的毛坯生产方法主要有铸造、锻造、冲压、焊接等。

3.3

根据本项目任务中蜗轮减速器箱体零件的技术要求，箱体的材料为铸铁 HT200，其毛坯是铸件。铸铁容易成型、切削性能好、价格低廉，并且具有良好的耐磨性和减振性，也是其他一般箱体常用的材料，因此，本项目任务中蜗轮减速器箱体零件的毛坯类型为铸件。

铸件是通过铸造获得的，铸造是指将经过熔化的液态金属浇注到与零件形状、尺寸相适应的铸型中，待冷却凝固后获得毛坯或零件的一种工艺方法，主要分为砂型铸造和特种铸造，如图 3-7 所示为铸造原理图。

铸造具备成型方便、适应性强，生产成本低、较为经济及铸件组织性能差等特点。其中，成型方便、适应性强是因为液态金属具有易成型，能够适应各种形状、尺寸和不同材料的特点；生产成本低、较为经济是因为铸造能够节省金属，材料来源广泛而且设备简单；铸件组织性能差是因为铸件的晶粒粗大，力学性能差。

图 3-7　铸造原理图

本项目任务中蜗轮减速器箱体的材料为HT200，查“机加工工作各种生产类型的生产纲领及工艺特点”可知，对于单件小批量生产，一般采用木模铸造。图3-8所示为木模铸造的原理图。

本项目任务中木模手工造型毛坯的精度低，加工余量大，对于单件小批量生产，其平面余量一般为7～12mm，孔在半径上的余量为8～14mm。在大批大量生产时，通常采用金属模机器造型。此时毛坯的精度较高，加工余量可适当减小，平面余量一般为5～10mm，孔在半径上的余量为7～12mm。为了减少加工余量，无论是单件小批量生产还是成批生产，均需在毛坯上3对轴承孔位置铸出预孔。那么根据铸造的工艺要求，参考《机械加工工艺手册》进行查表，通过计算可以确定毛坯的尺寸，如图3-9所示。

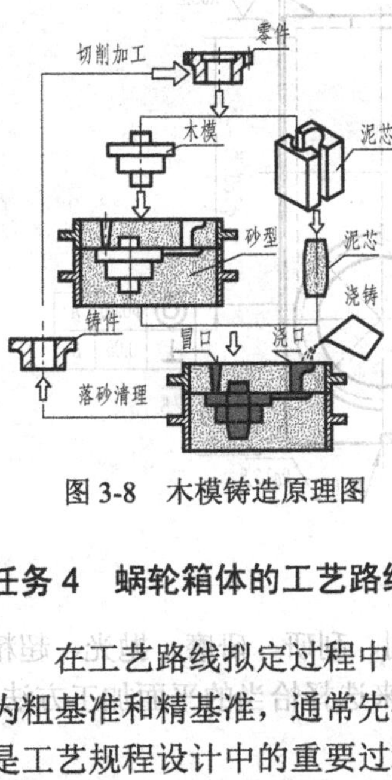

图3-8 木模铸造原理图

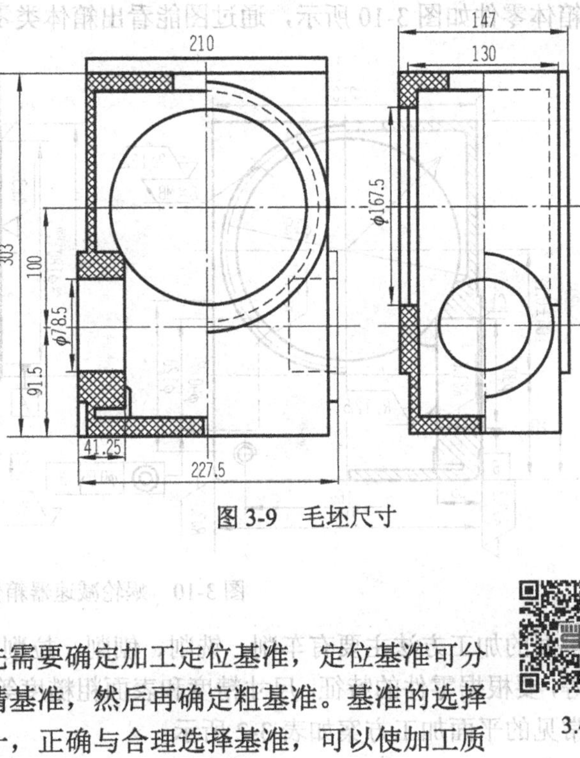

图3-9 毛坯尺寸

任务4 蜗轮箱体的工艺路线拟定

在工艺路线拟定过程中，首先需要确定加工定位基准，定位基准可分为粗基准和精基准，通常先确定精基准，然后再确定粗基准。基准的选择是工艺规程设计中的重要过程之一，正确与合理选择基准，可以使加工质量得到保证，生产率得到提高，否则会使加工过程变得问题百出。

3.4

1. 蜗轮箱体定位基准的选择

（1）精基准的选择

在精基准的选择上，一般箱体类零件常以装配基准或专门加工的一面两孔定位，这样可以保证箱体各加工面的位置关系，也可以减少装夹次数和误差，提高生产效率，符合基准统一原则。本项目任务中蜗轮减速器箱体零件中的ϕ90轴承孔和ϕ180轴承孔有一定的尺寸精度和位置精度要求，尺寸公差等级为IT7级；位置精度方面，ϕ90轴承孔的同轴度公差为0.05mm，ϕ180轴承孔的同轴度公差为0.06mm，ϕ180轴承孔轴线对ϕ90轴承孔轴线的垂直度公差为0.06mm。为了保证以上几项要求，加工箱体顶面时，以粗加工后的底面为精基准，使顶面加工时的定位基准与设计基准重合；加工两对轴承孔时，仍以底面为主要定位基准，这样既符合基准统一原则，又符合基准重合的原则，有利于保证轴承孔轴线与装配基准面的尺寸精度。

（2）粗基准的选择

在粗基准的选择上，一般箱体类零件的粗基准都用它上面的重要孔和另一个相距较远的孔作为粗基准，以保证孔加工时余量均匀。本项目任务中蜗轮减速器箱体零件的加工选择以重要表面孔$\phi 90$及$\phi 180$为粗基准，通过划线的方法来确定第一道工序加工面位置，尽量使各毛坯面加工余量得到保证，即采用划线装夹，按线找正加工即可。

2. 蜗轮箱体加工方法的选择

箱体零件如图 3-10 所示，通过图能看出箱体类零件一般主要由平面和孔组成。

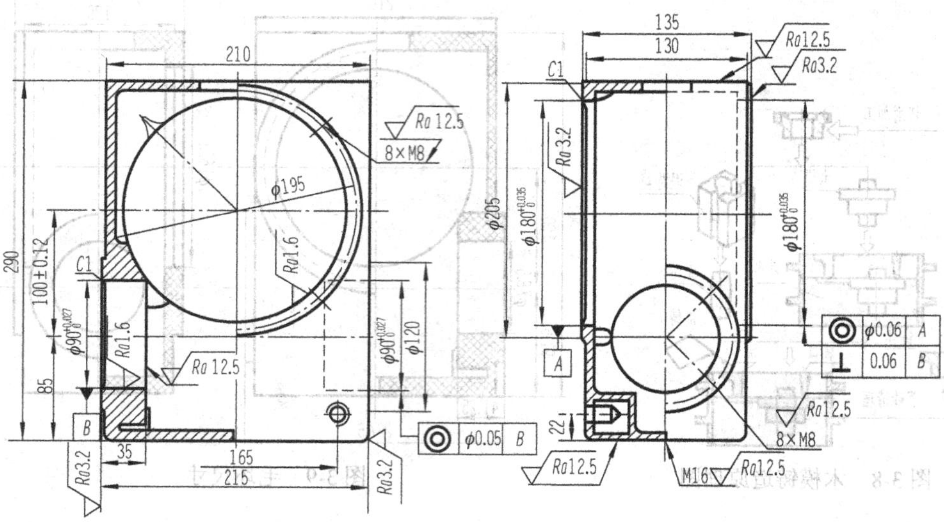

图 3-10 蜗轮减速器箱体

平面的加工方法主要有车削、铣削、刨削、拉削、磨削、刮研、研磨、抛光、超精加工等，要根据零件的特征、尺寸精度和表面粗糙度等要求来选择恰当的平面加工方法，比较常见的平面加工方案如表 3-2 所示。

表 3-2 常见的平面加工方案

序号	加工方案	公差等级	表面粗糙度 Ra/μm	适用范围
1	粗车—半精车	IT9	6.3～3.2	回转体零件的端面
2	粗车—半精车—精车	IT7～IT3	1.6～0.8	
3	粗车—半精车—磨削	IT8～IT6	0.8～0.2	
4	粗刨（铣）—精刨（铣）	IT10～IT8	6.3～1.6	精度要求不太高的不淬硬平面
5	粗刨（铣）—精刨（铣）—刮研	IT7～IT6	0.8～0.1	精度要求较高的不淬硬平面
6	粗刨（铣）—精刨（铣）—磨削	IT7	0.8～0.2	精度要求较高的淬硬或不淬硬平面
7	粗刨（铣）—精刨（铣）—粗精磨	IT7～IT6	0.4～0.02	
8	粗铣—拉削	IT9～IT7	0.8～0.2	大量生产较小平面
9	粗铣—精铣—磨剂—研磨	IT5 以上	0.1～0.006	高精度平面

箱体类零件的另外一个特征就是孔和孔系较多，如轴承孔、螺纹孔等，且孔与孔之间的相互位置精度要求较高。一般箱体类零件上孔的加工方法主要有镗、钻、扩、铰、精细镗、珩磨、研磨等，要根据零件图样的尺寸、孔的类型、尺寸公差等要求来选择合适的加工方法。在箱体类零件的加工中，当生产批量较大时，可以选择在组合机床上采用多轴、多面、多工位和复合刀具等方法来提高生产率。

根据本项目任务中蜗轮减速器箱体的零件图样、零件类型、尺寸精度和表面粗糙度要求，该箱体零件的顶面和底面的表面粗糙度要求为 Ra12.5μm，尺寸公差等级为 IT13，可选用铣削的加工方法进行加工，该平面加工方案确定为粗铣；ϕ120 和ϕ205 凸台的加工方案选为粗铣、半精铣，以达到 Ra3.2μm 的表面粗糙度要求；ϕ180 和ϕ90 轴承孔采用粗镗、半精镗及精镗的加工方案；M16、M6 和 M8 的螺纹孔采用钻孔和攻螺纹的加工方案。详细的加工方案如表 3-3 所示。

表 3-3 蜗轮箱体零件加工方案

加工对象	尺寸公差等级	表面粗糙度 Ra/μm	加工方案
箱体底面	IT13	12.5	粗铣
箱体顶面	IT13	12.5	粗铣
ϕ120 凸台	IT8	3.2	粗铣—半精铣
ϕ205 凸台	IT8	3.2	粗铣—半精铣
ϕ180 轴承孔	IT7	1.6	粗镗—半精镗—精镗
ϕ90 轴承孔	IT7	1.6	粗镗—半精镗—精镗
1×M16	IT13	12.5	钻孔—攻螺纹
4×M6	IT13	12.5	钻孔—攻螺纹
8×M8	IT13	12.5	钻孔—攻螺纹

3. 蜗轮箱体加工阶段的划分

箱体类零件的加工一般较复杂，当箱体类零件的加工质量要求较高时，往往不可能用一道工序来满足要求，而要用几道工序逐步达到所要求的加工质量，并且要合理地使用设备、人力。其加工过程通常按工序性质不同可以分为粗加工、半精加工和精加工 3 个阶段。箱体类零件的毛坯为铸件，加工余量较大，而在粗加工中切除的金属较多，因而夹紧力、切削力都较大，切削热也较多，加之粗加工后，工件内应力重新分布也会引起工件变形，因此，对加工精度影响较大。为此，把粗、精加工分开进行，有利于把粗加工后由于各种原因引起的工件变形充分暴露出来，然后在精加工中将其消除。

粗加工阶段的任务是切除毛坯上的大部分余量，使毛坯在形状和尺寸上接近箱体零件成品，因此，粗加工的主要目标是提高生产率，去除内孔、端面及外圆表面的大部分余量，并为后续工序提供精基准。

半精加工阶段的任务是使主要表面达到一定的精加工余量，为主要表面的精加工做好准备，如果半精加工能够达到精度和表面粗糙度要求，也可以以半精加工结束。

精加工阶段的任务是保证各主要表面达到规定的尺寸精度，如精度和表面粗糙度要求。

一般剖分式箱体的整个加工过程可以分为两大阶段，即先对箱盖和底座分别进行加工，然后再对装合好的整个箱体进行加工，称为合件加工。组装后镗轴承孔时，必须以底座的底面为定位基准，以保证精度要求，所以底座的底面必须先加工好。另外，剖分式箱体类零件的轴承孔及各主要平面都要求与对合面保持较高的位置精度，所以在平面加工方面，应先加工对合面，再加工其他平面，体现先主后次原则。此外，箱体类零件在安排加工顺序时，还应考虑箱体加工中的运输和装夹。

4. 蜗轮箱体工序的划分

工序的划分原则有工序集中和工序分散原则，工序是集中还是分散，即工序数量是多还是少，主要取决于生产规模和零件的结构特点及技术要求。在一般情况下，单件小批生产时，多选择工序集中原则。在大批量生产时，可将工序分散后组织流水线生产，目前的发展趋势是倾向于工序集中原则。

本项目任务中蜗轮箱体的体积、质量较大，为减少工件的运输和装夹次数，保证各加工表面的位置精度，一次装夹中尽量多加工一些表面，因此选择工序集中原则，详细的工序划分如表 3-4 所示。

表 3-4 蜗轮箱体零件加工的工序划分

工序	工序内容
铸造毛坯	303mm×227.5mm×147mm
粗铣	粗铣箱体顶面和底面达到尺寸精度和表面粗糙度要求； 粗铣ϕ120 和ϕ205 凸台，分别留 1mm 和 1.5mm 余量
半精铣	半精铣ϕ120 和ϕ205 凸台，达到尺寸精度和表面粗糙度要求
粗镗	粗镗ϕ180 和ϕ90 轴承孔，留 1.8mm 余量
半精镗	半精镗ϕ180 和ϕ90 轴承孔，留 0.3mm 余量
精镗	精镗ϕ180 和ϕ90 轴承孔，达到尺寸精度和表面粗糙度要求
钻孔	M16、M6、M8 螺纹孔钻孔
攻螺纹	M16、M6、M8 螺纹孔攻螺纹

5. 蜗轮箱体工序顺序的安排

（1）机械加工工序顺序的安排

机械加工工序的安排应当遵循“先基准后其他”“先粗后精”“先主后次”“先面后孔”的工艺原则。

在箱体的加工方面，应该先加工精基准对合面，遵循“先基准后其他”原则；而箱体的加工中，由于轴承孔及各主要平面都要求与对合面保持较高的位置精度，所以在平面加工方面，先加工对合面，然后再加工其他平面，遵循“先主后次”原则；对于箱体、底座和支架类零件，平面的轮廓尺寸较大，用它作为精基准加工孔，比较稳定可靠，也容易加工，有利于保证孔的精度。对于组合箱体，还应当遵循组装后镗孔的原则。

（2）热处理工序顺序的安排

一般情况下，箱体类零件的结构复杂，壁厚也不均匀，因此，在铸造时会产生较大的残余应力。为了消除残余应力，减少加工后的变形及保证精度的稳定，在铸造之后必须安排人工时效处理。

本项目任务中的蜗轮箱体在铸造之后安排 1 次人工时效处理，粗加工之后没有安排时效处理，而是利用粗、精加工工序间的停放和运输时间，使之得到自然时效。

（3）其他辅助工序顺序的安排

辅助工序包含铸造后的清砂、涂漆和划线工作，以及在箱盖和底座拼装前，应当安排中间检验工序和底座的煤油渗漏试验工序；箱体精加工后，安排拆箱、去毛刺、清洗、合箱和终检工序。

划线一般用于单件及中小批量生产的铸、锻件毛坯和形状较为复杂的零件，划线可确定工件上各加工表面的加工位置和加工余量，同时检查毛坯形状和尺寸是否满足加工要求，当遇到坯料有缺陷的情况时也可以通过划线“借料”的方法进行补救。

去毛刺和清洗的辅助工序一般安排在铣键槽、齿面倒角等工序后。另外，零件在装配前都应当安排清洗工序，特别在研磨等光整加工工序之后，更应注意进行清洗工序，以防止残余的磨料嵌入工件表面，加剧零件在使用中的磨损。检验工序一般安排在粗加工后、精加工前，送往外车间前后，重要工序和工时较长的工序前后，以及零件加工结束后和入库前。

综上，根据蜗轮箱体加工的特点和工序顺序安排的原则，本项目任务中蜗轮箱体工序顺序的安排如表 3-5 所示。

表 3-5　蜗轮箱体工序顺序安排

工序号	工序名称	工序内容
1	铸造	箱体毛坯铸造
2	清砂	清理铸造型砂
3	时效处理	清除应力
4	涂漆	涂底漆
5	划线	划线找正，标注加工线
6	铣削表面	铣削加工箱体表面
7	镗孔	镗削加工箱体轴承孔孔系
8	钻孔	钻 M6、M8、M16 螺纹孔
9	攻螺纹	M6、M8、M16 螺纹孔攻螺纹
10	油漆	涂防锈漆
11	检验、入库	渗碳、淬火达到硬度要求

6. 蜗轮箱体加工工艺路线

通过工艺路线的 4 个步骤，就可以拟定出蜗轮箱体的加工路线：铸造—清砂—时效处理—涂漆—划线—铣削平面—镗轴承孔—钻孔—攻螺纹—油漆—检验—入库。

任务 5　蜗轮箱体加工余量、工序尺寸及公差的确定

根据工序尺寸计算的原则及蜗轮箱体的加工工艺路线，由于基准重合，因此采用余量法确定工序尺寸及公差。

3.5

由图样要求可知，箱体上、下端面的表面粗糙度要求均为 $Ra12.5\mu m$，结合毛坯尺寸计算，可以得到上、下端面加工总余量为 13.0mm。为了遵循工序集中原则、减少箱体的装夹次数，同时考虑到余量较大，对箱体的上、下端面分别进行两次粗铣加工，因此本项目任务中箱体的 290mm 上、下端面的加工总余量为 13.0mm，上、下

端面的两次粗铣加工余量为4.0mm和2.5mm，最终的工序尺寸为290mm，上极限偏差为0，下极限偏差为-0.81，公差等级为IT13，具体的加工余量、工序尺寸及公差等级如表3-6所示。

表3-6　蜗轮箱体上、下端面的加工余量、工序尺寸及公差等级　单位：mm

工序	加工余量	工序公称尺寸	公差等级	工序尺寸
第二次粗铣（上端面）	2.5	290	IT13(0.81)	$290.0_{-0.81}^{0}$
第一次粗铣（上端面）	4.0	292.5	IT13(0.81)	$292.5_{-0.81}^{0}$
第二次粗铣（下端面）	2.5	296.5	IT13(0.81)	$296.5_{-0.81}^{0}$
第一次粗铣（下端面）	4.0	299.0	IT13(0.81)	$299.0_{-0.81}^{0}$
毛坯	13.0	303.0	CT13(12)	303.0±6.0

箱体ϕ120凸台，即左、右端面加工余量、工序尺寸及公差等级的确定：由图样要求可知，箱体ϕ120凸台的表面粗糙度要求为Ra3.2μm，结合毛坯尺寸计算可以得到左、右端面的加工总余量为12.5mm，左、右端面粗铣和半精铣加工余量分别为5.0mm、5.5mm和1.0mm，最终的工序尺寸为215mm，上极限偏差为0，下极限偏差为-0.115，公差等级为IT9，具体的加工余量、工序尺寸及公差等级如表3-7所示。

表3-7　蜗轮箱体左、右端面的加工余量、工序尺寸及公差等级　单位：mm

工序	加工余量	工序公称尺寸	公差等级	工序尺寸
半精铣（右端面）	1.0	215.0	IT9(0.115)	$215.0_{-0.115}^{0}$
半精铣（左端面）	1.0	216.0	IT13(0.72)	$216.0_{-0.72}^{0}$
粗铣（左端面）	5.0	217.0	IT13(0.72)	$217.0_{-0.72}^{0}$
粗铣（右端面）	5.5	222.0	IT13(0.72)	$222.0_{-0.72}^{0}$
毛坯	12.5	227.5	CT13(11)	227.5±5.5

箱体ϕ205凸台，即箱体前、后端面加工余量、工序尺寸及公差的确定：由图样要求可知，箱体ϕ205凸台的表面粗糙度要求为Ra3.2μm，结合毛坯尺寸计算可以得到左、右端面的加工总余量为12.0mm，左、右端面粗铣和半精铣加工余量均为4.5mm和1.5mm，最终的工序尺寸为135mm，上极限偏差为0，下极限偏差为-0.1，公差等级为IT9，具体的加工余量、工序尺寸及公差等级如表3-8所示。

表3-8　蜗轮箱体前、后端面的加工余量、工序尺寸和公差等级　单位：mm

工序	加工余量	工序公称尺寸	公差等级	工序尺寸
半精铣（前端面）	1.5	135.0	IT9(0.1)	$135.0_{-0.1}^{0}$
半精铣（后端面）	1.5	136.5	IT13(0.63)	$136.5_{-0.63}^{0}$
粗铣（后端面）	4.5	138.0	IT13(0.63)	$138.0_{-0.63}^{0}$
粗铣（前端面）	4.5	142.5	IT13(0.63)	$142.5_{-0.63}^{0}$
毛坯	12.0	147.0	CT13(10)	147.0±5.0

ϕ180和ϕ90轴承孔加工工序的加工余量、工序尺寸及公差确定：对于ϕ180轴承孔，由图样要求可知，箱体ϕ180轴承孔的粗糙度要求为Ra1.6μm，结合毛坯尺寸计算可以得到该轴承孔的加工总余量为12.5mm，粗镗加工余量为10.7mm，半精镗加工余量为

1.5mm，精镗加工余量为0.3mm，最终的工序尺寸为ϕ180，上极限偏差为+0.04，下极限偏差为0，公差等级为IT7，具体的加工余量、工序尺寸及公差等级如表3-9所示。

表3-9 蜗轮箱体ϕ180轴承孔的加工余量、工序尺寸及公差等级 单位：mm

工序	加工余量	工序公称尺寸	公差等级	工序尺寸
精镗	0.3	ϕ180.0	IT7(0.040)	$\phi180.0^{+0.040}_{0}$
半精镗	1.5	ϕ179.7	IT8(0.063)	$\phi179.7^{+0.063}_{0}$
粗镗	10.7	ϕ178.2	IT10(0.16)	$\phi178.2^{+0.16}_{0}$
毛坯	12.5	ϕ167.5	CT13(11)	$\phi167.5\pm5.5$

对于ϕ90轴承孔，由图样要求可知箱体ϕ90轴承孔的粗糙度要求为Ra1.6μm，结合毛坯尺寸计算可以得到该轴承孔的加工总余量为11.5mm，粗镗加工余量为9.7mm，半精镗加工余量为1.5mm，精镗加工余量为0.3mm，最终的工序尺寸为ϕ90，上极限偏差为+0.035，下极限偏差为0，公差等级为IT7，具体的加工余量、工序尺寸及公差等级如表3-10所示。

表3-10 蜗轮箱体ϕ90轴承孔的加工余量、工序尺寸及公差等级 单位：mm

工序	加工余量	工序公称尺寸	公差等级	工序尺寸
精镗	0.3	ϕ90.0	IT7(0.035)	$\phi90.0^{+0.035}_{0}$
半精镗	1.5	ϕ89.7	IT8(0.054)	$\phi89.7^{+0.054}_{0}$
粗镗	9.7	ϕ88.2	IT10(0.14)	$\phi88.2^{+0.14}_{0}$
毛坯	11.5	ϕ78.5	CT13(9)	$\phi78.5\pm4.5$

任务6 蜗轮箱体机械加工方法及其加工设备与工艺装备的选择

1. 蜗轮箱体机械加工的主要方法

（1）镗削加工

1）镗削加工的工艺范围。镗削加工是孔加工中常用的加工方法，镗孔的加工范围很广，既可进行孔的粗加工，也可进行精加工，可加工通孔和不通孔。镗孔可以在镗床上加工，也可以在车床、铣床和加工中心上加工。这里的镗床是指用来加工尺寸较大、精度要求较高的孔的机床，特别适用于加工分布在零件不同位置上的相互位置精度要求较高的孔系，通常情况下用来对铸、锻及钻的孔进行进一步的加工。

镗削可以用来镗孔、端面、螺纹和深孔螺纹。铣平面、组合面等工艺，镗削的加工工艺范围如图3-11所示，这里面孔的加工为镗削的主要加工工艺。

镗孔一般在钻孔、铸孔和锻孔基础上进行，主要用于箱体、机架等结构复杂的大、中型零件上的孔与孔系的加工。一般镗孔时设有坐标测量装置，以保证孔与孔之间、孔与基准平面之间的尺寸精度和位置精度，如图3-12中所示的镗削同轴孔系、平行孔系和垂直孔系。

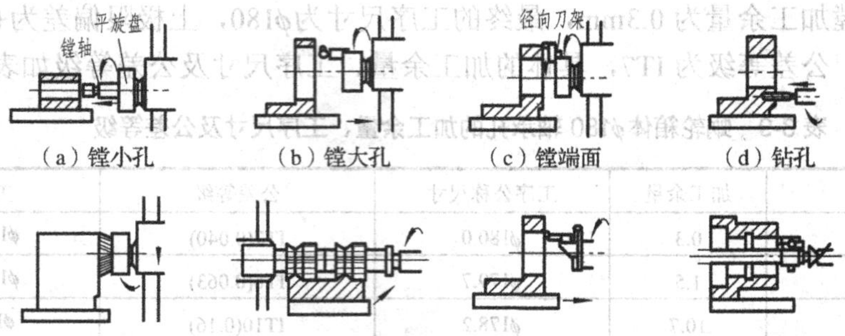

（a）镗小孔　（b）镗大孔　（c）镗端面　（d）钻孔

（e）铣平面　（f）铣组合面　（g）镗螺纹　（h）镗深孔螺纹

图 3-11　镗削的工艺范围

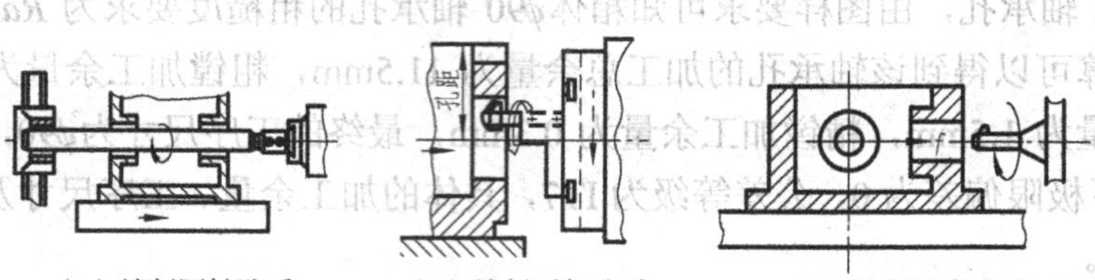

（a）镗削同轴孔系　（b）镗削平行孔系　（c）镗削垂直孔系

图 3-12　孔系的镗削

与其他孔的加工方法相比，镗孔的突出优点为：可利用镗刀在一定范围内加工出任意直径的孔，修正已有孔的位置偏差，并且能在工件的一次装夹中完成粗加工、半精加工和精加工等多工序的加工，减小因多次装夹而带来的误差，保证加工精度。但是由于镗刀和镗杆直径受孔径与孔深限制，刚度差，易产生变形和振动，因此孔的加工精度和表面粗糙度会受到较大的影响。镗削的加工特点可以总结为以下几点：

① 镗削可以加工机座、箱体、支架等外形复杂的大型零件上的直径较大的孔，以及有位置精度要求的孔和孔系，特别是有位置精度要求的孔和孔系。

② 镗削加工灵活性大，适应性强。

③ 镗削加工能获得较高的精度和较小的表面粗糙度，一般尺寸公差等级为 IT8～IT7，*Ra* 为 1.6～0.8μm。

④ 镗削加工的操作技术要求高，生产率低。要保证工件的尺寸精度和表面粗糙度，除取决于所用的设备外，更主要的是与工人的技术水平有关。同时，花在机床和刀具上的调整时间也比较多。另外，镗削加工时参与切削工作的切削刃少，所以一般情况下，镗削加工生产效率较低。若使用镗模可以提高生产效率，但镗模一般用于大批量生产。

2）保证箱体孔系加工精度的方法。箱体上一系列有相互位置精度要求的孔的组合，称为孔系。孔系可以分为平行孔系、同轴孔系和交叉孔系，如图 3-13 所示为箱体孔系分类。因为箱体的功用及结构需要，箱体上的孔往往本身的精度要求较高，而且孔距精度和相互位置精度要求也比较高，所以孔系加工是箱体加工的关键。根据箱体生产批量不同和孔系精度要求不同，孔系加工所用的方法也不同。

① 平行孔系的加工。所谓平行孔系，就是指它们的轴线互相平行，并且孔距也有精度要求。因此，平行孔系的加工主要是保证各平行孔轴心线之间以及轴心线与基面之间的尺寸精度和相互位置精度。

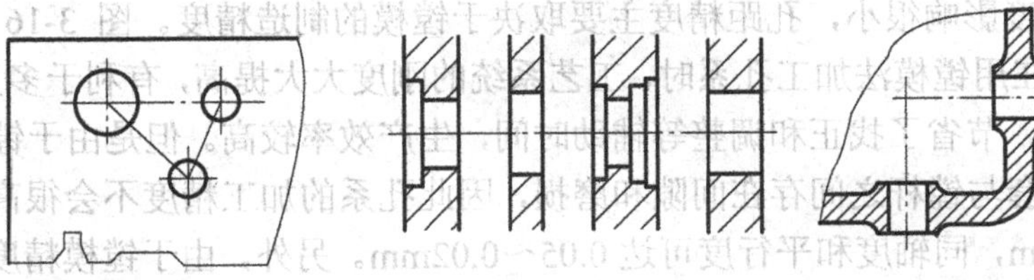
(a) 平行孔系　(b) 同轴孔系　(c) 交叉孔系

图 3-13 箱体孔系的分类

平行孔系加工的常用方法有找正法、镗模法和坐标法。

a. 找正法。所谓找正法，就是工人在通用机床上利用辅助工具来找正要加工孔正确位置的加工方法，可以分为划线找正法和心轴与量规找正法。

划线找正法是指加工前按照零件图样要求，在毛坯上划出各孔的加工位置线，然后按划线进行找正和加工，如图 3-14 中所示的为主轴箱的划线找正。划线找正法中的划线和找正时间较长，生产率低，而且加工出来的孔距精度也较低，一般为±0.3mm 左右。为了提高划线找正的精度，在实际加工中，往往会结合试切法进行。就是先按划线镗出一个孔，再按划线将机床主轴调至第二孔中心，试镗出一个比图样尺寸小的孔，测量两孔的实际中心距，若不符合图样要求，则重新调整主轴的位置，进行试镗、测量、调整，反复进行，直至达到要求的孔距尺寸。划线找正法操作难度较大，对工人的技术要求比较高，并且生产效率低，孔距精度较低，适用于单件小批量生产中孔距精度要求不高的孔系加工。

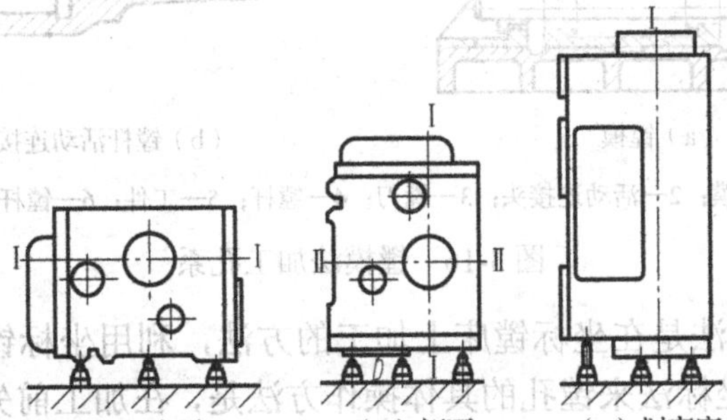
(a) 水平　(b) 侧面　(c) 划高度

图 3-14 主轴箱的划线找正法

心轴与量规找正法就是在镗第一个孔时将精密心轴（或直接利用镗床主轴）插入轴孔内，然后根据孔和定位基准的距离组合一定尺寸的块规来校正主轴位置。图 3-15 所示为心轴与量规找正法的图解。校正时用塞尺测量块规与心轴之间的间隙，以避免块规与心轴直接接触而损伤块规。镗第二个孔时，分别在机床主轴（或直接利用镗床主轴）和已加工孔中插入心轴，采用同样的方法校正主轴轴线的位置。

b. 镗模法。镗模法是利用镗模板上的孔系保证工件上孔系位置精度的一种方法，在中批量生产和大批量生产中被广泛采用。在用镗模法镗孔时，工件装夹在镗模上，镗杆被支承在镗模的导套里，由导套引导镗杆在工件的正确位置镗孔。当用两个或两个以上的支架引导镗杆时，镗杆与机床主轴大多采用浮动连接，这种情况下机床主轴的回转精度对加工精度影响很小，孔距精度主要取决于镗模的制造精度。图 3-16 所示为镗模法加工孔系。在用镗模法加工孔系时，工艺系统的刚度大大提高，有利于多刀同时切削，定位夹紧迅速，节省了找正和调整等辅助时间，生产效率较高。但是由于镗模自身存在制造误差，导套与镗杆之间存在间隙和磨损，因此孔系的加工精度不会很高，孔距精度一般为±0.05mm，同轴度和平行度可达 0.05～0.02mm。另外，由于镗模精度高，制造成本高，周期长，所以镗模法主要适用于批量生产的中小型箱体。

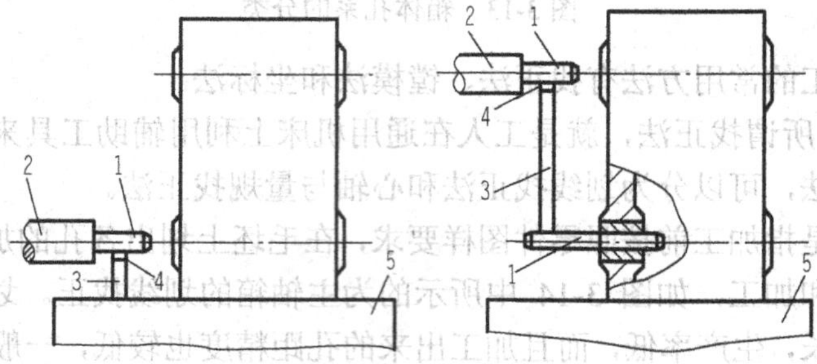

（a）第一工位　（b）第二工位

1—心轴；2—镗床主轴；3—量规；4—塞尺；5—镗床工作台。

图 3-15 心轴与量规找正法

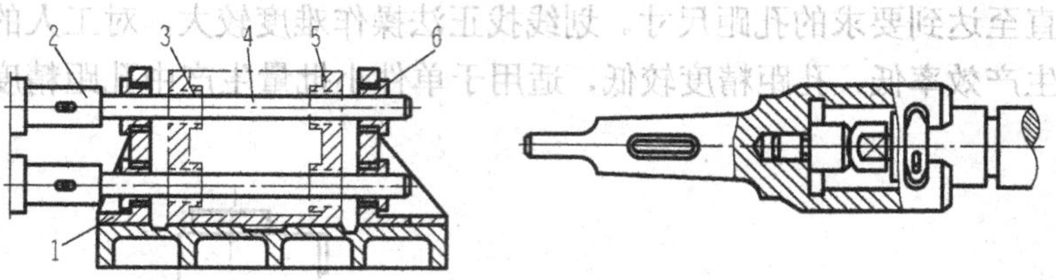

（a）镗模　（b）镗杆活动连接头

1—镗模；2—活动连接头；3—镗刀；4—镗杆；5—工件；6—镗杆导套。

图 3-16 镗模法加工孔系

c．坐标法。坐标法是在坐标镗床上加工的方法，利用坐标镗床上的坐标精确控制孔的位置精度。利用坐标法来镗孔的具体操作方法是，在加工前先将图样上被加工孔系间的孔距尺寸及其公差换算为以机床主轴中心为原点的相互垂直的坐标尺寸及公差，加工时借助于机床设备上的测量装置，调整机床主轴与工件在水平与垂直方向的相对位置，从而保证孔距精度的一种镗孔方法。图 3-17 所示为在卧式铣镗床上用坐标法加工孔系的方法。由此可见，坐标法镗孔的孔距精度取决于坐标位移精度，归根结底取决于机床坐标测量装置的精度。目前，生产实际中采用坐标法加工孔系的机床有两类：一类如坐标镗床、数控镗床或加工中心，自身具有精确的坐标测量系统；另一类没有精密坐标位移及测量装置，如普通镗床等。用前一类机床加工孔系，孔距精度主要由机床本身的坐标控制精度决定；用后一类机床加工孔系，往往采用相应的工艺措施，以保证坐标位移精度。

② 同轴孔系的加工。箱体类零件中同轴孔系十分常见，如精度要求较高的轴承孔等。在成批生产中，同轴孔系的同轴度精度由镗模保证，在单件小批量生产中，可以采取以下的工艺方法保证同轴度：

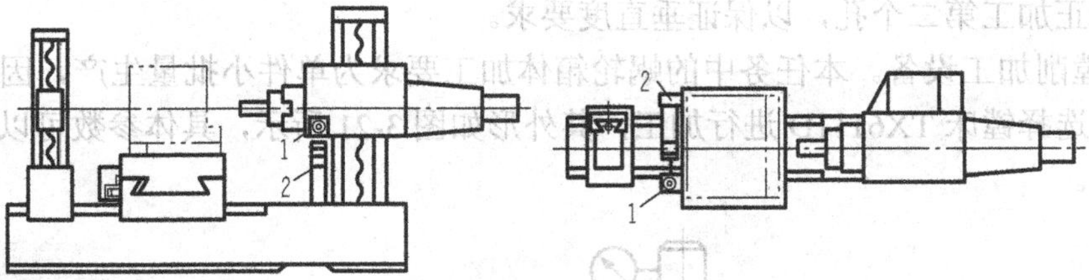

1—百分表；2—量规。

图 3-17　在卧式铣镗床上用坐标法加工孔系

a．利用已加工孔作支承导向；

b．利用镗床后立柱上的导向支承镗孔；

c．采用调头镗。

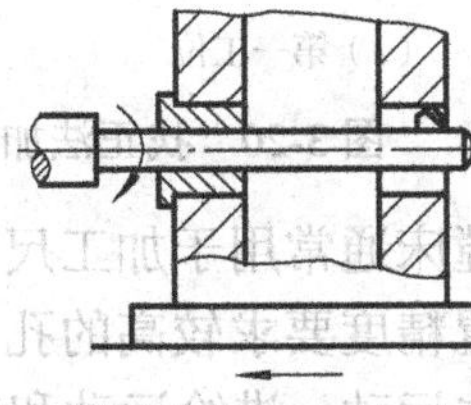

图 3-18　利用已加工孔作支承导向的方法

利用已加工孔作支承导向的方法如图 3-18 所示，当箱体前壁上的孔加工好后，在孔内装一导向套，通过导向套支承镗杆加工后壁的孔，以保证两孔的同轴度要求。此方法对于加工箱壁距离较近的同轴孔比较合适，但需配制一些专用的导向套。

当箱体箱壁上的同轴孔相距较远时，采用调头镗较为合适。调头镗时工件的校正如图 3-19 所示，加工时，工件一次装夹完，镗好一端的孔后，将镗床工作台回转 180° 再镗另一端的孔。由于普通镗床工作台回转精度较低，故此法加工精度不高。而第二种方法的镗杆系两端支承，刚性好，但此法调整麻烦，镗杆要长，很笨重，故只适用于大型箱体的加工。

以上 3 种保证孔系同轴度的方法主要适用于单件小批量生产，在大批量生产中广泛使用组合机床和自动线加工，不但生产率高，而且成本降低、产品质量稳定。

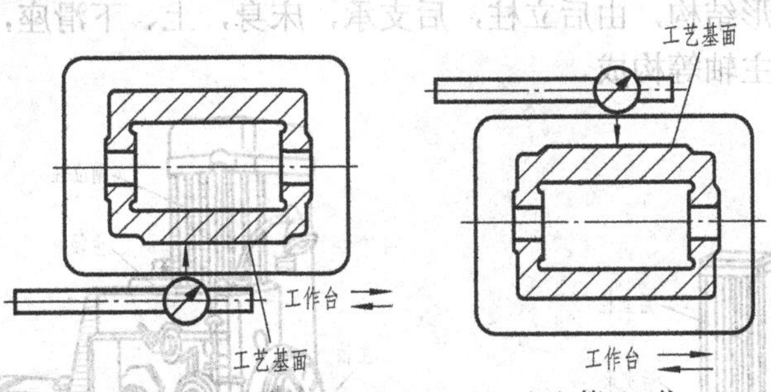

（a）第一工位　　（b）第二工位

图 3-19　调头镗时工件的校正

③ 交叉孔系的加工。交叉孔系的加工主要技术要求是控制相关孔的垂直度误差，垂直度误差主要由镗模保证。单件小批量生产时，一般依靠普通镗床工作台上的 90° 对准装置来保证垂直度。该装置是挡块结构，对准精度低，所以还要借助找正法来加工。例如，用心棒与百分表找正来帮助提高其定位精度，即在加工好的孔中插入心棒，工作台转位 90°，用百分表找正。如图 3-20（a）所示，第一工位就是在已经加工好的孔中插入心棒，然后将工作台旋转 90°，如图 3-20（b）中第二工位所示，移动工作台，用

百分表找正加工第二个孔，以保证垂直度要求。

3）镗削加工设备。本任务中的蜗轮箱体加工要求为单件小批量生产，因此采用通用机床，选择镗床 TX6111D 进行加工，其外形如图 3-21 所示，具体参数可以上网查阅相关资料。

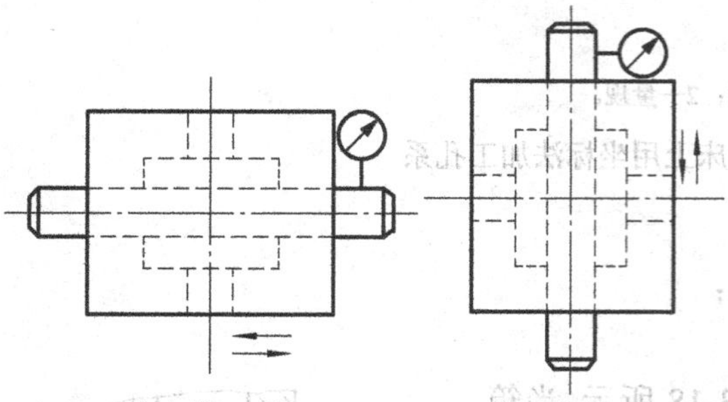

图 3-20 找正法加工交叉孔系

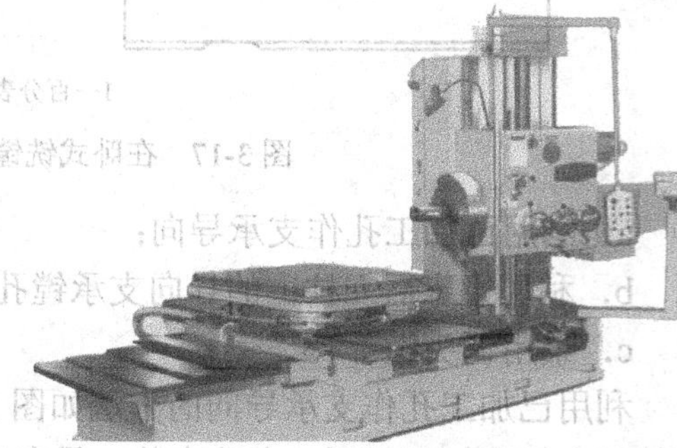

图 3-21 镗床 TX6111D 的外形

镗床通常用于加工尺寸较大、精度要求较高的孔，特别是分布在不同表面上、孔距和位置精度要求较高的孔，如各种箱体、汽车发动机缸体等零件上的孔。镗床的运动主要有主运动、进给运动和辅助运动。镗床类型一般可以分为卧式镗床、立式镗床和金刚镗床等。

① 卧式镗床。卧式镗床是应用较多、性能较好的一种镗床，适用于单件小批量生产和修理车间，尤其适合大型、复杂箱体类零件的孔加工。因为这些零件孔的精度、孔间距精度、孔的轴心线之间的同轴度、垂直度及平行度等都有严格要求，如果在钻床上加工将难以保证精度。卧式镗床除镗孔以外，还可车端面、铣平面、车外圆、车螺纹等。因此，一般情况下，零件可在一次装夹中完成大部分甚至全部的加工工序。图 3-22 所示为卧式镗床的外形结构，由后立柱，后支承，床身，上、下滑座，工作台，前立柱，主轴箱，平旋盘和主轴等构成。

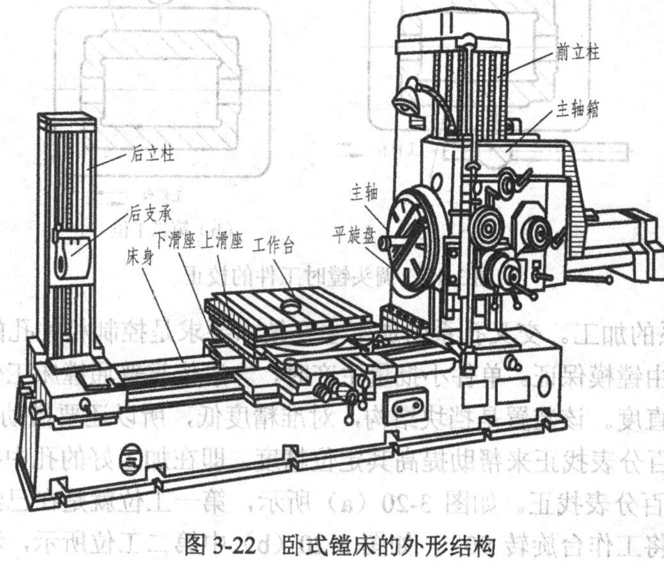

图 3-22 卧式镗床的外形结构

② 立式镗床。立式镗床可以加工各种具有复杂轮廓表面、型腔的工件，可进行铣、镗、钻削等加工，还具有仿形功能，可仿形加工更为复杂的工件。立式镗床广泛应用于各种机械制造业，特别适用于模具制造行业。但立式镗床的工作台和床身之间层次多，削弱了刚度，主轴箱悬臂安装，当机床尺寸较大时，给保证加工精度增加了困难。因此，此种布局形式多为中、小型镗床采用。图 3-23 所示为立式镗床的外形结构，由床身、床鞍、工作台、主轴箱、立柱等构成。

③ 金刚镗床。金刚镗床也称为精镗床。金刚镗床因以前常采用金刚石刀具而得名，现在则多用硬质合金刀具，具有很高的切削速度、极小的吃刀量和进给量，以便对工件孔进行精细镗削，可获得极高的尺寸精度和很小的表面粗糙度，主要用于批量加工连杆、活塞、液压泵壳体、气缸套等重要零件的精密孔。金刚镗床的外形结构如图 3-24 所示，它的主轴箱固定在床身上，主轴高速旋转带动镗刀做主运动。工件通过夹具装夹在工作台上，工作台沿床身导轨做平稳的低速纵向移动，以实现进给运动。工作台一般为液压驱动，可实现半自动循环。

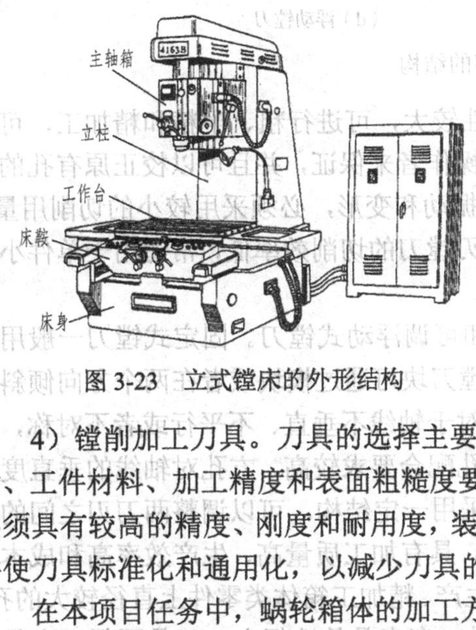

图 3-23 立式镗床的外形结构

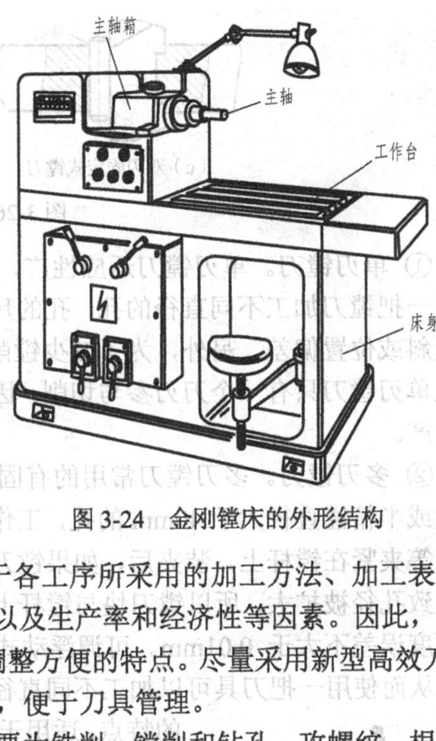

图 3-24 金刚镗床的外形结构

4）镗削加工刀具。刀具的选择主要取决于各工序所采用的加工方法、加工表面尺寸、工件材料、加工精度和表面粗糙度要求，以及生产率和经济性等因素。因此，刀具必须具有较高的精度、刚度和耐用度，装夹、调整方便的特点。尽量采用新型高效刀具，并使刀具标准化和通用化，以减少刀具的种类，便于刀具管理。

在本项目任务中，蜗轮箱体的加工方法主要为铣削、镗削和钻孔、攻螺纹，根据任务要求，刀具选用铣刀、镗刀、钻头和丝锥，刀具的外形如图 3-25 所示。在镗刀的选用上，粗镗可以选用多刃镗刀，提高加工效率；精镗采用单刃镗刀，保证表面粗糙度要求。螺纹孔的钻孔和攻螺纹选择对应尺寸的钻头和机用丝锥即可。

本项目仅针对镗刀进行介绍。

镗刀是在车床、镗床、自动机床及组合机床上使用的孔加工刀具。镗刀种类很多，按切削刃数量可分为单刃镗刀和多刃镗刀，多刃镗刀又分为固定式镗刀和可调浮动式镗刀，它们的结构如图 3-26 所示。

（a）铣刀 （b）镗刀 （c）钻头 （d）丝锥

图 3-25 刀具的外形

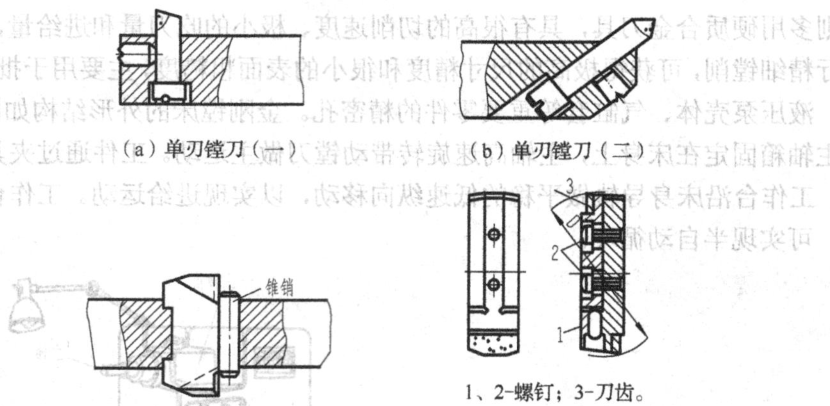

（a）单刃镗刀（一） （b）单刃镗刀（二）

（c）双刃固定式镗刀

1、2-螺钉；3-刀齿。

（d）浮动镗刀

图 3-26 镗刀的结构

① 单刃镗刀。单刃镗刀适应性广，灵活性较大，可进行粗、半精和精加工，可以使用一把镗刀加工不同直径的孔，孔的尺寸由操作者来保证，并且可以校正原有孔的轴线歪斜或位置偏差。另外，为了减少镗削时的振动和变形，必须采用较小的切削用量，并且单刃镗刀只有一个刀刃参与切削，因此单刃镗刀的切削效率低，常适用于单件小批量生产。

② 多刃镗刀。多刃镗刀常用的有固定式和可调浮动式镗刀。固定式镗刀一般用于粗镗或半精镗直径大于 40mm 的孔，工作时，镗刀块可通过楔块或者在两个方向倾斜的螺钉等夹紧在镗杆上。装夹后，如果镗刀块相对于轴线不垂直、不平行或者不对称，都会导致孔径被扩大，所以镗刀块与镗杆上的方孔配合要求较高，方孔对轴线的垂直度与对称度误差不大于 0.01mm。可调浮动式镗刀采用一定结构，可以调整两刀刃之间的距离，从而使用一把刀具可以加工不同直径的孔，具有加工质量高、生产效率高和成本高的特点，适用于批量生产、精加工箱体类零件上直径较大的孔。

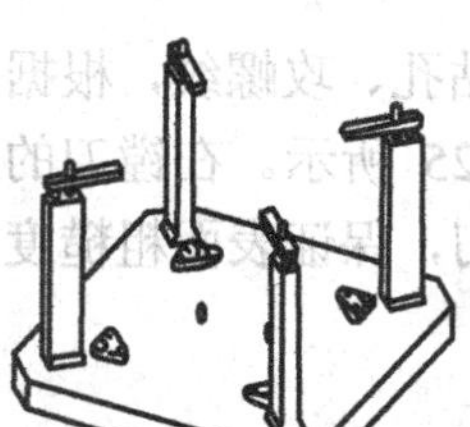

图 3-27 镗孔专用夹具的外形

5）镗削加工夹具。在夹具的选择上，一是要保证夹具的坐标方向与机床的坐标方向相对固定；二是要能协调零件与机床坐标系的尺寸。在大批量生产时应该考虑使用专用夹具，小批量生产时应尽量选择通用夹具。

本项目任务中蜗轮箱体的加工为单件小批量生产，镗床上可使用镗孔专用夹具，其外形如图 3-27 所示。需要注意的是，针对不同零件的镗孔专用夹具，其外形结构有一定的区别。

（2）铣削加工

铣床是铣削加工用设备，铣削是以旋转的铣刀做主运动，工件或铣刀做进给运动，在铣床上进行切削加工的过程。铣床的类型有很多，比较常见的有卧式铣床、立式铣床、龙门铣床等。

1）卧式铣床。卧式铣床的外形结构如图 3-28 所示，其主轴与工作台平行，呈水平位置，可用各种圆柱铣刀、圆片铣刀、角度铣刀、成型铣刀和端面铣刀加工各种平面、斜面、沟槽等。

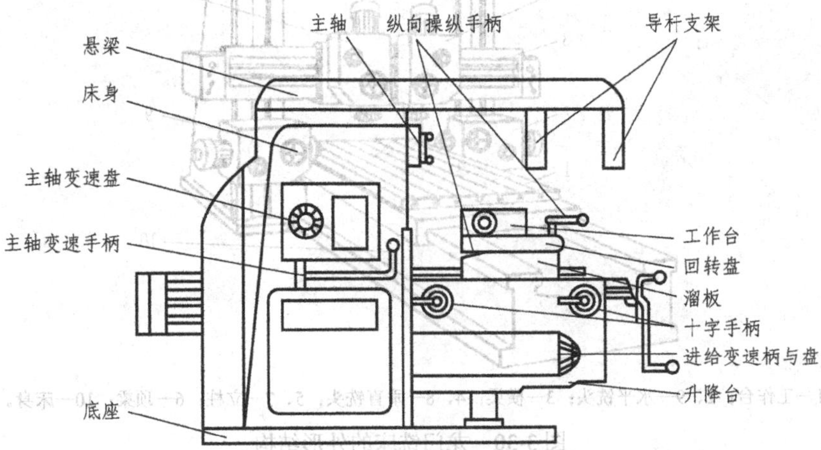

图 3-28　卧式铣床的外形结构

2）立式铣床。立式铣床的外形结构如图 3-29 所示。立式铣床与卧式铣床相比较，主要区别是主轴垂直布置，除了主轴布置不同以外，工作台可以上下升降，立式铣床用的铣刀相对灵活一些，适用范围较广。可使用立铣刀、机夹刀盘、钻头等进行铣键槽、铣平面、镗孔等。

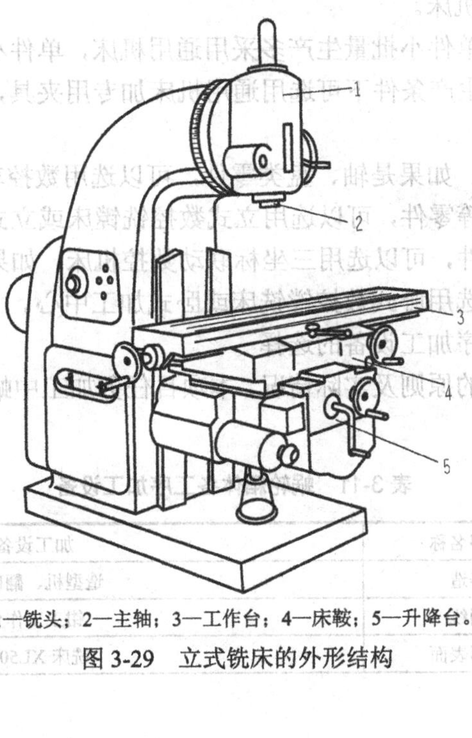

1—铣头；2—主轴；3—工作台；4—床鞍；5—升降台。

图 3-29　立式铣床的外形结构

3）龙门铣床。龙门铣床的外形结构如图 3-30 所示，它是具有门式框架和卧式长床身的铣床。龙门铣床上可以用多把铣刀同时加工表面，加工精度和生产效率都比较高，适用于在成批和大量生产中加工大型工件的平面和斜面。数控龙门铣床还可加工空间曲面和一些特型零件。

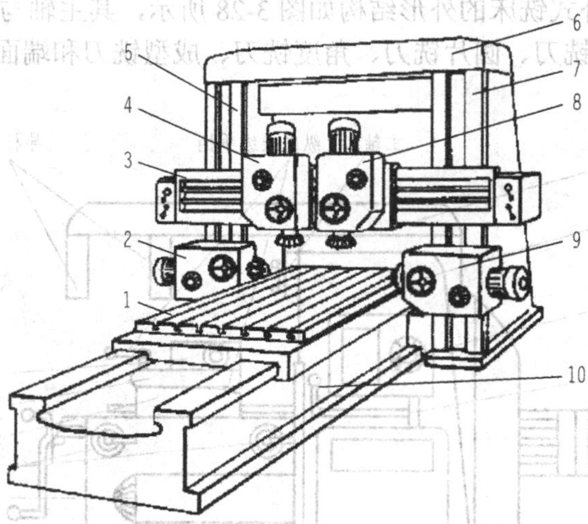

1—工作台；2、9—水平铣头；3—横梁；4、8—垂直铣头；5、7—立柱；6—顶梁；10—床身。

图 3-30　龙门铣床的外形结构

2. 蜗轮箱体加工设备的选择

（1）选择原则

在加工设备的选择上，应当根据零件的形状、尺寸、加工数量、生产类型及各项技术要求来合理选用数控机床。

在生产类型方面，单件小批量生产多采用通用机床，单件小批量高精度加工时，可选用加工中心；在大批生产条件下可选用通用机床加专用夹具，也可选用高效的专用设备和组合机床。

在零件的类型方面，如果是轴、盘类零件，可以选用数控车床；如果是各种箱体、盖板、壳体和平面凸轮等零件，可以选用立式数控铣镗床或立式加工中心；如果是复杂曲面、叶轮和模具等零件，可以选用三坐标联动数控机床；如果是复杂的箱体零件、泵体、阀体和壳体，可以选用卧式数控镗铣床或卧式加工中心。

（2）蜗轮箱体各工序加工设备的选择

根据加工设备选择的原则及实际情况，本项目任务加工中蜗轮箱体各工序的加工设备如表 3-11 所示。

表 3-11　蜗轮箱体各工序加工设备

工序号	工序名称	加工设备
1	铸造	造型机、翻砂机
2	划线	钳工工作台
3	铣削表面	铣床 XL5036

续表

工序号	工序名称	加工设备
4	镗孔	镗床 TX6111D
5	钻孔	钻床 Z3025
6	攻螺纹	钻床 Z3025

3. 蜗轮箱体零件的检验及量具选择

（1）箱体零件的检验

箱体类零件的检验项目主要为各加工表面的表面粗糙度及外观、孔距精度、孔与平面的尺寸精度及形状精度、孔系的位置精度，例如，孔轴线的同轴度、平行度、垂直度，孔轴线与平面的平行度、垂直度等项目的检验。

1）表面粗糙度及外观检验。表面粗糙度是指加工表面所具有较小间距和微小峰谷的一种微观几何形状误差。它是在机械加工过程中，由于刀具或砂轮切削后留下的刀痕、切屑分离时的塑性变形、工艺系统的高频振动及刀具和被加工表面摩擦等原因所产生的。表面粗糙度的测量方法有很多，常见的是比较法，即将被测表面与表面粗糙度标准样块相比较来判断工件表面粗糙度是否合格的检验方法。标准样块如图 3-31 所示，还可以用专用测量仪检测。

外观检查只需根据工艺规程检查完工的情况及加工表面有无缺陷即可。

2）孔的尺寸精度检验。孔的尺寸精度一般采用塞规检验，也可用内径千分尺和内径千分表等进行检验；若精度要求很高，也可用气动量仪检验。其中，塞规是没有刻度的专用检验工具，如图 3-32 所示，用来检验采用包容要求时的孔轴零件，它只能确定零件的合格与否，即它只能确定零件是否在规定的极限尺寸范围之内。一般塞规上有通规和止规，通规是按工件的最大实体尺寸制造的量规，止规是按工件的最小实体尺寸制造的量规，合格的孔应该是通规进，止规不进。

图 3-31 粗糙度标准样块

图 3-32 塞规的外形

内径千分尺的外形如图 3-33 所示，其读数方法与外径百分尺相同，内径千分尺主要用于测量孔径较大的孔，为适应不同孔径尺寸的测量，可以接上长杆。内径千分尺上没有测力装置，测量压力的大小完全靠手中的感觉。测量时，把它调整到所测量的尺寸后，轻轻放入孔内试测其接触的松紧程度是否合适，一端不动，另一端做左、右、前、后摆动。

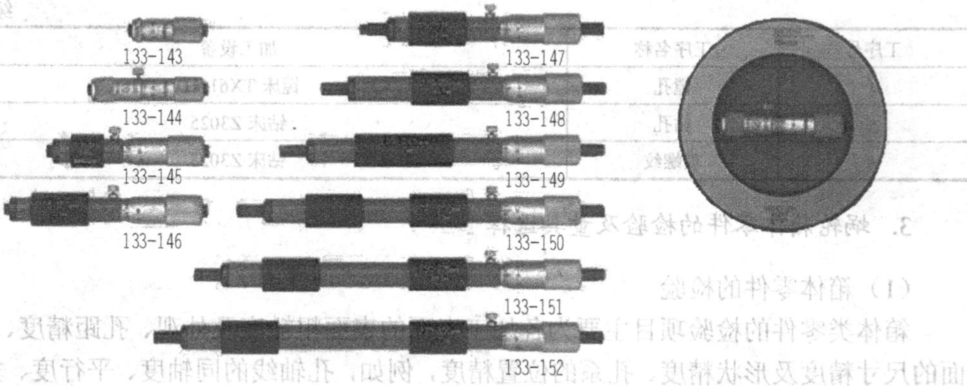

图 3-33　内径千分尺的外形

3）平面的直线度、平面度检验。直线度的测量方法主要有直尺法、准直法和重力法等。

直尺法常用直尺、平尺等以光隙法和指示表法等进行测量，平尺的外形如图 3-34 所示。直尺法是以石英直尺、平尺的测量面作为已知平面与被测直线比较，通过电学式长度传感器或测高仪或者量表记录被测直线与基准的比较值来测量检验直线度。

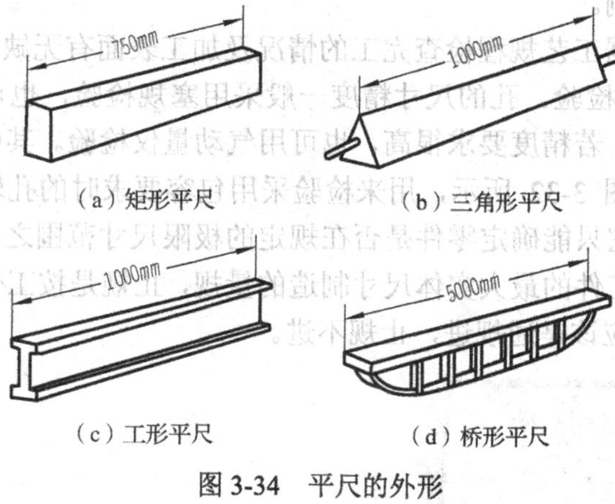

（a）矩形平尺　（b）三角形平尺

（c）工形平尺　（d）桥形平尺

图 3-34　平尺的外形

光学自准直法则是用自准直仪测量，自准直仪的外形如图 3-35 所示，测量时将被测全长分成若干段，测出各段的倾斜角，通过作图或计算来求出直线度。

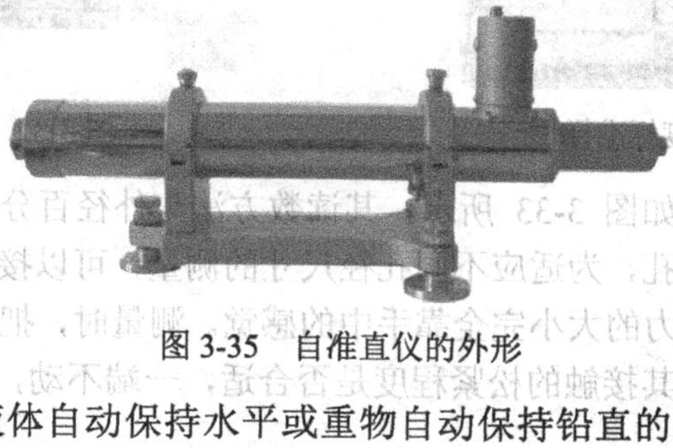

图 3-35　自准直仪的外形

重力法则是利用液体自动保持水平或重物自动保持铅直的重力现象来测量检验直线度。

平面的平面度可用水平仪与桥板检验或标准平板涂色检验水平仪。条式水平仪的外形如图 3-36 所示。

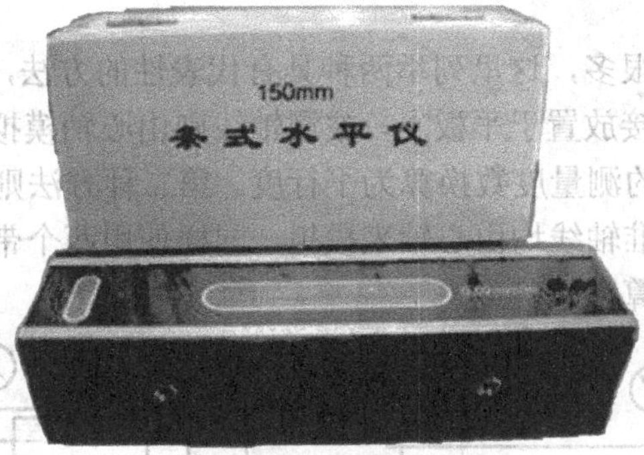

图 3-36　条式水平仪的外形

4）孔系同轴度的检验。同轴度是表示零件上被测轴线相对于基准轴线保持在同一直线上的状况。在箱体的加工上，单件小批量加工且对同轴度要求不高时可以选择直接在镗床的镗杆装磁力表座和千分表，简单测量、检验孔系的同轴度。

测量同轴度的方法还有光学准直测量、检验棒与检验套或者百分表配合检验。光学准直法测量同轴度示意图如图 3-37 所示，一般大型孔系零件的同轴度通常采用准直望远镜、自准直仪等仪器，连同根据孔径自制的目标靶来测量孔系同轴度。

另外，也有使用检验棒与检验套或者百分表的方法，其原理图如图 3-38 所示，检验棒与检验套和检验棒与百分表检验同轴度原理类似，前者看检验棒能否正常通过检验套检验同轴度，后者将检验棒旋转配合百分表检验同轴度。

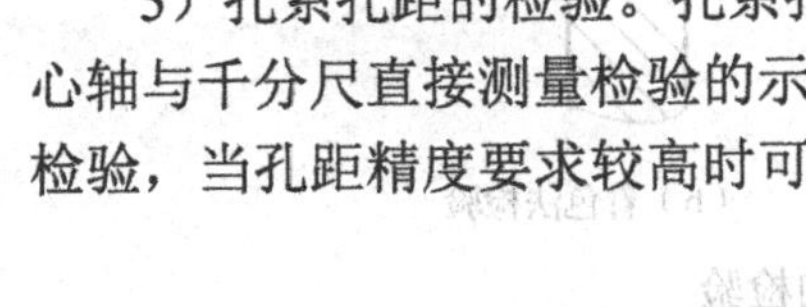

图 3-37　光学准直法检验同轴度

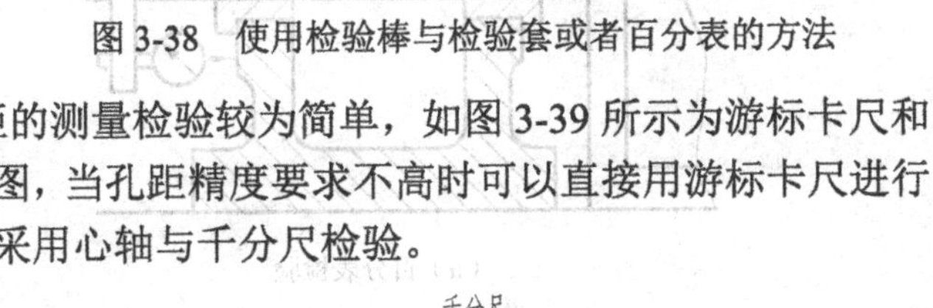

（a）用检验棒与检验套检验同轴度　（b）用检验棒与百分表检验同轴度

图 3-38　使用检验棒与检验套或者百分表的方法

5）孔系孔距的检验。孔系孔距的测量检验较为简单，如图 3-39 所示为游标卡尺和心轴与千分尺直接测量检验的示意图，当孔距精度要求不高时可以直接用游标卡尺进行检验，当孔距精度要求较高时可以采用心轴与千分尺检验。

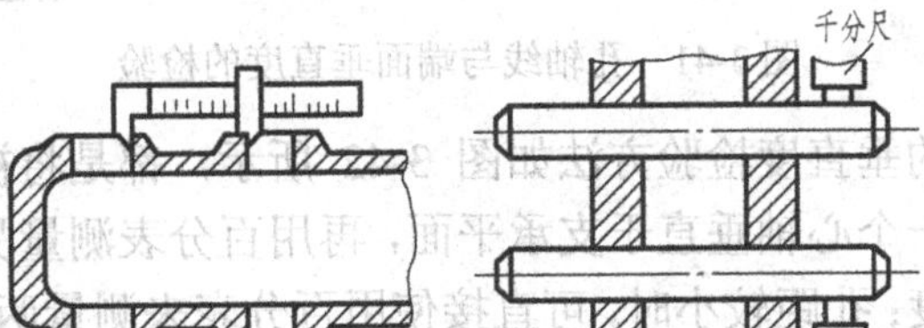

（a）游标卡尺检验　（b）心轴与千分尺检验

图 3-39　孔距的检验

6）孔系平行度的检验。孔系平行度常用的检测原则是与拟合要素比较的原则，将被测提取要素与拟合要素比较，也就是将测量值和允许误差值比较，大多数几何误差检测都是应用的此原则。

平行度的检测方法很多，这里列举两种具有代表性的方法，如图 3-40 所示。第一种方法是将被测零件直接放置于平板上，被测轴线则由心轴模拟，使用两个带指示计的测量架，将两个位置上的测量度数换算为平行度。第二种方法则是将被测零件放在等高支承上，被测轴线和基准轴线均由心轴来模拟，同样使用两个带指示计的测量架，将两个位置上的测量度数换算为平行度。

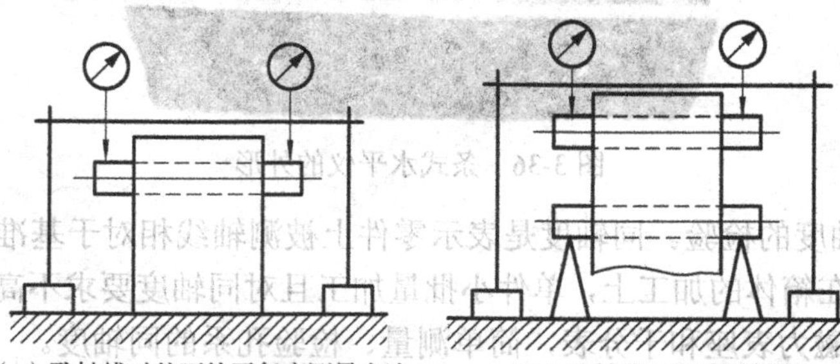

（a）孔轴线对基面的平行度测量方法　（b）孔轴线之间的平行度

图 3-40　平行度的检测

7）孔轴线与端面、孔轴线与孔轴线垂直度的检验。孔轴线与端面垂直度的检验方法常用百分表法和着色法检验，如图 3-41 所示。

百分表测量法是将被测轴线由测量心轴模拟，旋转测量心轴，以心轴上两个百分表的测量度数为依据测量垂直度。

着色法检验垂直度是将带有检验圆盘的测量心棒插入孔内，通过着色来检验圆盘和端面的接触情况，以此检验孔轴线与端面的垂直度。

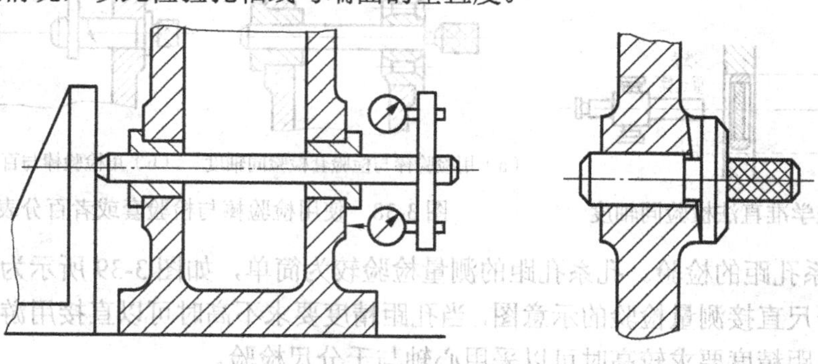

（a）百分表检验　（b）着色法检验

图 3-41　孔轴线与端面垂直度的检验

孔轴线与孔轴线的垂直度检验方法如图 3-42 所示，都是将被测轴线由心轴模拟；孔距较大时保证其中一个心轴垂直于支承平面，再用百分表测量另一个心轴是否水平来检验两孔轴线的垂直度；孔距较小时，可直接使用百分表来测量两个心轴之间的垂直度。

（2）量具的选择

量具的选择直接关乎测量的精度，因此在选用量具时应考虑以下因素：

1）根据被测工件的结构和精度要求等因素来选择。例如，工件的大小、结构形式、刚性、表面粗糙度和公差大小等因素是选用量具时应该考虑的因素。

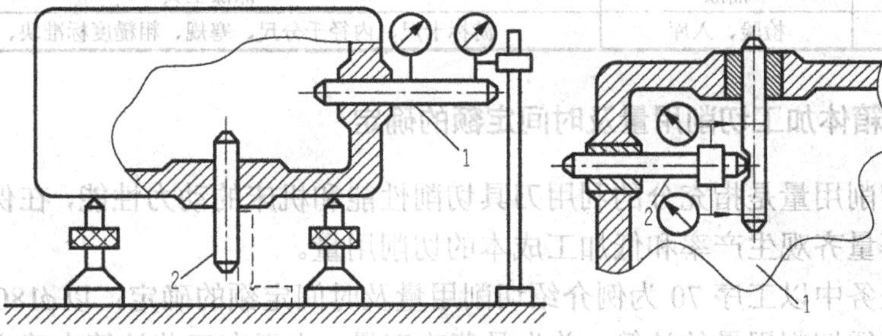

1、2—心轴。

图 3-42 孔轴线与孔轴线垂直度的检验

2）根据工件的加工方法、产量及经济性来选用。一般情况下对于单件小批量生产，应尽可能选择通用量具；对于成批生产，应选用专用量具；对于大批量生产，应选用高效率、半自动或自动化的专业量具。

3）量具的选择应与零件的精度相适应，选用精度过高或过低的量具都是不合理的；精度方面选择量具的主要依据是量具的极限误差、读数精度和示值误差指标等，原则是零件的测量极限误差要小于或等于被测允许的极限误差。

根据本项目任务的精度要求及生产类型，量具主要为游标卡尺、千分尺、塞规和水平仪等，其中游标卡尺和千分尺如图 3-43 所示。

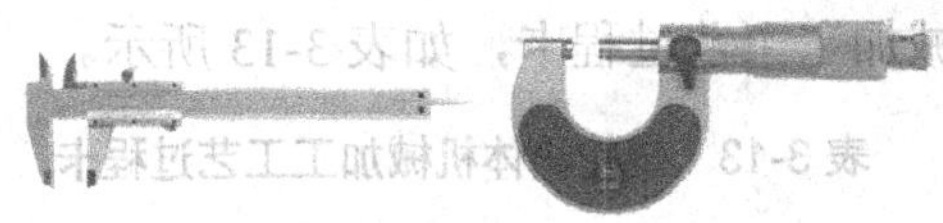

（a）游标卡尺　　（b）千分尺

图 3-43 游标卡尺和千分尺

4. 蜗轮箱体加工工艺装备的选择

根据工艺装备选择的原则及实际情况，本项目任务中所选择的蜗轮箱体加工工艺装备如表 3-12 所示。

表 3-12 蜗轮箱体加工工艺装备

工序号	工序名称	工艺装备
1	铸造	
2	清砂	气铲、刷子等
3	时效处理	
4	涂漆	涂漆工具
5	划线	钳工工具
6	铣削表面	平口钳、游标卡尺、立铣刀
7	镗孔	镗孔夹具、内径千分尺
8	钻孔	钻头、游标卡尺
9	攻螺纹	M6、M8、M16 丝锥

续表

工序号	工序名称	工艺装备
10	油漆	涂漆工具
11	检验、入库	游标卡尺、内径千分尺、塞规、粗糙度标准块、水平仪

任务 7　蜗轮箱体加工切削用量及时间定额的确定

合理的切削用量是指充分的利用刀具切削性能和机床的动力性能，在保证质量的前提下，获得等量齐观生产率和低加工成本的切削用量。

本项目任务中以工序 70 为例介绍切削用量及时间定额的确定：以ϕ180 轴承孔的粗镗加工为例介绍切削用量的计算。首先是背吃刀量，由于在工艺计算中确定了粗镗的余量为 10.7mm，粗镗可以一次走刀加工完成，因此这里的背吃刀量为 10.7/2=5.35mm；然后是进给量的选择，查《机械制造工艺设计简明手册》卧式铣镗床主轴进给量，选取 f=0.52mm/r；最后是切削速度，查表选取 v=50m/min，由 n=1000v/（πd）选取主轴转速 n=115r/min，可求得该工步的实际镗削速度为 v=$n\pi d$/1000=60.30m/min。至此ϕ180 轴承孔粗镗的切削用量确定完毕，其他工序的切削用量可以以此类推进行选取。

在时间定额的计算上，应结合工厂的实际生产条件、生产技术水平等因素综合考虑，此处不再进行举例说明。

任务 8　蜗轮箱体加工工艺文件的编写

蜗轮箱体的加工虽然采用工序集中，但各工序并不复杂，因此，该零件工艺卡片只需编写机械加工工艺过程卡，如表 3-13 所示。

3.8

表 3-13　蜗轮箱体机械加工工艺过程卡

企业名称	机械加工工艺过程卡		产品型号		零件图号	1		
			产品名称	箱体	零件名称	蜗轮减速器箱体	共 页	第 页
材料牌号	HT200	毛坯种类 铸件	毛坯外形尺寸	303×227.5×147	每件毛坯可制件数 1	每台件数 1	备注	
工序号	工序名称	工序内容	车间	工段	设备	工艺装备	工时 准终	工时 单件
00	铸造	铸造毛坯 303×227.5×147	机加					
05	人工时效	消除残余应力	热加工		热处理炉			
10	油漆	喷涂底漆	机加					
15	划线	划线找正	机加					
20	粗铣	粗铣下端面	机加		铣床 XL5036	铣刀、组合夹具、游标卡尺		
25	粗铣	翻转后粗铣上端面	机加		铣床 XL5036	铣刀、组合夹具、游标卡尺		
30	粗铣	粗铣右端面	机加		铣床 XL5036	铣刀、组合夹具、游标卡尺		

续表

工序号	工序名称	工序内容	车间	工段	设备	工艺装备	工时	
							准终	单件
35	粗铣	翻转后粗铣左端面	机加		铣床 XL5036	铣刀、组合夹具、游标卡尺		
40	半精铣	半精铣左端面	机加		铣床 XL5036	铣刀、组合夹具、游标卡尺		
45	半精铣	翻转后半精铣右端面	机加		铣床 XL5036	铣刀、组合夹具、游标卡尺		
50	粗铣	粗铣前端面	机加		铣床 XL5036	铣刀、组合夹具、游标卡尺		
55	粗铣	翻转后粗铣后端面	机加		铣床 XL5036	铣刀、组合夹具、游标卡尺		
60	半精铣	半精铣后端面	机加		铣床 XL5036	铣刀、组合夹具、游标卡尺		
65	半精铣	翻转后半精铣前端面	机加		铣床 XL5036	铣刀、组合夹具、游标卡尺		
70	粗镗	粗镗ϕ180 孔至ϕ178.7	机加		镗床 TX6111D	铣刀、组合夹具、内径千分尺		
75	半精镗	半精镗ϕ180 孔至ϕ179.7	机加		镗床 TX6111D	铣刀、组合夹具、内径千分尺		
80	精镗	精镗ϕ180 孔至ϕ180	机加		镗床 TX6111D	铣刀、组合夹具、内径千分尺		
85	粗镗	粗镗ϕ90 孔至ϕ88.7	机加		镗床 TX6111D	铣刀、组合夹具、内径千分尺		
90	半精镗	半精镗ϕ90 孔至ϕ89.7	机加		镗床 TX6111D	铣刀、组合夹具、内径千分尺		
95	精镗	精镗ϕ90 孔至ϕ90	机加		镗床 TX6111D	铣刀、组合夹具、内径千分尺		
100	钻孔	钻 M6、M8、M16 孔	机加		钻床 Z3025	钻头、组合夹具、内径千分尺		
105	攻螺纹	M6、M8、M16 孔攻螺纹	机加		钻床 Z3025	丝锥、组合夹具		
110	喷漆	油漆不加工表面	机加					
115	检验	检验						

										设计日期	审核日期	标准化日期	会签日期
标记	处数	更改文字编号	签字	日期	标记	处数	更改文字编号	签字	日期				

箱体类零件加工工艺编制要点分析

1. 加工工艺编制分析

一般而言，箱体结构较为复杂，含有多种孔类结构，加工工艺难度较大、精度要求较高。对于减速器等箱体零件而言，同轴度、定位孔精度、相邻定位孔相互位置精度等标准的要求都比较严格。如果相互位置的精准度比较低，则会直接影响齿轮咬合的情况，导致齿轮受力不均匀，甚至影响齿轮的使用寿命。如果同轴度精度未达到标准要求，则在整机装配过程中会出现空隙较大或齿轮装配不上等问题，较低的装配精度也会影响齿轮的运转，降低机器工作精度和缩短使用寿命。

在箱体的孔系加工中，如果为小批量单件生产，应在镗床上严格按照划线找正孔的位置。为了进一步提高精准度，可选择试镗法，但这种方法测量、找正的耗时长，生产效率较低。通常可选择样板找正法进行粗加工，按照样板找正法找正镗杆位置，先加工完一侧孔，再按照相同步骤加工另一侧孔。

如果为大量、成批加工生产，箱体孔系选择镗模方式，孔距精准度与镗模精准度有直接关系。在小批量生产过程中，为了全面提升精度，也可选择镗模方式进行加工。在部分生产中，小批量单件生产也可选择坐标法加工工艺，如果对孔距要求比较严格，则可选择精密坐标镗床。

2. 箱体类零件的绿色生产分析

绿色制造工艺作为机械加工制造的核心，不仅可以实现对制造成本的有效控制，而且还能降低资源消耗，减少环境污染。绿色制造工艺主要包括节约资源型工艺、节省能源型工艺及环保型工艺3种。对于箱体类零件的绿色化生产而言，可以从以下方面予以考虑：

第一，对于大批量生产的箱体，应尽可能减少切削加工量，节约材料。

第二，在选择切削液时，应尽可能选择不破坏自然生态环境且经济成本相对较低的材料，并保证实际应用过程中的效果，以减少自然环境污染的问题，最大程度上避免排放废液。

绿色机械加工技术的发展趋势为节能化、高效化、环保化及高收益化，应用绿色机械加工技术能够在很大程度上加强机械加工的整体质量，降低对自然环境的污染问题，对于全社会的进步与持续发展有着相当重要的作用。

习　题

一、填空题

1. 箱体上一系列有位置精度要求的孔的组合，称为________。

2. 孔系可分为________、________和________。

3. 保证平行孔系孔距精度的方法有________、________和________。

4. 单件小批量生产时，主轴箱加工一般选________作为精基准；而大批量生产时，则选________作为精基准。

5. 保证平行孔系孔距精度的方法之一为找正法，根据找正方法的不同，找正法又可分为________、________和________。

二、单项选择题

1. 加工箱体类零件时常选用一面两孔作定位基准，这种方法一般符合（　　）。

A．基准重合原则　　B．基准统一原则
C．互为基准原则　　D．自为基准原则

2．铣床上用的平口钳属于（　　）。

A．通用夹具　　B．专用夹具　　C．组合夹具　　D．成组夹具

3．顺铣时，铣刀的寿命同逆铣相比（　　）。

A．降低　　B．提高　　C．相同　　D．都可能

4．铣削加工时，当大批量加工大中型或重型工件时宜选用（　　）。

A．升降台铣床　　B．无升降台铣床
C．龙门铣床　　D．万能工具铣床

5．采用镗模法加工箱体孔系，其加工精度主要取决于（　　）。

A．机床主轴回转精度　　B．机床导轨的直线度
C．镗模精度　　D．机床导轨的平面度

三、简答题

1．箱体类零件的结构特点是什么？
2．简述加工箱体类零件先面后孔的原因。
3．简述保证交叉孔系加工精度的方法及原理。
4．简述镗模法加工孔系的方法及原理。
5．如何检验孔系的同轴度和垂直度？
6．简述镗削加工的工艺特点。

四、综合题

加工如图 3-44 所示的某减速箱体，请进行加工工艺分析。

生产类型：小批量生产。材料牌号：HT200。毛坯种类：铸件。

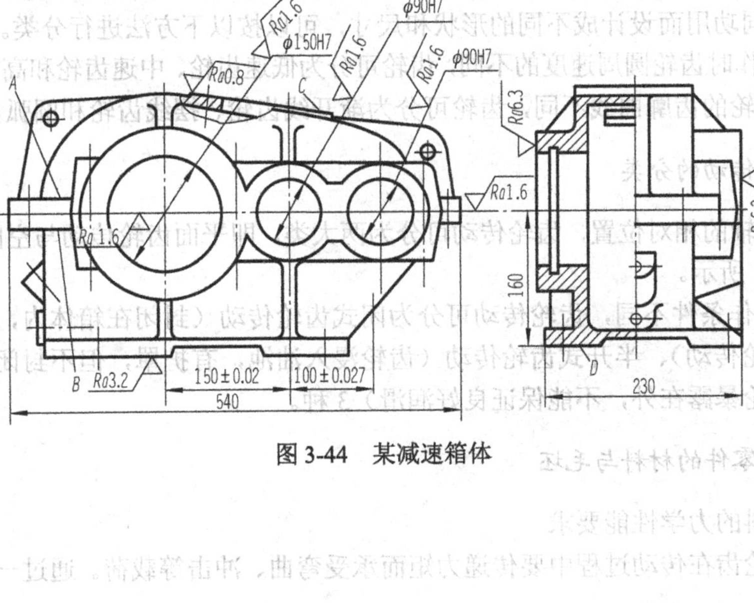

图 3-44　某减速箱体

项目4

齿轮类零件加工工艺

相关知识

齿轮由轮齿、齿槽、端面、法面、齿顶圆、齿根圆、基圆、分度圆等构成，是依靠齿的啮合来传递转矩的轮状机械零件。齿轮在机械结构中所起的作用主要是改变机构的转速与转矩、改变机构的运动方向及改变机构的运动形式，如图 4-1 所示。

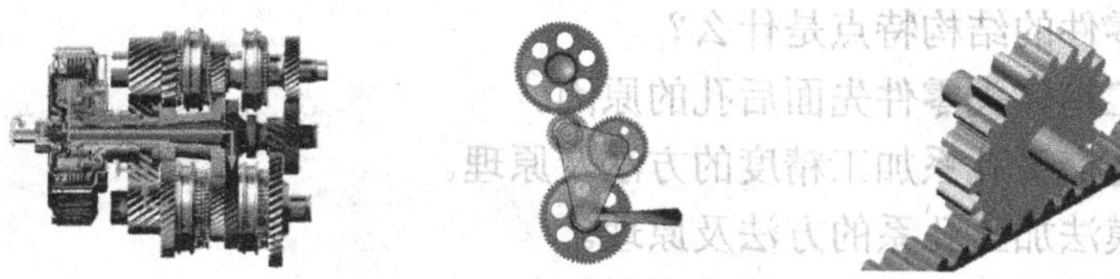

（a）改变机构的转速与转矩　（b）改变机构的运动方向　（c）改变机构的运动形式

图 4-1　齿轮的功用

1. 齿轮的分类

圆柱齿轮是机械传动中应用极为广泛的零件之一，广泛应用于机床、汽车、飞机、船舶、精密仪器等，因此，在机械制造中，齿轮生产占有极其重要的位置。齿轮根据在机器中的不同功用而设计成不同的形状和尺寸，可以按以下方法进行分类。

1）按工作时齿轮圆周速度的不同，齿轮可分为低速齿轮、中速齿轮和高速齿轮 3 种。

2）按齿轮的齿廓曲线不同，齿轮可分为渐开线齿轮、摆线齿轮和圆弧齿轮等几种。

2. 齿轮传动的分类

1）根据轴的相对位置，齿轮传动可分为两大类，即平面齿轮传动与空间齿轮传动，具体如图 4-2 所示。

2）按工作条件不同，齿轮传动可分为闭式齿轮传动（封闭在箱体内，并能保证良好润滑的齿轮传动）、半开式齿轮传动（齿轮浸入油池，有护罩，但不封闭）和开式齿轮传动（齿轮暴露在外，不能保证良好润滑）3 种。

3. 齿轮零件的材料与毛坯

（1）材料的力学性能要求

齿轮的轮齿在传动过程中要传递力矩而承受弯曲、冲击等载荷。通过一段时间的使用，轮齿还会发生齿面磨损、齿面点蚀、表面胶合和齿面塑性变形等情况而造成精度丧失，产生振动噪声等故障。齿轮的工作条件不同，轮齿的破坏形式也不同。选取齿轮材料时，除需考虑齿轮的工作条件外，还应考虑齿轮的结构形状、生产批量、制造成本和材料货源等因素。一般应满足几个基本要求：轮齿表面层要有足够的硬度和耐磨性，轮齿心部具有足够的韧性；对于承受交变载荷和冲击载荷的齿轮，基本要有足够的抗弯强度与韧性；要有良好的工艺性，即拥有良好的切削加工性能和热处理性能。常见齿轮材料的种类如下：

1）锻钢。钢材的韧性好，耐冲击，还可以通过热处理或化学热处理改善其力学性能及提高齿面硬度，故最适合用来制造齿轮。

2）铸钢。铸钢的耐磨性及强度均较好，但应经退火及正火处理，必要时也可进行调质。铸钢常用于尺寸较大的齿轮。

3）球墨铸铁。球墨铸铁具有较高的强度和一定的塑性和韧性，适合于制作开式齿轮，有较高的抗磨性；还可以用来制造某些对噪声控制要求较严的齿轮。

4）非金属材料。对于低速轻载及精度不高的齿轮传动，为了降低噪声，齿轮常用非金属材料（如夹布胶木、尼龙等）制造。

- 齿轮传动
  - 平面齿轮传动
    - 直齿圆柱齿轮传动（轮齿与轴平行）
      - 外啮合传动[图4-3（a）]
      - 内啮合传动[图4-3（b）]
      - 齿轮齿条传动[图4-3（c）]
    - 斜齿圆柱齿轮传动（轮齿与轴不平行）
      - 外啮合传动[图4-3（d）]
      - 内啮合传动
      - 齿轮齿条传动
    - 人字齿圆柱齿轮传动[图4-3（e）]（轮齿成人字形）
  - 空间齿轮传动
    - 传递相交轴运动（锥齿轮传动）
      - 直齿锥齿轮传动[图4-3（f）]
      - 斜齿锥齿轮传动[图4-3（g）]
      - 曲线锥齿轮传动[图4-3（h）]
    - 传递交错轴运动
      - 交错轴斜齿传动[图4-3（i）]
      - 蜗轮蜗杆传动[图4-3（j）]
      - 准双曲面齿传动[图4-3（k）]

图 4-2　齿轮传动的分类

齿轮应根据使用要求和工作条件选取合适的材料，普通齿轮选用中碳钢和中碳合金钢，如 40、45、40Cr、42SiMn 等；强度要求高的齿轮可选取 20Mn2B、20CrMnTi、20Cr 等低碳合金钢；对于低速轻载、开式传动的齿轮可选取 ZG270-500、ZG310-570 等铸钢或 QT400-18、QT700-2 等球墨铸铁；非传力齿轮可选取尼龙、夹布胶木或塑料等非金属材料。

（2）齿轮毛坯

1）毛坯种类。齿轮零件的毛坯一般有棒料、锻件和铸件 3 种。其中，锻件多用于齿轮要求强度高、耐冲击和耐磨的场合中，其力学性能高于钢质棒料和铸件。尺寸较大的锻件因受设备限制，一般用自由锻；中、小型锻件可选模锻；形状复杂的钢质锻件不宜用自由锻。棒料用于小尺寸、结构简单且对强度要求不高的齿轮零件，当齿轮直径为 400（不含 400mm）～600mm 时，常用铸造方法铸造毛坯。图 4-4 所示为齿轮毛坯。

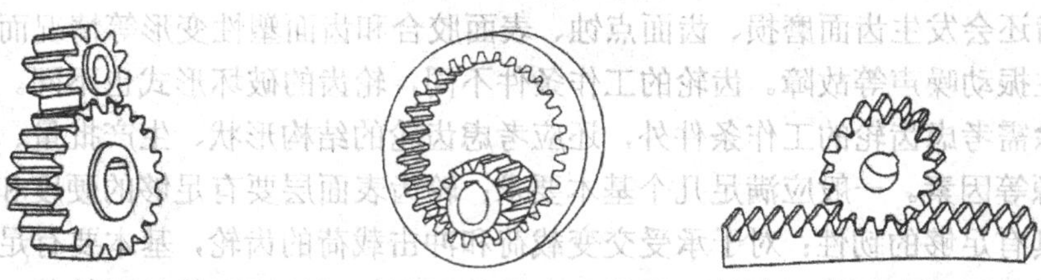

（a）直齿外啮合传动　（b）直齿内啮合传动　（c）齿轮齿条传动

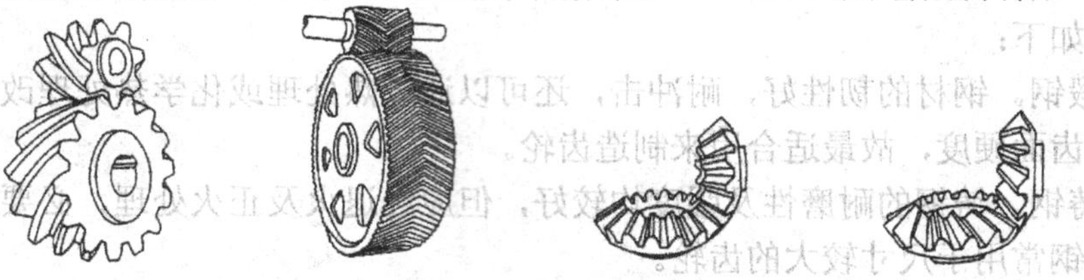

（d）斜齿外啮合传动　（e）人字齿圆柱齿轮传动　（f）直齿锥齿轮传动　（g）斜齿锥齿轮传动

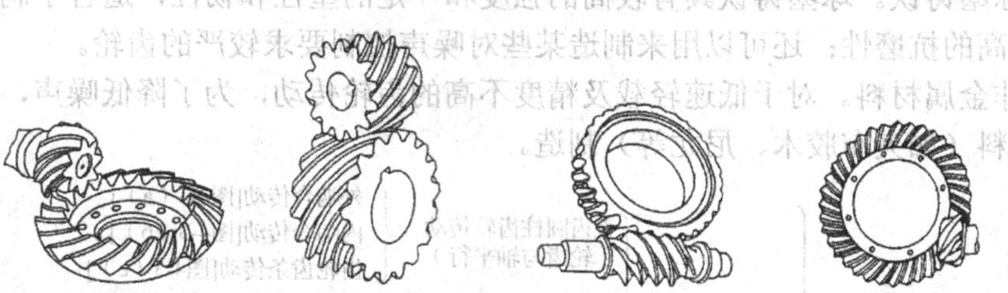

（h）曲线锥齿轮传动　（i）交错轴斜齿轮传动　（j）蜗轮蜗杆传动　（k）准双曲面齿传动

图 4-3　齿轮传动的分类图示

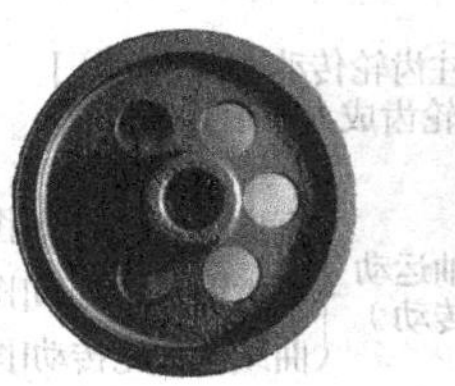

（a）锻造齿轮毛坯

（b）铸造齿轮毛坯

图 4-4　齿轮毛坯

2）齿坯加工。齿坯加工在齿轮的整个加工过程中占有重要的位置。齿轮的孔、端面或外圆常作为齿形加工的定位、测量和装配的基准，其加工精度对整个齿轮的精度有着重要的影响。另外，齿坯加工在齿轮加工总工时中占有较大的比例。

① 齿坯加工精度。齿轮在加工、检验和装夹时的基准（径向基准面和轴向基准面）应尽量前后保持一致。一般情况下，以齿轮孔和端面为齿形加工的基准面，所以齿坯精度主要是对齿轮孔的尺寸精度和形状精度、孔和端面的位置精度有较高的要求。当外圆作为测量基准或定位、找正基准时，对齿坯外圆也有较高的要求，具体如表 4-1 和表 4-2 所示。

表 4-1　齿坯尺寸和几何公差

齿坯精度等级	4	5	6	7	8	9	10
孔的尺寸和几何公差	IT4	IT5	IT6	IT7		IT8	
轴的尺寸和几何公差	IT4	IT5		IT6		IT7	
齿顶圆直径公差	IT7		IT8			IT9	

表 4-2　齿坯基准面径向和端面圆跳动公差　　单位：μm

分度圆直径 d/mm	精度等级						
	4	5	6	7	8	9	10
$d\leqslant125$	7	11		18		28	
$125<d\leqslant400$	9	14		22		36	
$400<d\leqslant800$	12	20		32		50	

② 齿坯加工方案。齿坯加工工艺方案主要取决于齿轮的轮体结构、技术要求和生产类型。齿坯加工的主要内容有齿坯的孔、端面，顶尖孔（轴类齿轮），以及齿圈外圆和端面的加工。对于轴类齿轮和套筒齿轮的齿坯，其加工过程和一般轴套类零件基本相同。以下主要讨论盘类齿轮毛坯加工工艺方案。

a. 单件小批生产的齿坯加工。一般齿坯的孔、端面及外圆的粗、精加工都在通用车床上经两次装夹完成，但必须注意将孔和基准端面的精加工在一次装夹内完成，以保证位置精度。

b. 成批生产的齿坯加工。成批生产齿坯时，经常采用“车—拉—车”的工艺方案。一般成批生产的齿坯，加工过程中以齿坯外圆或轮毂定位，粗车外圆、端面和内孔；以端面及内孔定位拉孔；以内孔定位精车外圆及端面等。

c. 大批量生产的齿坯加工。大批量生产，应采用高生产率的机床和高效专用夹具加工。在加工中等尺寸齿轮齿坯时，均多采用“钻—拉—多刀车”的工艺方案。加工过程中，以毛坯外圆及端面定位进行钻孔或扩孔。以端面及内孔定位拉孔。以内孔定位在多刀半自动车床上粗车/半精车/精车外圆、端面、槽等。

4. 齿轮的技术要求

（1）传动精度要求

齿轮本身的制造精度对整个机器的工作性能、承载能力及使用寿命都有很大的影响。根据其使用条件，齿轮传动应满足以下几个方面的要求：

1）传递运动准确性：要求齿轮能准确地传递运动，传动比要恒定，即要求齿轮在回转中，转角误差不能超过一定范围。

2）传递运动平稳性：要求齿轮传递运动平稳，冲击、振动和噪声要小。这就要求限制齿轮转动时的瞬时速比变化要小。

3）载荷分布均匀性：齿轮在传递动力时，为了不因载荷分布不均匀而导致接触应力过大，从而引起齿面过早磨损，要求齿轮工作时齿面接触要均匀，并保证有一定的接触面积和符合要求的接触位置。

4）传动齿侧间隙合理性：要求齿轮传动时，非工作齿面间留有一定间隙，以储存润滑油，补偿因温度、弹性变形所引起的尺寸变化和加工、装配时的一些误差。

齿轮的运动精度和齿侧间隙主要根据齿轮的用途和工作条件加以规定。对于分度传动用齿轮，主要要求其运动精度高，使得传递的运动准确可靠；对于高速动力传动用的齿轮，必须要求工作平稳，没有冲击和噪声；对于重载低速传动用的齿轮，则要求齿的接触精度要好，使啮合齿的接触面积大，不致引起齿面过早的磨损；对于换向传动机构，齿侧间隙应严格控制，必要时还须消除间隙。

在《圆柱齿轮　精度制　第 1 部分：齿轮同侧齿面偏差的定义和允许值》（GB/T

10095.1—2008）和《圆柱齿轮 精度制 第2部分：径向综合偏差与径向跳动的定义和允许值》（GB/T 10095.2—2008）国家标准中，对齿轮精度规定了13个等级，从0～12级顺次降低，其中0级是最高精度等级，12级是最低精度等级。0～2级是有待发展的精度等级，齿轮各项偏差的允许值很小，目前我国只有少数企业能制造和检测2级精度的齿轮；3～5级精度通常称为高精度；6～8级精度称为中等精度；9～12级精度称为低精度。

齿轮选择精度等级时，必须考虑齿轮的工作速度、传动功率、工作时间、工作环境和使用寿命等多方面，常用的机械齿轮精度等级如表4-3所示。

表4-3 常用的机械齿轮精度等级

常用的机械齿轮应用范围	精度等级	常用的机械齿轮应用范围	精度等级
测量齿轮	3～5	重型汽车	6～9
精密切削机床	3～7	拖拉机	6～9
一般切削机床	5～8	一般减速器	6～9
轻型汽车	5～8	起重机械	7～10
内燃机车	6～7	轧钢机	6～10

（2）热处理要求

在齿轮加工工艺中，热处理工序的位置安排十分重要，它直接影响齿轮的力学性能及切削加工的难易程度。齿轮热处理中，根据齿轮加工的不同目的，安排以下两种热处理工序：

1）齿坯热处理：钢制齿坯最常用的热处理为正火或调质。正火安排在铸造或锻造之后、切削加工之前，可以消除钢件中残留的内应力，并且使铸造或锻造后不均匀的组织通过重新结晶得到细化而均匀的组织，从而改善切削性能和表面粗糙度，还可以减少淬火时变形和开裂的倾向。调质同样起到了细化晶粒和均匀组织的作用，另外调质还可以使齿坯韧性更高，但切削性能差一些。对于棒料齿坯，正火或调质一般安排在粗车之后，这样可以消除粗车形成的内应力。

2）齿面热处理：轮齿常用的热处理为高频淬火、渗碳、氮化。高频淬火可以形成比普通淬火稍高硬度的表层，并保持了心部的强度与韧性。渗碳可以使齿轮在淬火后表面具有高硬度且耐磨，心部依然保持一定的强度和较高的韧性。氮化是将轮齿置于氨气中并加热到520～560℃，使活性氮原子渗入轮齿表面层，形成硬度很高的氮化物薄层。

在齿轮生产中，热处理质量对齿轮加工精度和表面粗糙度影响很大。往往因热处理质量不稳定，引起齿轮定位基面及齿面变形过大或表面粗糙度太大而大批报废。

项目任务要求

图4-5所示零件为减速器用双联齿轮，采用材料为40Cr，精度等级要求为7-6-6级，大、小齿轮模数均为2，小齿轮齿数为28，大齿轮齿数为42，产量10000件。双联齿轮要求对齿部高频感应淬火处理，硬度达到50～55HRC。

根据工艺规程编制的8个步骤：工艺分析—生产类型的确定—毛坯的选择—工艺路线的拟定—加工余量、工序尺寸及公差的确定—机床设备与装备的选择—切削用量及时间定额的确定—工艺文件的填写，进行工艺规程的编制。

齿号	Ⅰ	Ⅱ
模数	2	2
齿数	28	42
精度等级	7GK	7JL
公法线长度变动量	0.039	0.024
齿圈径向跳动	0.050	0.042
齿顶高系数	h_a^*	1
顶隙系数	c^*	0.25

齿号	Ⅰ	Ⅱ
基节偏差	±0.016	±0.016
齿形公差	0.017	0.018
齿向公差	0.017	0.017
公法线平均长度	$21.36^{0}_{-0.05}$	$27.60^{0}_{-0.05}$
跨齿度	4	5
齿形角	α	20
变位系数	x	0

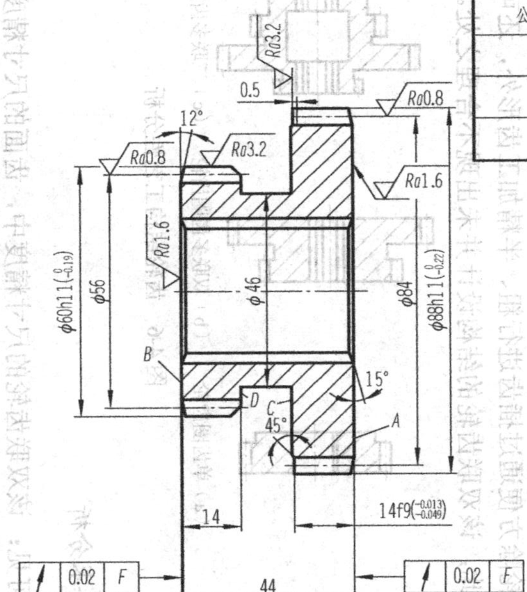

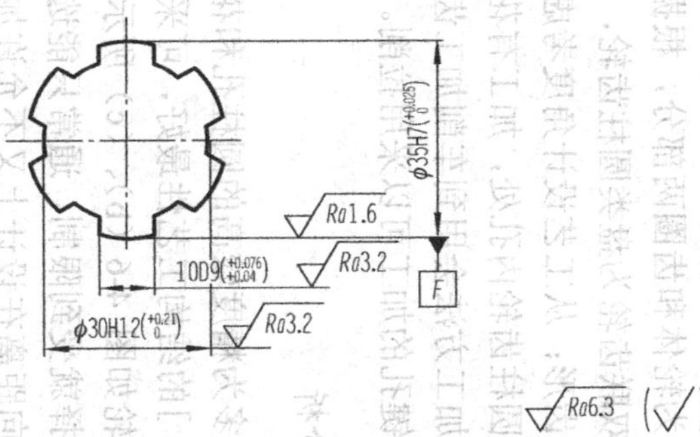

技术要求

1. 齿部要求高频感应淬火，硬度达到50～55HRC；
2. 未注倒角为C2。

图4-5 双联齿轮零件图

项目任务实施

任务 1 双联齿轮的工艺分析

4.1

1. 几何形状分析

圆柱齿轮一般分为轮体和齿圈两部分，根据齿轮轮体的结构形状来划分，可知图 4-5 所示双联齿轮为盘类圆柱齿轮，其圆柱面上有两个齿圈，在ϕ60、ϕ88 的齿圈上分别切出直齿齿形；从工艺设计角度考虑，为了方便齿形加工，在两齿圈中间有一个 16mm 的槽；在圆柱齿轮内孔处，加工有花键孔，起联接零件作用。根据零件的几何形状，这里采用的加工方法会用到车削加工齿轮外圆面、端面，齿形加工可以采用滚齿或插齿加工，而花键孔的加工可以采用拉削。

2. 结构工艺性分析

盘形齿轮的内孔多为精度较高的圆柱孔和花键孔，其轮缘具有一个或几个齿圈。单齿圈齿轮[图 4-6（a）]的结构工艺性最好，可采用任何一种齿形加工方法加工轮齿；双联或三联等多齿圈齿轮如图 4-6（b）、（c）所示。当其轮缘间的轴向距离较小时，小齿圈齿形加工方法的选择就受到限制，通常只能选用插齿。当小齿圈精度要求高，需要精滚或磨齿加工，而轴向距离在设计上又不允许加大时，可将此多齿圈齿轮做成单齿圈齿轮的焊接组合结构，以改善加工的工艺性。从结构工艺性设计方面考虑，该双联齿轮为了方便加工小齿圈的齿形，在两齿圈中间设计了一个 16mm 的退刀槽，由于槽宽设计较大，所以小齿轮除方便通过插齿进行粗、半精加工齿形外，还可通过剃齿、珩齿来精加工小齿轮。因此，该双联齿轮的结构设计并未出现不合理之处。

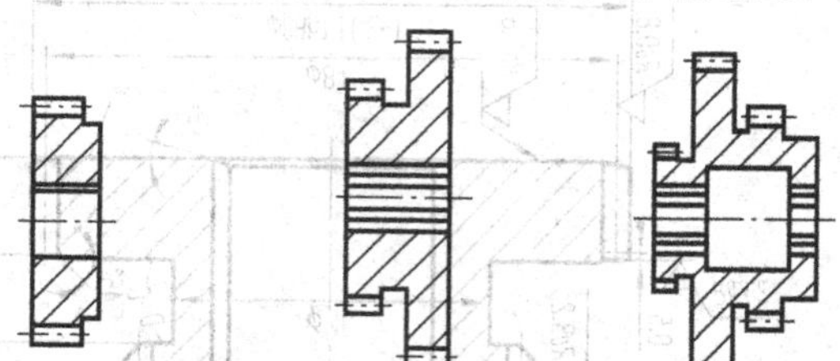

（a）单齿圈齿轮（b）双联多齿圈齿轮（c）三联多齿圈齿轮

图 4-6 齿轮结构工艺性分析

3. 技术要求分析

由图 4-5 可见：该双联齿轮的尺寸精度中，齿面的尺寸精度较高，为 IT7～IT6 级；花键是重要的定位基准，尺寸精度较高，为 IT7 级；其余尺寸精度为一般要求。

该双联齿轮的形位精度要求：齿轮端面 *A*、端面 *B* 均相对于花键孔的轴线具有圆跳动要求，公差为 0.02mm。

该双联齿轮的表面质量要求：轮齿齿面粗糙度为 *Ra*0.8μm；ϕ35 花键孔，*A*、*B* 端面的表面粗糙度为 *Ra*1.6μm；ϕ30 花键孔的表面粗糙度为 *Ra*3.2μm；其余表面为 *Ra*6.3μm。

该零件齿部硬度要求达到 52HRC，因此对轮齿齿面采用高频感应淬火的热处理方式，达到其硬度要求。

通过工艺分析可知，该零件材料为 40Cr，为高精度齿轮零件材料，零件结构合理，符合机械加工工艺；零件生产 10000 件，生产量较大，适合采用工序分散的工序划分方式；根据其几何形状及技术要求，该零件多采用车削、滚齿、插齿进行粗加工、半精加工，而尺寸精度、表面质量要求较高的部分需要采用拉削、剃齿及珩齿进行精加工；同时为保证多个重要表面与同一基准的圆跳动要求，应选用花键孔及齿轮端面作为定位基准。

任务 2 双联齿轮生产类型的确定

根据加工任务中双联齿轮的生产任务为 10000 件/年的生产要求，依据前述原则可以确定双联齿轮属于中批量生产。

任务 3 双联齿轮毛坯的选择

4.3

双联齿轮毛坯要求具有良好的低温冲击韧性，淬透性好，适于高频淬火处理。

40Cr 合金钢的切削性能较好，价格适中，加工容易，经适当的热处理以后可获得一定的韧性、塑性和耐磨性，是使用较广泛的钢种之一，用于制造中速、中载的零件，如机床齿轮、轴、蜗杆、花键轴等。因此，双联齿轮可选用 40Cr 为毛坯材料。

通过锻造可以使毛坯产生塑性变形，以获得一定的力学性能、形状和尺寸。锻造能消除金属在冶炼过程中产生的铸态疏松等缺陷，优化微观组织结构，同时由于保存了完整的金属流线，锻件的力学性能一般优于同样材料的铸件。相关机械中负载高、工作条件严峻的重要零件，除形状较简单的可用轧制的板材、型材或焊接件外，多采用锻件。图 4-7 所示为双联齿轮毛坯与成品。

（a）毛坯 （b）成品

图 4-7 双联齿轮毛坯与成品

模锻是使金属坯料在具有一定形状的锻模膛内受压变形而获得锻件的一种加工方法。模锻一般用于生产质量不大、批量较大的零件。双联齿轮零件的生产类型为中批量生产，所以其毛坯加工选用模锻，毛坯的形状与零件形状尽量接近，外形可做成台阶形，毛坯尺寸可通过加工余量计算确定。

任务 4 双联齿轮工艺路线的拟定

4.4

1. 双联齿轮定位基准的选择

（1）齿轮定位基准的选择原则

定位基准的选择对齿形加工精度有着直接的影响，盘套类齿轮的齿形加工常采用两种定位基准。

1）定位内孔和端面。选择既是设计基准又是测量和装配基准的内孔作为定位基准，既符合基准重合原则，又能使齿形加工等工序基准统一。只要严格控制内孔的精度，在专用心轴上定位时不需要找正，故以定位内孔和端面为基准的方法生产率高，广泛用于大批量生产。

2）定位外圆和端面。齿坯内孔装夹在通用心轴上，用找正外圆的方法来决定孔中心的位置，故要求齿坯外圆对内孔的径向跳动要小。因此以定位外圆和端面为基准的方法找正效率低，一般用于单件小批量生产。

（2）双联齿轮定位基准的具体选择

1）粗基准的选择：对于双联齿轮这样的回转体零件来说，选择好粗基准至关重要，通常选择以外圆面ϕ88h11、ϕ60h11为粗基准来加工其他表面。

2）精基准的选择：该零件是带孔的双联齿轮，孔是设计基准，为避免由于基准不重合而产生误差，应选孔为定位精基准，在加工完ϕ35H7的花键孔后，各工序则以ϕ35H7花键孔及一端面作为定位精基准，这样符合基准重合的原则和互为基准的原则。

因此，双联齿轮在粗加工时采用外圆面作为定位基准，在半精加工、精加工时，则以花键孔作为定位精基准，使用花键心轴装夹。

2. 双联齿轮加工方法的选择

双联齿轮零件的主要加工要素有端面加工、槽加工、花键孔加工、齿形加工。齿形加工对齿轮零件来说是非常重要的形状加工，齿形的加工方法有铣齿、滚齿、插齿、拉齿、磨齿、剃齿、珩齿等，在选择齿形的加工方法时，根据齿轮公差等级及粗糙度要求先确定最终加工工序的加工方法，再依次选择该表面有关前导工序的加工方法，最终确定齿形的加工方案。

常见的加工工艺方法能达到的经济加工精度及经济表面粗糙度可查阅有关工艺手册。常见的齿形切削加工方法的加工精度和适用范围如表4-4所示。

表4-4　常见的齿形切削加工方法的加工精度和适用范围

齿面加工方案	齿轮公差等级	齿面粗糙度 Ra/μm	适用范围
铣齿	IT9以下	6.3～3.2	单件修配生产中，加工低精度的外圆柱齿轮、齿条、锥齿轮、蜗轮
拉齿	IT7	1.6～0.4	大批量生产7级内齿轮，外齿轮拉刀制造复杂，故少用
滚齿	IT8~IT7	3.2～1.6	各种批量生产中，加工中等质量的外圆柱齿轮及蜗轮
插齿		1.6	各种批量生产中，加工中等质量的内、外圆柱齿轮，多联齿轮及小型齿条
滚（插）齿—淬火—珩齿		0.8～0.4	淬火的齿轮
滚齿—剃齿	IT7~IT6	0.8～0.4	主要用于大批量生产
滚齿—剃齿—淬火—珩齿		0.4～0.2	
滚（插）齿—淬火—磨齿	IT6～IT3	0.4～0.2	高精度齿轮的齿面加工，生产率低，成本高
滚（插）齿—磨齿	IT6～IT3		

端面及齿轮外圆轴面的加工方法有车削、磨削、刮研、研磨、抛光等；孔的加工方法主要有镗、钻、扩、铰、拉、珩磨、研磨等，根据零件图样的尺寸、孔的类型、尺寸精度等要求来选择合适的加工方法。

双联齿轮要实现准确的传动比，其主要表面是两轮齿。由于滚齿加工效率高，外圆柱齿轮的齿形加工一般采用滚齿加工，齿轮Ⅱ的齿面粗糙度要求为 *Ra*0.8μm，精度要求为 IT7，最终加工方法选用珩齿达到技术要求，在粗加工和半精加工过程中，选用滚齿及剃齿完成加工。齿轮Ⅰ的齿面技术要求与齿轮Ⅱ相同，但是齿轮Ⅰ受齿轮Ⅱ限制无法采用滚齿加工，故粗加工采用插齿加工其齿形。

花键孔是双联齿轮的重要基准面，其表面粗糙度要求为 *Ra*1.6μm，精度要求为 IT7，最终加工方法采用拉削达到其技术要求，粗加工采用钻孔加工，采用车削加工方法完成底孔和定位端面的半精加工，为拉削加工做准备。另外，零件加工表面还有端面、齿轮外圆轴面、槽等，根据零件图样、零件类型、尺寸精度和表面粗糙度要求，双联齿轮的加工方案如表 4-5 所示。

表 4-5 双联齿轮的加工方案

加工对象	表面粗糙度 *Ra*/μm	加工方案
ϕ60h11、ϕ88h11 外圆面	3.2	粗车—半精车
槽	6.3	粗车—半精车
端面 *A*	1.6	粗车—半精车—精车
端面 *B*	1.6	粗车—半精车—精车
孔 ϕ30H12	3.2	钻孔—半精车
花键孔 ϕ35	1.6	拉孔—推孔
齿轮Ⅰ	0.8	插齿—剃齿—珩齿
齿轮Ⅱ	0.8	滚齿—剃齿—珩齿

3. 双联齿轮加工阶段划分

齿轮加工工艺过程从粗加工到精加工一般要经过以下阶段：齿坯加工、齿形加工、齿端加工、齿面热处理、精基准修正及齿形精加工等。

齿轮加工的第一阶段是齿坯最初进入机械加工的阶段。由于齿轮的传动精度主要决定于齿形精度和齿距分布均匀性，而这与切齿时采用的定位基准（孔和端面）的精度有着直接的关系，所以这个阶段主要是为下一阶段加工齿形准备精基准，使齿的内孔和端面的精度基本达到规定的技术要求。在这个阶段中除了加工出基准外，对于齿形以外的次要表面的加工，也应尽量在这一阶段的后期加以完成。

齿轮加工第二阶段是齿形加工阶段。对于不需要淬火的齿轮，一般来说这个阶段也就是齿轮的最后加工阶段，经过这个阶段就应当加工出完全符合图样要求的齿轮。对于需要淬硬的齿轮，必须在这个阶段中加工出能满足齿形的最后精加工所要求的齿形精度，所以这个阶段的加工是保证齿轮加工精度的关键阶段，应予以特别注意。

齿轮加工第三阶段是齿端加工阶段。如图 4-8 所示，齿轮的齿端加工方式有倒圆、倒尖、倒棱和去毛刺 4 种方式。经倒圆、倒尖、倒棱的齿轮，沿轴向移动时容易进入啮合。齿端倒圆应用最多。倒圆时，齿轮慢速旋转，指形铣刀在高速旋转的同时沿齿轮轴向做往复直线运动。如图 4-9 所示，齿轮每转过一齿，铣刀往复运动一次，两者在相对运动中即完成齿端倒圆。同时由齿轮的旋转实现连续分齿，生产效率高。齿端加工应安排在齿形淬火之前进行。

（a）倒圆　（b）倒尖　（c）倒棱

图 4-8　齿轮的齿端加工方式

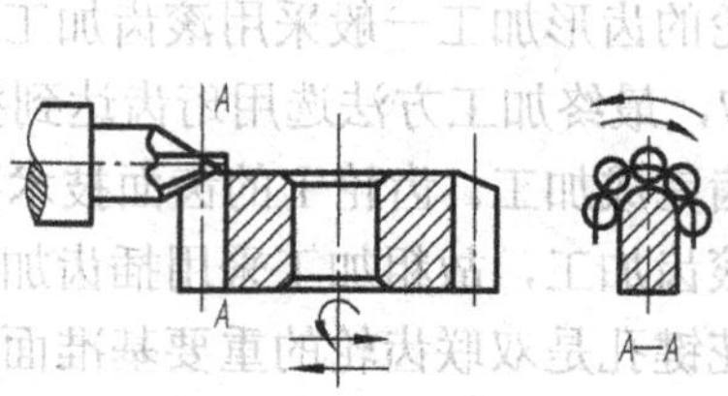

图 4-9　齿端倒圆加工

齿轮加工的第四阶段是热处理阶段。在这个阶段中主要对齿面进行淬火处理，使齿面达到规定的硬度要求。齿轮常用的热处理方式有渗碳淬火、齿面渗氮淬火、齿面感应淬火。

齿轮加工的最后阶段是精基准修正及齿形精加工阶段。这个阶段的目的在于修正精基准和齿轮经过淬火后所引起的齿形变形，进一步提高齿形精度和降低表面粗糙度，使之达到最终的精度要求。在这个阶段中，首先应对定位基准面（孔和端面）进行修整，因淬火以后齿轮的内孔和端面均会产生变形。如果在淬火后直接采用这样的孔和端面作为基准进行齿形精加工，是很难达到齿轮精度的要求的。以修整过的基准面定位进行齿形精加工，可以使定位准确可靠，余量分布也比较均匀，以便达到精加工的目的。

4. 双联齿轮工序划分

根据双联齿轮零件的生产类型——中批量生产，以及零件的结构和技术要求，对双联齿轮零件的加工采用工序分散的工序划分原则，考虑到在重要表面加工前要满足基准先行的原则，因此该双联齿轮的半精车分为前、后两个工序，前面的半精车工序完成花键孔基准的加工，后面的半精车工序主要完成齿轮基准的加工及其余精度要求表面，具体工序划分内容如表 4-6 所示。

表 4-6　双联齿轮加工的工序划分

工序名称	工序内容
模锻	制造毛坯
正火	毛坯正火处理
钻孔	钻孔至 $\phi28$
粗车	粗车端面 A 及外圆面，粗车端面 B 及外圆面，粗车槽
半精车	半精车端面 A 及花键底孔至 ϕ30H12
拉削	拉花键孔
钳工	去毛刺
半精车	半精车外圆，端面 A、B 及槽
精车	精车端面 A、B
检验	检验质量
滚齿	滚齿（z=42）

续表

工序名称	工序内容
插齿	插齿（z=28）
齿端倒角	倒角（Ⅰ、Ⅱ齿圈 12°）
钳工	去毛刺
剃齿	剃齿加工齿轮Ⅰ、Ⅱ公法线长度至尺寸上限
淬火	齿部高频感应淬火
推孔	推花键孔
珩齿	珩齿加工齿轮Ⅰ、Ⅱ至尺寸要求
检验	总检入库

5. 双联齿轮工序顺序安排

根据加工顺序，结合双联齿轮的加工要求，为了保证双联齿轮的啮合传动精度，根据先基准后其他的原则，首先加工粗基准——双联齿轮外圆面及端面，然后以粗基准加工双联齿轮的精基准——花键孔，以精基准花键孔加工其他要素。

根据双联齿轮加工的特点和工序顺序安排，双联齿轮的加工阶段及工序顺序安排如表 4-7 所示。

表 4-7 双联齿轮加工阶段及工序顺序安排

加工阶段	工序号	工序名称	工序内容
齿坯加工阶段	1	正火	毛坯正火预处理
	2	钻孔	钻孔ϕ28
	3	粗车	粗车端面、外圆面及槽
	4	半精车	半精车端面 A 及花键底孔至ϕ30H12
	5	拉削	拉花键孔
	6	钳工	钳工去毛刺
	7	半精车	半精车端面 A、B、外圆及槽
	8	精车	精车端面 A、B
	9	检验	检验加工质量
齿形加工阶段	10	滚齿	滚齿（z=42）
	11	插齿	插齿（z=28）
齿端加工阶段	12	齿端倒角	倒角（Ⅰ、Ⅱ齿圈 12°）
	13	钳工	钳工去毛刺
精基准修正 齿形精加工阶段	14	剃齿	剃齿（z=42），公法线长度至尺寸上限
	15	剃齿	剃齿（z=28），公法线长度至尺寸上限
热处理阶段	16	淬火	z=28、z=42 齿部高频感应淬火
精基准修正 齿形精加工阶段	17	推孔	推花键孔
	18	珩齿	珩齿（Ⅰ、Ⅱ）至尺寸要求
	19	检验	总检加工质量入库

6. 双联齿轮工艺路线

通过工艺路线的前面 5 个步骤，可以拟定出双联齿轮的加工路线：模锻—正火—钻孔—粗车—半精车—拉削—钳工—半精车—精车—检验—插齿—滚齿—倒角—钳工—

去毛刺—剃齿—淬火—推孔—珩齿—总检，双联齿轮加工工艺分析路线具体如表 4-8 所示。

表 4-8 双联齿轮加工工艺分析路线

序号	工序内容	定位基准
1	毛坯锻造	—
2	正火	—
3	钻花键底孔至ϕ28	ϕ88 外圆及端面 *A*
4	粗车端面、外圆及槽，留余量 1mm	外圆及端面
5	半精车端面 *A*，留余量 0.5mm 半精车花键底孔至尺寸ϕ30H12	外圆及端面 *B*
6	拉花键孔ϕ35H7	ϕ30H12 孔及 *A* 面
7	钳工去毛刺	—
8	上心轴，半精车端面 *A*、*B*，留余量 0.5mm；半精车外圆、槽至要求	花键孔及端面
9	上心轴，精车端面 *A*、*B* 至尺寸要求	花键孔及 *B* 面
10	检验	—
11	滚齿（z=42），公法线长度留剃齿余量 0.08mm	花键孔及 *B* 面
12	插齿（z=28），公法线长度留剃齿余量 0.05mm	花键孔及 *A* 面
13	齿端倒角（Ⅰ、Ⅱ齿圈 12° 牙角）	花键孔及端面
14	钳工去毛刺	—
15	剃齿（z=42），公法线长度至尺寸上限	花键孔及 *B* 面
16	剃齿（z=28），公法线长度至尺寸上限	花键孔及 *A* 面
17	z=28、z=42 齿部高频感应淬火	—
18	推花键孔	花键孔及端面
19	珩齿（Ⅰ、Ⅱ）至尺寸要求	花键孔及端面
20	总检入库	—

任务 5 双联齿轮加工余量、工序尺寸及公差的确定

4.5

齿轮的加工余量根据公法线长度进行测量，按照进刀深度进行加工，一般采用试切法进行加工。由于花键孔是双联齿轮加工过程中的精基准，为双联齿轮的重要加工表面，根据余量法，按照如下的余量计算步骤计算花键孔的工序尺寸及公差，如表 4-9 所示。

表 4-9 双联齿轮的工序尺寸及公差

加工要素	工序	加工余量/mm	工序公称尺寸/mm	公差等级及表面粗糙度	工序尺寸/mm
花键孔	毛坯	35	0		0
	粗车底孔	28	ϕ28	IT11，*Ra*12.5μm	$\phi28^{+0.13}_{0}$
	半精车底孔	2	ϕ30	IT9，*Ra*3.2μm	$\phi30^{+0.052}_{0}$
	拉花键孔	5	ϕ35	IT7，*Ra*1.6μm	$\phi35^{+0.025}_{0}$

1）通过查表确定各工序的加工余量；

2）确定工序尺寸，从零件设计尺寸开始，依次加/减各工序的加工余量，得到工序

的公称尺寸；

3）确定工序公差，最后一道工序的尺寸公差等于图样上设计尺寸的公差，中间工序的公差根据经济精度进行确定；

4）标注尺寸及公差，按入体原则标注尺寸上极限偏差或下极限偏差。

任务6 双联齿轮机械加工方法及其加工设备与工艺装备的选择

4.6

1. 齿轮机械加工的主要方法

（1）齿形加工的主要方法

齿轮的切削加工方法很多，但就其加工原理来说，有成型法和展成法两种。成型法是利用与被加工齿轮齿槽法面截形相一致的成型刀具，在毛坯上加工出齿轮的齿形。例如，在铣床上用盘形铣刀或指形铣刀铣削齿轮。成型刀具有单齿廓成型铣刀和多齿廓齿轮推刀、齿轮拉刀等几种。

展成法建立在齿轮啮合原理的基础上，就是把齿轮啮合副中的一个转化成刀具，把另一个作为工件，并强制刀具与工件做严格地啮合运动，从而在工件上切削出齿形。用展成法原理加工齿轮的方法很多，较常见的有滚齿和插齿，齿轮的精加工常用剃齿、珩齿和磨齿。

1）铣齿加工。铣齿加工采用盘形模数铣刀或指形铣刀加工齿形，属于成型法加工，铣刀刀齿截面形状与齿轮齿间形状相对应。如图 4-10 所示，形成齿线的加工方法是相切法，机床需提供两个成型运动，即铣刀的旋转运动和铣刀沿齿坯的轴向移动，两个都是简单成型运动。此种方法加工效率和加工精度均较低，仅适用于单件小批量生产。

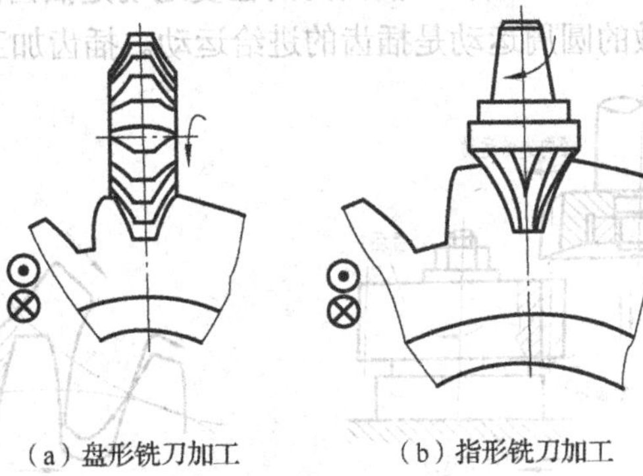

（a）盘形铣刀加工　（b）指形铣刀加工

图 4-10 铣齿加工原理

2）滚齿加工。滚齿加工的原理为模拟一对交错轴斜齿轮副啮合滚动的过程。其特点为加工适应性好、生产率高，加工后的齿廓表面粗糙度大于插齿加工的齿廓表面粗糙度，主要用于加工直齿、斜齿圆柱齿轮和蜗轮。

用齿轮滚刀加工齿轮的过程，相当于一对斜齿轮啮合滚动的过程，如图 4-11（a）所示。将其中一个齿轮的齿数减少到几个或一个，使其螺旋角增大，此时齿轮演变为蜗杆，如图 4-11（b）所示。沿蜗杆轴线方向开槽并铲背后，则成为滚齿刀，如图 4-11（c）所示。

在图 4-12 所示的滚切过程中，分布在螺旋线上的滚刀各切削刃相继切去齿槽中一薄层金属，每个齿槽在滚刀旋转过程中，由若干个刀齿依次切出，渐开线齿廓则在滚刀与齿坯的对滚过程中，由切削刃瞬间的位置包络而成，如图 4-12 所示。滚刀的旋转运动 B_1 和工件的旋转运动 B_2 组合而成的复合成形运动，即为展成运动。当滚刀与工件连续不断地旋转时，便在工件整个圆周上依次切出所有的齿槽，形成齿轮的渐开线齿廓。

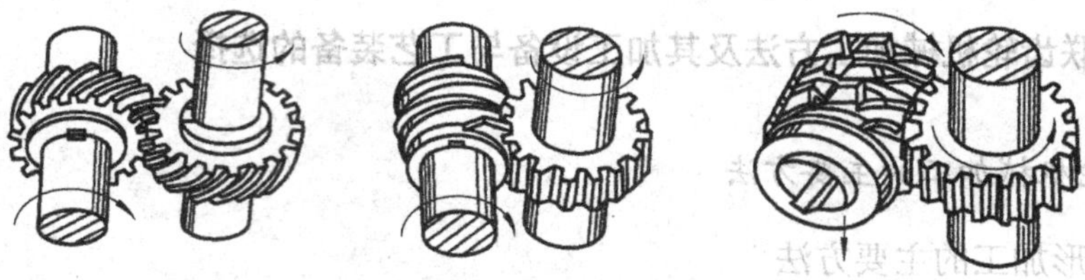

（a）螺旋齿轮啮合　（b）蜗杆蜗轮啮合　（c）滚齿

图 4-11　滚齿加工原理

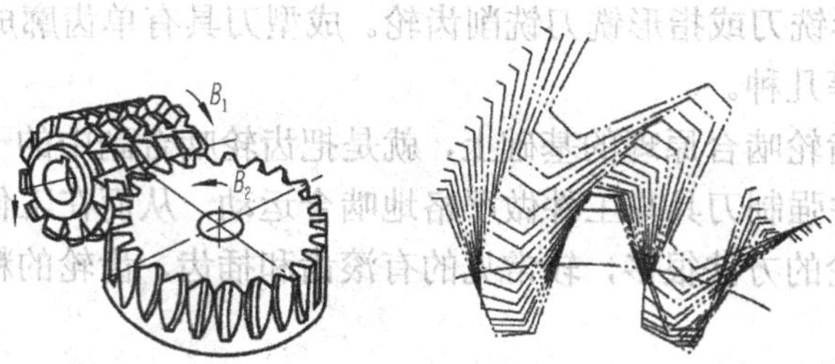

（a）滚齿加工　（b）齿形曲线的加工

图 4-12　滚切过程

3）插齿加工。插齿是除滚齿以外常用的一种利用展成法的切齿工艺。插齿时，插齿刀与工件相当于一对圆柱齿轮的啮合。插齿刀的往复运动是插齿的主运动，而插齿刀与工件按一定比例关系所做的圆周运动是插齿的进给运动。插齿加工原理如图 4-13 所示。

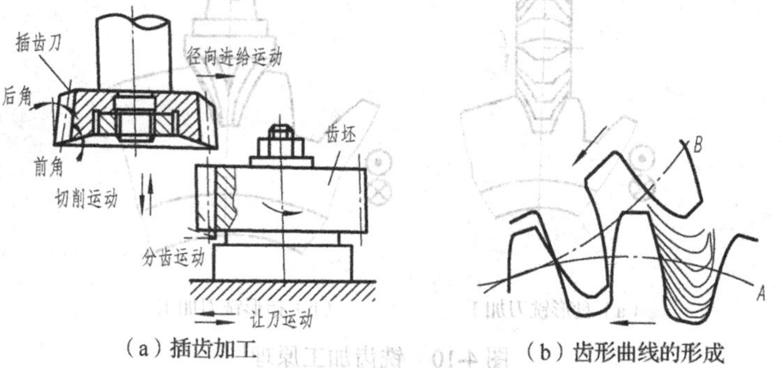

（a）插齿加工　（b）齿形曲线的形成

图 4-13　插齿加工原理

4）剃齿加工。在大批量生产中剃齿是非淬硬齿面常用的精加工方法。其工作原理是利用剃齿刀与被加工齿轮做自由啮合运动，借助于两者之间的相对滑移，从齿面上剃下很细的切屑，以提高齿面的精度。剃齿加工原理如图 4-14 所示。剃齿还可形成鼓形齿，用以改善齿面接触区位置。剃齿常用于未淬火圆柱齿轮的精加工，生产效率很高，是软齿面精加工较常见的加工方法之一。

5）珩齿加工。珩齿是一种用于加工淬硬齿面的齿轮精加工方法，工作时珩磨轮与工件之间的相对运动关系与剃齿相同，所不同的是作为切削工具的珩磨轮是用金刚砂磨料加入环氧树脂等材料作结合剂浇注或热压而成的塑料齿轮。珩齿加工原理如图 4-15 所示。

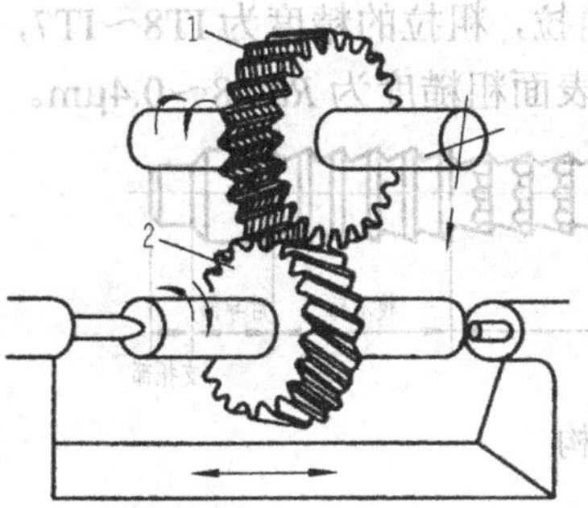

1—剃齿刀；2—工件。

图 4-14 剃齿加工原理

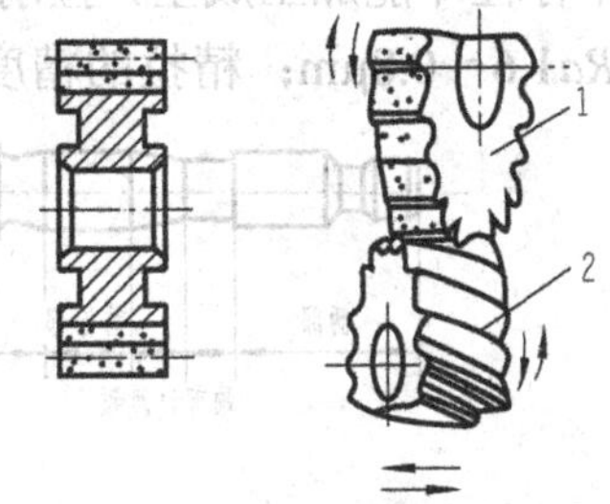

（a）珩磨轮 （b）珩齿加工示意

1—珩磨轮；2—工件。

图 4-15 珩齿加工原理

6）磨齿加工。磨齿加工是现有齿轮加工方法中，加工精度最高的一种加工方法，一般条件下加工精度可达 IT3，表面粗糙度 *Ra* 为 0.8～0.2μm。由于采用强制啮合方式，磨齿加工不仅修正误差的能力强，而且可以加工表面硬度很高的齿轮。但磨齿加工的效率低、机床复杂、调整困难，故加工成本较高，主要用于齿轮精度要求很高的场合。根据所用砂轮形状的不同，常采用图 4-16 所示的磨齿机进行磨削加工，其工作原理如图 4-16 所示。

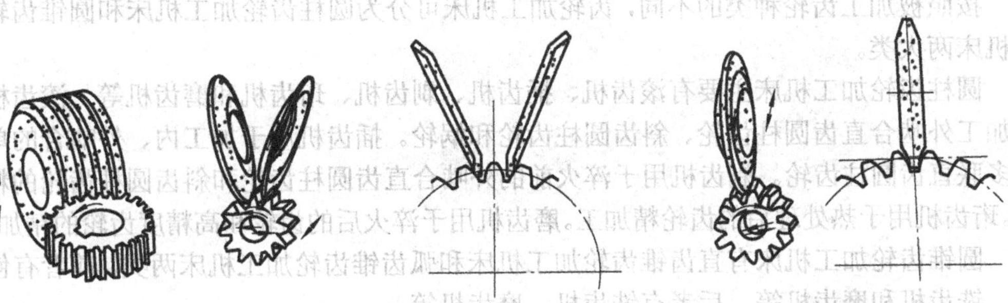
（a）蜗杆砂轮磨齿机 （b）蝶形砂轮磨齿机 （c）锥形砂轮磨齿机

图 4-16 磨齿加工原理

（2）花键孔加工方法

双联齿轮加工中，花键孔是定位精基准，因此花键孔的加工精度及要求较高，加工花键孔的方法有插削、磨削、拉削等。下面介绍几种加工花键孔的方法，从而可以合理选择花键孔的加工方法。

1）插削法。插削法是用成型插刀在插床上逐齿插削，生产率和精度均低，用于单件小批量生产。

2）磨削法。磨削法是用小直径的成型砂轮在花键孔磨床上进行磨削加工，用于加工直径较大、淬硬的或精度要求高的花键孔。

3）拉削法。拉削法是用花键拉刀在拉床上拉削，生产率和精度均高，但由于拉刀需要专门定制，成本较高，故只适用于大批量的生产中，可加工各种表面，加工范围广。

拉削加工的原理：拉削加工花键孔主要用到的刀具为拉刀（图 4-17 所示是一种多齿刀具），拉削时由于拉刀的后一个刀齿高出前一个刀齿，从而能够一层层地从工件上切下金属，以获得较高精度和较好的表面质量。如图 4-18 所示为拉削加工原理。通常，一次工作行程即能加工成型，拉削可分为粗拉和精拉，粗拉的精度为 IT8～IT7，表面粗糙度为 *Ra*1.6～0.8μm；精拉的精度为 IT7～IT6，表面粗糙度为 *Ra*0.8～0.4μm。

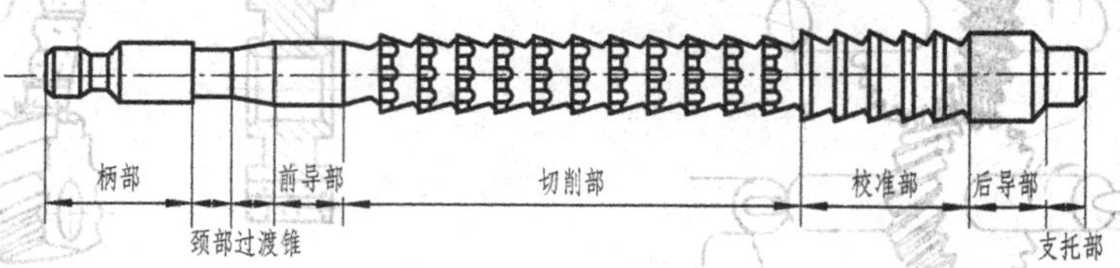

图 4-17　拉刀结构

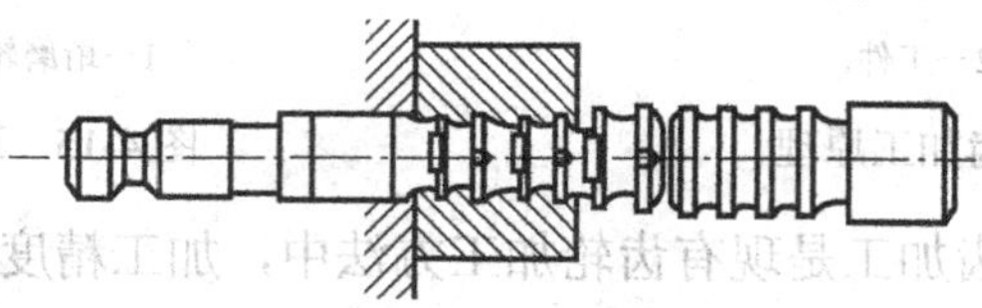

图 4-18　拉削加工原理

2. 双联齿轮加工设备的选择

（1）齿轮加工机床

按照被加工齿轮种类的不同，齿轮加工机床可分为圆柱齿轮加工机床和圆锥齿轮加工机床两大类。

圆柱齿轮加工机床主要有滚齿机、插齿机、剃齿机、珩齿机和磨齿机等。滚齿机用于加工外啮合直齿圆柱齿轮、斜齿圆柱齿轮和蜗轮。插齿机用于加工内、外啮合的单联及多联直齿圆柱齿轮。剃齿机用于淬火前的外啮合直齿圆柱齿轮和斜齿圆柱齿轮的精加工。珩齿机用于热处理后的齿轮精加工。磨齿机用于淬火后的齿轮和高精度齿轮的精加工。

圆锥齿轮加工机床有直齿锥齿轮加工机床和弧齿锥齿轮加工机床两类，前者有刨齿机、铣齿机和磨齿机等，后者有铣齿机、磨齿机等。

1）滚齿机。常见的中型通用滚齿机有立柱移动式和工作台移动式两种。Y3150E 型滚齿机属于后者，该滚齿机能够加工直齿和斜齿圆柱齿轮。此外，使用蜗轮滚刀还可以用手动径向进给的方式来滚切蜗轮。

Y3150E 型滚齿机如图 4-19 所示，立柱 2 固定在床身 1 上，刀架溜板 3 可以带动滚刀架 5 沿立柱导轨做垂直方向的进给运动或快速移动。滚刀装夹在刀杆 4 上，由滚刀架主轴带动做旋转主运动。滚刀架可绕自己的水平轴线转动，以调整滚刀的装夹角度。工件装夹在工作台 9 的心轴 7 上或者直接装夹在工作台上，随同工作台一起做旋转运动。工作台和后立柱 8 装在同一溜板上，可沿床身水平导轨移动，以调整工件的径向位置或做手动径向进给运动。后立柱上的支架 6 可通过轴套或顶尖支承工件心轴的上端，这样可以提高滚切工作的平稳性。

Y3150E 型滚齿机的主要技术参数：最大工件直径为 500mm；最大加工宽度为 250mm；最大加工模数为 8；最少加工齿数为 5000（滚刀头数）；滚刀级数及主轴转速，

其中滚刀级数为 9 级，主轴转速分别为 40r/min、50r/min、63r/min、80r/min、100r/min、125r/min、160r/min、200r/min、250r/min；刀架级数及轴向进给量，其中刀架级数为 12 级，轴向进给量分别为 0.4mm/r、0.56mm/r、0.63mm/r、0.87mm/r、1mm/r、1.16mm/r、1.41mm/r、1.6mm/r、1.8mm/r、2.5mm/r、2.9mm/r、4mm/r；机床外形尺寸（长×宽×高）：2439mm×1272mm×1770mm；机床质量约 3450kg。

2）插齿机。插齿机主要用于加工内、外啮合圆柱齿轮，尤其适用于加工在滚齿机上不能加工的多联齿轮、内齿轮和齿条。图 4-20 所示为 Y5132 型插齿机，它主要由床身 1、立柱 2、刀架 3、主轴 4、工作台 5、刀架溜板 7 等部件组成。Y5132 型插齿机加工外齿轮最大分度圆直径为 320mm，最大加工齿轮宽度为 80mm，加工内齿轮最大外径为 500mm，最大宽度为 50mm。

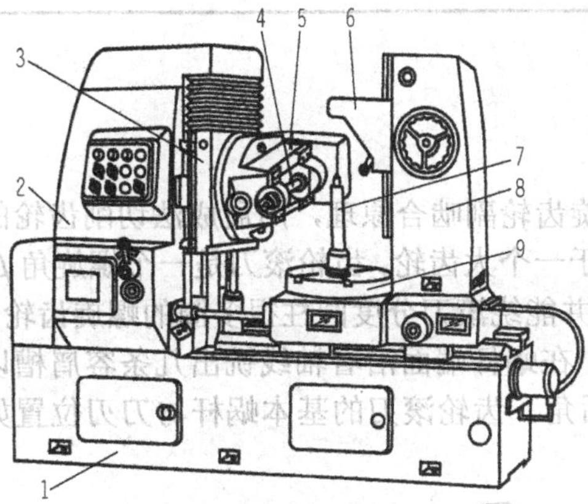

1—床身；2—立柱；3—刀架溜板；4—刀杆；5—滚刀架；6—支架；7—心轴；8—后立柱；9—工作台。

图 4-19　Y3150E 型滚齿机

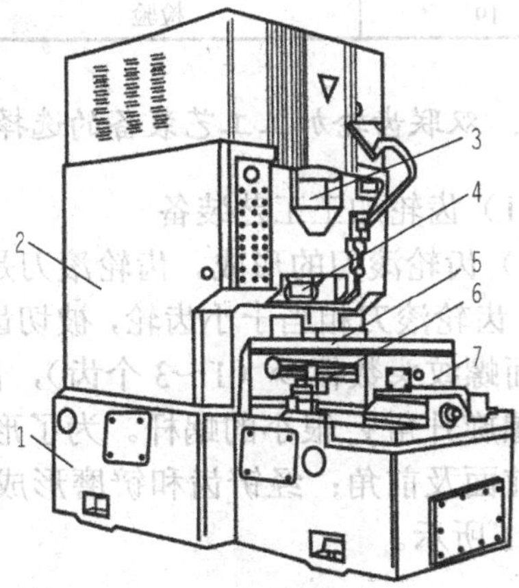

1—床身；2—立柱；3—刀架；4—主轴；5—工作台；6—挡块支架；7—刀架溜板。

图 4-20　Y5132 型插齿机

（2）双联齿轮各工序加工设备的选择

根据双联齿轮各加工工序中所采用的加工方法，并按照机床设备选择的原则及实际情况，所选择的双联齿轮各工序的加工设备如表 4-10 所示。

表 4-10　双联齿轮加工设备

工序号	工序名称	加工设备
1	锻造	蒸汽压力机
2	正火	热处理炉
3	钻孔	钻床 Z3040
4	粗车	车床 C6140
5	半精车	车床 C6140
6	拉削	拉床 L6120
7	钳工去毛刺	
8	半精车	车床 C6140
9	精车	车床 C6140

续表

工序号	工序名称	加工设备
10	检验	—
11	滚齿	滚齿机 Y3150E
12	插齿	插齿机 Y5132
13	齿端倒角	齿轮倒角机 Y9350
14	钳工去毛刺	—
15	剃齿	剃齿机 Y4232
16	淬火	热处理炉
17	推孔	压力机
18	珩齿	珩齿机 Y4632
19	检验	—

3. 双联齿轮加工工艺装备的选择

（1）齿轮加工工艺装备

1）齿轮滚刀的形成。齿轮滚刀是依照螺旋齿轮副啮合原理，用展成法切削齿轮的刀具，齿轮滚刀相当于小齿轮，被切齿轮相当于一个大齿轮。齿轮滚刀是一个螺旋角 β_0 很大而螺纹头数很少（1～3 个齿），齿很长，并能绕滚刀分度圆柱很多圈的螺旋齿轮，就像螺旋升角 γ_z 很小的蜗杆。为了形成刀刃，在蜗杆端面沿着轴线铣出几条容屑槽以形成前面及前角；经铲齿和铲磨形成后面及后角。齿轮滚刀的基本蜗杆与刀刃位置如图 4-21 所示。

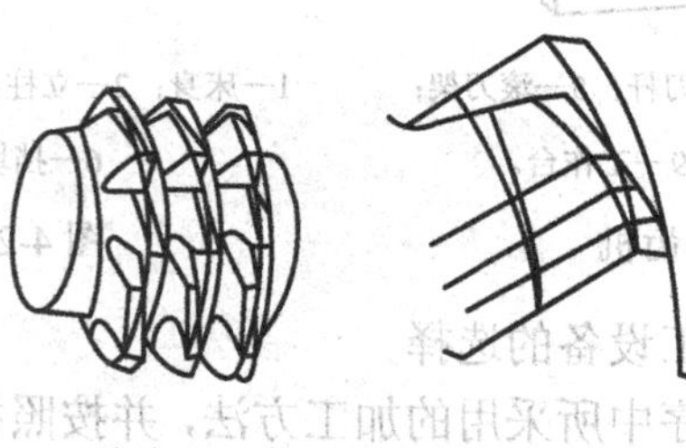

（a）　（b）

图 4-21　齿轮滚刀的基本蜗杆与刀刃位置

2）插齿刀。插齿刀是利用展成原理加工齿轮的一种刀具，它可用来加工直齿、斜齿、圆柱齿轮和人字齿轮等，而且是加工内齿轮、双联齿轮和台肩齿轮较常用的刀具。插齿刀的形状很像一个圆柱齿轮，其模数、齿形角与被加工齿轮对应相等，只是插齿刀有前角、后角和切削刃。

标准直齿插齿刀分为 3 种类型，如图 4-22 所示。

① 盘形插齿刀。盘形插齿刀如图 4-22（a）所示，这种类型的插齿刀以内孔及内孔支承端面定位，用螺母紧固在机床主轴上，主要用于加工直齿外齿轮及大直径内齿轮。它的公称分度圆直径有 4 种：75mm、100mm、160mm、200mm，用于加工模数为 1～12mm 的齿轮。

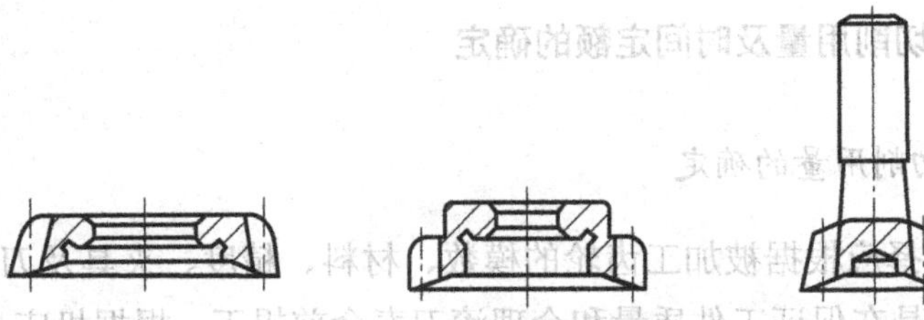

（a）盘形插齿刀　（b）碗形直齿插齿刀　（c）锥柄插齿刀

图 4-22　插齿刀的类型

② 碗形直齿插齿刀。碗形直齿插齿刀如图 4-22（b）所示，主要用于加工多联齿轮和带有凸肩的齿轮。它以内孔和端面定位，夹紧用螺母可容纳在刀体内，它的公称分度圆直径有 4 种：50mm、75mm、100mm、125mm，用于加工模数为 1～8mm 的齿轮。

③ 锥柄插齿刀。锥柄插齿刀如图 4-22（c）所示，主要用于加工内齿轮，这种插齿刀为带有锥柄（莫式短圆锥柄）的整体结构，用带有锥孔的专用接头与机床主轴连接，其公称分度圆直径有 25mm 和 38mm 两种，用于加工模数为 1~3.75mm 的齿轮。

（2）双联齿轮各工序加工工艺装备的选择

根据工艺装备选择的原则及实际加工情况，所选择的各工序加工工艺装备如表 4-11 所示。

表 4-11　双联齿轮各工序加工工艺装备

工序号	工序名称	工艺装备
1	锻造	—
2	正火	—
3	钻孔	钻头、游标卡尺、夹具
4	粗车	自定心卡盘、车刀、游标卡尺
5	半精车	自定心卡盘、车刀、游标卡尺
6	拉削	拉刀、游标卡尺、夹具
7	钳工去毛刺	锉刀
8	半精车	心轴、双顶尖、车刀、自定心卡盘、游标卡尺
9	精车	心轴、双顶尖、车刀、自定心卡盘、游标卡尺
10	检验	游标卡尺
11	滚齿	心轴、滚刀、量具
12	插齿	心轴、插齿刀、量具
13	齿端倒角	刀具、夹具
14	钳工去毛刺	锉刀
15	剃齿	剃齿刀
16	淬火	—
17	推孔	推孔夹具、推刀
18	珩齿	珩磨轮
19	检验	万能测齿仪、齿距仪、基节仪、齿轮径向跳动仪、齿厚游标卡尺、公法线千分尺

任务7 双联齿轮切削用量及时间定额的确定

4.7

1. 双联齿轮切削用量的确定

切削用量的选择应根据被加工齿轮的模数、材料、精度、夹具及刀具等情况而定，原则是在保证工件质量和合理滚刀寿命前提下，根据机床、夹具—工件系统、刀具系统的刚性及其生产率等因素确定。粗加工时可以采用较小的切削速度，较大的进给量；精度高、模数小、工件材料较硬的齿轮加工可以采用高切削速度、小进给量；大螺旋角或大直径的齿轮滚齿应该适当降低切削速度和进给量。

齿轮加工切削用量的选择步骤：确定切齿深度和走刀次数—确定进给量—确定切削速度。

1）走刀次数（背吃刀量）的选择。整个轮齿的加工一般不超过3次走刀，如表4-12所示。一般模数小于4mm的齿轮可一次走刀切至全齿深；模数大于4mm或机床功率不足、工艺系统刚性较差时，可分两次切削，先切深为1.4mm（模数），再切至全齿深；模数大于7mm时，就要分3次切至全齿深。

表4-12 走刀次数及应留余量

模数/mm	走刀次数	应留余量
4	1	切至全齿深
4（不含4）～8	2	留精切余量0.5～1mm
>8	3	第一次切去1.4～1.6mm，第二次留精切余量0.5～1mm

2）进给量的选择。为了保证较高的生产率，应尽可能采用大的进给量。粗加工时，机床—工件—滚刀系统的刚性不足而使滚刀刀架产生的振动是限制进给量提高的主要因素。精加工时，齿面粗糙度是限制进给量的主要因素。

根据机床刚性可把立式滚齿机按表4-13分组。粗加工进给量可按表4-14选用。精加工进给量按表4-15选用。

表4-13 立式滚齿机根据机床刚性分组

机床组别	主电动机功率/kW	最大加工模数/mm	滚齿机型号
Ⅰ	1.5～3	3～6	YBA3120、YBS3112、Y38等
Ⅱ	3～5	5～8	Y3150E、Y3150、YB3120、YB3115
Ⅲ	5～8	6～12	YBA3132、YX3132、YK3180A等
Ⅳ	10～14	10～18	Y31125E、YKS3140、YKX3140等
Ⅴ	≥15	16～30	Y31200H等

表 4-14　滚刀粗加工进给量　　单位：mm/r

机床组别	加工模数/mm							
	2.5	4	6	8	12	16	22	26
Ⅰ	2～3	1.5～2	—	—	—	—	—	—
Ⅱ	3～4	2～3	1.5～2.5	1.5～2	—	—	—	—
Ⅲ	4～5	3～4	2.5～3.5	2～2.5	1.5～2	—	—	—
Ⅳ		4～4	3.5～4.5	3～4	2.5～3	2～2.5	—	—
Ⅴ			4～5	3.5～4.5	3～4	2.5～3.5	2～3	1.5～2

注：1．当被加工齿轮夹紧刚性较弱时，进给量应取小值。

2．当工作条件改变时，表中数值应乘以以下修正系数。

被加工齿轮材料硬度			被加工齿轮螺旋角							
HBS	<220	<320	螺旋角/(°)	0	<30	<45	滚刀头数	1	2	3
修正系数	1.0	0.7	修正系数	1.0	0.8	0.65	修正系数	1.0	0.7	0.5

表 4-15　滚刀精加工进给量　　单位：mm/r

Ra/μm	模数/mm	
不大于	<12	>12
80	2～3	3～4
40	1～2	1.5～2.5
20	0.5～1	—

注：齿轮的精切应在机床—工件—滚刀系统刚性好的设备上进行，要求保证被加工齿轮夹紧可靠，无振动；滚刀（或刃磨）精度好，侧刃上无缺口、划痕和其他缺陷；滚刀装夹在机床上的跳动应不大于 0.01mm。

3）切削速度。根据上述所取得的走刀次数、进给量和推荐的滚刀寿命，考虑被加工材料性质、齿轮模数和其他加工条件来确定切削速度，其值如表 4-16 所示。

表 4-16　高速钢标准滚刀粗切轮齿时的切削速度　　单位：m/min

模数/mm	进给量 *f*/（mm/r）						
	0.5	1.0	1.5	2.0	3.0	4.0	5.0
2～4	85	60	50	45	40	35	30
5～6	75	55	45	40	35	30	25
8	60	45	35	30	25	22	—
10	58	43	35	30	25	21	—
12	58	41	31	29	23	21	—
16	49	35	29	25	20	—	—
20	48	34	29	25	20	—	—
24	45	30	24	20	—	—	—
30	35	25	20	—	—	—	—

注：切削速度在被加工材料的力学性能、化学成分、滚刀头数、加工类型等发生变化时，应进行修正。修正公式如下：$v = v'k_{v1}k_{v2}k_{v3}k_{v4}$，式中，$v'$ 为表 4-16 中的切削速度，k_{v1}、k_{v2}、k_{v3}、k_{v4} 为修正系数，由表 4-17 查得。

表 4-17 修正系数

被加工材料的力学性能						被加工材料的化学性能				
HBS	160	190	220	250	300	材料	碳钢	低合金钢	合金钢	灰铸铁
σ_b / GPa	0.55～0.60	0.65～0.70	0.75～0.80	0.85～0.90	1.00～1.11					
k_{v1}	1.25	1.0	0.8	0.7	0.4	k_{v2}	1	0.9	0.75	0.8
滚刀头数						加工类型				
滚刀头数	1		2		3	加工类型	粗切	半精切	精切	
k_{v3}	1		0.75		0.65	k_{v4}	1	1.2	1.4	

注：切削速度还与滚刀寿命、滚刀的刀尖圆角、滚齿机的刚性等各种因素有关。

采用涂层滚刀可以适当提高切削速度，一般可以提高 30%～50%，采用硬质合金滚刀可以提高切削速度 4 倍。

2. 双联齿轮时间定额的确定

根据时间定额计算公式，确定双联齿轮中批量生产的单件工时定额。按原则进行计算即可，此处计算过程略。其中，准备时间随批量大小而不同，批量越大，每一零件的准备时间越少。在大量生产中，产品终年不变，可不计准备时间。双联齿轮II齿加工的基本时间计算如下：

采用一次走刀滚切齿轮时，其基本时间按如下公式计算：

$$t_m = \frac{(b + l_1 + l_2)z}{n_0 f_a K}$$

式中，b——齿轮轮齿宽度（mm）；

l_1——滚刀切入长度（mm）；

l_2——滚刀切出长度（mm）；

z——被加工齿轮齿数；

n_0——滚刀转速（r/min）；

f_a——滚刀进给量（mm/r）；

K——滚刀头数。

滚刀切入长度 l_1 可按下式计算：

$$l_1 = \frac{\sqrt{a_p(d_{a0} - a_p)}}{\cos\delta}$$

式中，a_p——滚切深度（一次滚切时，即为全齿深）（mm）；

d_{a0}——滚刀外径（mm）；

δ——刀架安装角。

滚刀切出长度 l_2 可按下式计算：

$$l_2 = 3m\tan\delta + (3 \sim 5)$$

为了减少机动时间，不推荐采用沿齿坯轴向切入，而是采用沿径向切入，即在切削过程中，滚刀和齿坯逐渐靠近所需的滚切深度，然后接通机床的轴向进给。此时可用下列公式计算基本时间：

$$t_m = \left(\frac{b + l_2}{f_a} + \frac{a_p}{f_\tau}\right)\frac{z}{n_0 K}$$

式中，f_τ——径向进给量（mm/r）。

当采用多次走刀滚切齿轮时，其基本时间按上述公式计算后，再乘以走刀次数即可。

4.8

任务 8 双联齿轮工艺文件的编写

双联齿轮工件文件如表 4-18 所示。

表 4-18 双联齿轮工艺文件

		机械加工工艺过程卡	产品型号		零件图号	1		
			产品名称	减速器	零件名称	双联齿轮	共页	第页
材料牌号	40Cr	毛坯种类	锻件	毛坯外形尺寸	ϕ92×48	每件毛坯可制件数	1	每台件数 1 备注
工序号	工序名称	工序内容	车间	工段	设备	工艺装备	工时 准终	工时 单件
00	锻造	模型锻造毛坯	热加工	锻造	蒸汽压力机	锻模		
05	正火	正火	热加工	热处理	箱式电阻炉	—		
10	钻削	钻花键ϕ30H12 的小径孔至ϕ28	机加	钻削	Z3040	钻头、游标卡尺		
15	粗车	自定心卡盘夹紧一端，粗车端面 *B*，长度到 47mm；粗车ϕ60h11 的外圆至尺寸ϕ62 调头，自定心卡盘夹紧另一端，粗车端面 *A*，长度到 46mm；粗车外圆ϕ88h11 至尺寸ϕ90；粗车槽各面均留余量 1mm	机加	车工	C6140	车刀、游标卡尺、自定心卡盘		
20	半精车	自定心卡盘夹紧 *B* 端外圆，半精车端面 *A*，长度为 45.5mm；半精车花键孔的小径孔至尺寸ϕ30H12	机加	车工		钻头、游标卡尺、夹具		
25	拉削	以 *A* 面及内孔定位，拉花键孔至尺寸ϕ35H7、齿槽至 10D9	机加	拉削	L6120	拉刀、夹具、游标卡尺		
30	钳工	钳工去毛刺	机加	钳工	—	锉刀		
35	半精车	上心轴车端面 *B*，长度为 45mm，加工外径至ϕ60h11；车端面 *A*，长度为 44.5mm，加工外径至ϕ88h11；车槽至尺寸要求	机加	车工	C6140	车刀、游标卡尺、自定心卡盘、双顶尖		

续表

工序号	工序名称	工序内容	车间	工段	设备	工艺装备	工时	
							准终	单件
40	精车	上心轴，车端面 *A*、*B* 至尺寸精度要求，长度为 44mm	机加	车工	C6140	车刀、游标卡尺、自定心卡盘、双顶尖		
45	检验	检验		—	—	—		
55	滚齿（*z*=42）	上心轴，*B* 端面固定在工作台，加工Ⅱ齿，公法线长度为 27.10mm	机加	齿轮加工	Y3150E	心轴、滚刀、量具		
60	插齿（*z*=28）	上心轴，固定 *A* 端面，在退刀槽的范围内加工Ⅰ齿，公法线长度为 20.86mm	机加	齿轮加工	Y5132	心轴、插刀、量具		
65	倒角	齿端倒角机加工齿圈Ⅰ、Ⅱ12° 倒角	机加	齿轮加工	Y9350 齿轮倒角机	心轴、游标卡尺		
70	钳工	钳工去毛刺	机加	钳工	—	锉刀		
75	剃齿	上心轴，*B* 端面固定在工作台，加工Ⅱ齿，公法线长度至尺寸上限	机加	齿轮加工	磨床剃齿机 Y4232	剃齿刀		
80	剃齿	上心轴，*B* 端面固定在工作台，加工Ⅰ齿，公法线长度至尺寸上限	机加	齿轮加工	磨床剃齿机 Y4232	剃齿刀		
85	淬火	齿部高频感应淬火硬度达到 50～55HRC	热加工	热处理	热处理炉	—		
90	推孔	花键退刀修正	机加	拉削	压力机	推孔夹具、推刀		
95	珩齿	Ⅰ、Ⅱ齿珩齿加工至图样要求	机加	齿轮加工	磨床珩齿机 Y4632	珩磨轮		
100	检验入库	—	—	—	—	—		

标记	处数	更改文字编号	签字	日期	标记	处数	更改文字编号	签字	日期	设计日期	审核日期	标准化日期	会签日期

双联齿轮零件加工工艺编制要点分析

1. 加工工艺编制分析

在开始编制加工工艺前，对双联齿轮的加工图样应有全面而充分的认识。任何零件都将会是某一部件或某台机器设备的特有部分，因此做好图样上每个零件的精度确认，对机械加工的高效性有着很大的影响。要明确零件的作用和加工难度，以保证在加工过程中可以有不同的侧重点。

合理选择双联齿轮的定位基准，对于保证零件的尺寸和位置精度有决定性的作用。由于粗基准和精基准的作用不同，两者的选择原则也不同。对于双联齿轮加工，花键孔作为齿形加工的重要精基准，其尺寸精度对零件的工作性能起决定性作用，对整个机器的使用寿命都有很大影响。

2. 齿轮类零件的绿色生产分析

毛坯的选择是制定工艺规程最初阶段的工作之一，也是一项比较重要的工作。毛坯的形状和尺寸越接近成品零件，即毛坯精度越高，则零件的机械加工量就越少，材料消耗也越少，对环境的污染和材料浪费也随之减少，实现绿色生产。

增加检验工序，及时发现工件主要表面的缺陷（如裂纹、折痕、气孔、杂质或余量不足等），及时报废或进行修补，避免浪费更多的工时、费用及材料。

在零件加工工艺编制中，选择先进加工工艺设备及装备，实现低能耗、高产能的加工生产。例如，可选用数控高速干切滚齿机设备加工齿形，数控高速干切滚齿机不使用切削油，绿色环保且具有完善、可靠的切屑及粉尘快速收集、排除系统。

习 题

一、填空题

1. 齿轮的传动精度有________、________、________和________。

2. 齿形的切削加工，按加工原理的不同可分为两大类，即________和________。

3. 直齿圆柱齿轮的铣削常用________铣刀或________进行加工。

4. ________是一种多齿刀具，后一个刀齿高出前一个刀齿，从而能够一层层地从工件上切下金属，以获得较高的精度和较好的表面质量。

5. 插齿加工的原理相当于一对________的啮合传动过程。

6. 齿形加工前的齿轮加工称为________。

二、单项选择题

1. 加工外圆表面采用粗车一半精车一精车的加工方案，一般能达到的经济精度是（　　）。

A. IT5～IT6　　B. IT7～IT8　　C. IT8～IT10　　D. IT2～IT4

2. 零件在加工过程中使用的基准有（　　）。

A. 设计基准　　B. 工艺基准　　C. 装配基准　　D. 定位基准

3. 材料为20Cr的齿轮要达到硬齿面，适宜的热处理方法是（　　）。

A. 整体淬火　　B. 渗碳淬火　　C. 调质　　D. 表面淬火

4. 将材料为 45 钢的齿轮毛坯加工成为 6 级精度硬齿面直齿圆柱外齿轮，该齿轮的制造工艺顺序应以（　　）为宜。

A. 滚齿、表面淬火、磨齿　　B. 滚齿、磨齿、表面淬火

C. 表面淬火、滚齿、磨齿　　D. 滚齿、调质、磨齿

5. 当齿轮要求强度高，耐磨和耐冲击时，其毛坯常选用（　　）。

A. 铸件　　B. 棒料　　C. 焊接件　　D. 锻件

三、简答题

1. 齿轮在传动机构中的作用是什么？
2. 简述双联齿轮加工工艺拟定过程。
3. 齿形加工方法有哪些？
4. 简述齿轮加工中安排的两种热处理工序及其目的。

四、工艺分析题

图 4-23 所示为成批生产的齿轮，请编制该齿轮的加工工艺过程。

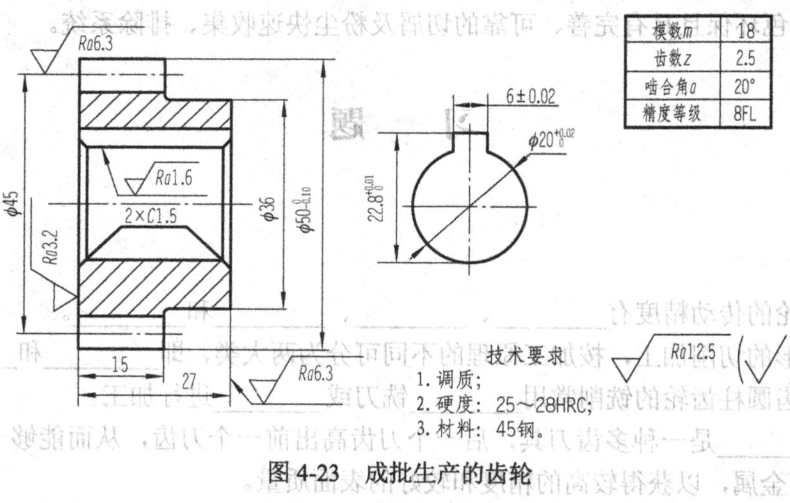

图 4-23　成批生产的齿轮

项目 5

零件加工实例——分料工装基座的加工工艺

相关知识

分料工装基座零件属于小型方形支座零件，往往通过螺纹联接使其本身固定在机器基座上，并与机器中的轴、套等零件按一定的相互位置关系装配在一起。因此，方形支座类零件的加工质量，不但直接影响自身的装配精度，而且还会影响机器的工作精度、使用性能和寿命。方形支座类零件因其使用场合不同而呈现出形状各异、尺寸不一，其结构的主要特点如下：

1）形状比较复杂。通常作为机器装配的基础连接件，其上安装的零件或部件越多，形状越复杂，因安装时要有定位面、定位孔，还要有固定用的螺钉孔等。与此同时，为了支承零部件，该类零件需要有足够的刚度，甚至采用加强筋等。

2）体积与其要安装和容纳的零部件有关。若要连接大型零部件，必然要求方形支座零件必须有足够大的体积，主要源于以下两个原因：一是基于安装配合面；二是其承载能力。

3）壁薄容易变形。作为连接类零件，与被连接件可能通过轴孔或面面进行配合，因此往往将其加工成带孔或型腔结构，从而造成方形零件上存在薄壁。在铸造、焊接和切削加工过程中往往会产生较大内应力，引起变形，甚至在运行过程中也可能产生局部或整体变形。

4）孔和平面的精度要求较高。这些孔、面在尺寸精度、表面粗糙度、形状和位置精度等方面都有较高要求，其加工精度、装配精度将直接影响零部件或机器的使用性能。

项目任务要求

如图 5-1 所示，分料工装基座为分料器基座零件，材料为 45 钢，年产量为 10 万件，需根据零件图样编制该零件的工艺规程。

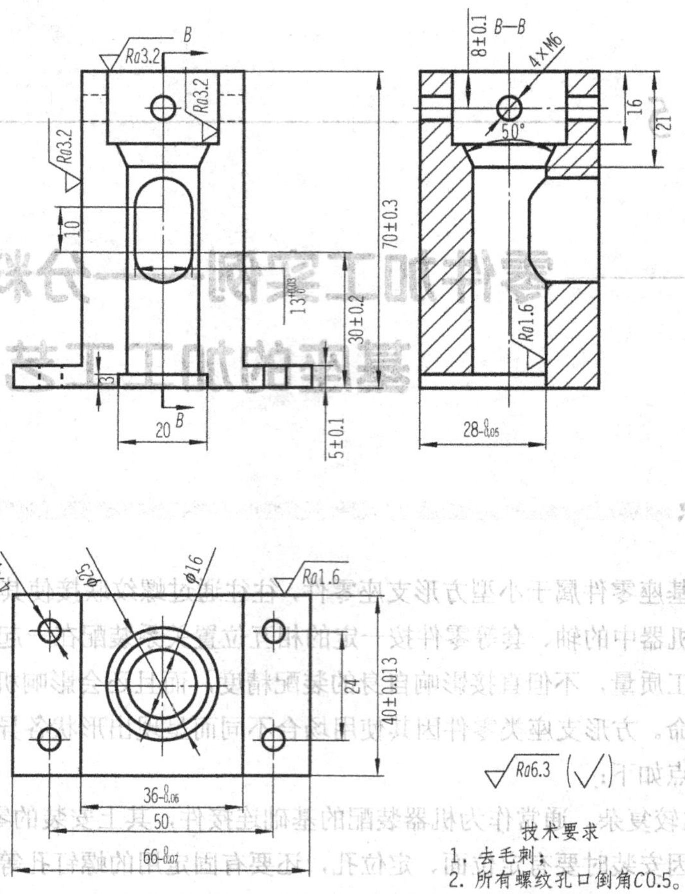

图 5-1 分料工装基座

项目任务实施

任务 1 分料工装基座的工艺分析

根据零件设计图样，通过对零件的几何形状、结构工艺性、技术要求等进行分析，明确零件制造的具体要求，弄清制造工艺的难点，并针对加工方法如何选择、加工精度如何保证等进行初步考虑，为后续各阶段的工艺编制工作打下基础。分料工装基座的工艺分析如下几个方面。

1. 几何形状分析

分料工装基座整体上呈方形，零件中间有圆孔和锥孔，一侧有方形槽与中间圆孔连通；此外，零件上分布有若干螺纹孔、过孔。该零件主要由平面、内圆面、内锥面、螺纹面等构成。根据面的几何形状，初步判断平面、方形槽的加工主要涉及铣削、刨削、磨削等；内孔的加工可能主要涉及钻削、镗削等；螺纹面的加工，可在钻削后进行攻螺纹完成。

2. 结构工艺性分析

由零件图可知分料工装基座零件的结构能满足零件的使用要求。零件形状简单对称，相关结构尺寸设计合理；无造成加工过程中装夹、用刀不便的结构；无难于加工的小孔、窄槽等要素。因此，该零件结构工艺性满足机械加工工艺的相关要求。

3. 技术要求分析

1）精度要求分析：分料工装基座零件外形尺寸最高精度达到 IT7，其余一般为 IT9～IT8，外形尺寸精度要求较高；零件中心圆孔孔径及锥孔尺寸未标注尺寸公差，表明孔径尺寸精度要求不高，一般可通过半精加工完成加工内容；对于零件中间矩形孔，其制造精度也为一般精度。此外，该零件的形状精度、位置精度为一般要求。

2）表面粗糙度要求分析：分料工装基座零件外表面的配合面表面粗糙度为 *Ra*1.6μm，而非配合面表面粗糙度要求为 *Ra*3.2μm；中心圆孔、锥孔表面质量要求较高，表面粗糙度为 *Ra*1.6μm，需要通过镗孔、铰孔、磨孔等加工方式完成加工；其余表面的表面粗糙度为 *Ra*6.3μm。

3）热处理要求分析：由分料工装基座零件的零件图可知，该零件无须最终热处理，选用材料的性能可满足相关使用要求。若毛坯件备料时采用热切割造成切割面硬度较高，需对工件进行退火预备热处理，改善切削性能。

综上所述，分料工装基座零件结构形状简单对称，主要由平面、圆柱面、圆锥面等构成；其机构设计合理，满足机械加工对结构的工艺要求；零件制造精度要求较高，最高精度达到 IT7，最低表面粗糙度达 *Ra*1.6μm，无须热处理，总体技术要求一般。本零件加工中心圆孔、圆锥孔的加工需根据零件的形状、孔的结构，以及零件的装夹、刀具选用等综合考虑加工方案。

任务 2　分料工装基座生产类型的确定

生产类型的确定首先应该考虑零件的生产纲领，同时也要考虑零件的用途、结构复杂程度、尺寸大小等因素。分料工装基座为分料器基座零件，结构相对比较简单，属于轻型机械产品，其年产量为 10 万件。根据“表 1-2 生产纲领与生产类型的关系”判断，分料工装基座零件为大批量生产。因此，在后续考虑毛坯的选择、工序划分、生产设备及工艺装备选择等工艺时，需与生产类型相适应。

任务 3　分料工装基座毛坯的选择

毛坯的选择主要考虑材料的工艺性能、零件的结构与尺寸、零件的性能要求、生产类型的要求、经济性及新工艺应用等方面的要求，根据实际情况综合考虑确定。分料工装基座零件的材料为 45 钢，从材料的工艺性能上考虑，可以选择型材或者锻造毛坯；但该零件为支座类零件，力学性能要求不高；同时该零件截面尺寸相差不大，无须锻造。因此，综合考虑分料工装基座零件的毛坯采用型材比较合理。选择合适规格的板料切割获得，其毛坯尺寸为 70mm×45mm×75mm。

需要注意的是，当下料的方式使得坯料产生硬化层、应力时，需要对坯料进行退火预备热处理，以便改善切削性能、消除应力，保证后续零件的加工质量。

任务 4 分料工装基座工艺路线的拟定

1. 分料工装基座零件面的加工方法的选择

方形支座类零件主要是一些平面、台阶、圆孔、条形孔的加工，主要用到平面加工的方案及孔的加工方案。

首先，确定主要表面的加工方案。根据技术要求判断，分料工装基座零件前后两个平面是主要表面，其位置尺寸为 40±0.013，尺寸精度达到 IT7，表面粗糙度要求为 *Ra*1.6μm。内孔的尺寸精度虽然为一般要求，但表面质量要求较高，因此内孔也可看作主要表面。要保证平面 IT7 的尺寸精度和 *Ra*1.6μm 的表面粗糙度，最终精加工工序需要采用磨削来完成；半精加工、粗加工可以采用铣削或者刨削完成，考虑到零件的形状、加工质量要求，选择铣削完成半精加工、粗加工。因此，位置尺寸为 40±0.013 的平面的加工方案为粗铣—半精铣—磨削。内孔的结构分为 3 段，包括ϕ16、ϕ25 的圆孔和角度为 50°的圆锥孔，为了保证其 *Ra*1.6μm 的表面粗糙度，最终精加工工序可以采用镗削来完成。在车床上利用小托板可以便利地加工出锥孔，因此，这里的镗削选择在车床上进行。内孔的粗加工方法为钻孔，可在车床上进行钻孔，钻孔完毕后可直接在车床上镗孔，这样也减少了装夹次数。同时，在车床上钻孔可以避免孔中心线的偏移。内孔直径较小，因此，可以钻出底孔并留足够的余量，然后进行孔的镗削加工。因此，内孔的加工方案为钻孔—镗孔。

其次，确定次要表面的加工方案。次要表面包括外轮廓平面、螺钉孔、螺钉过孔、13×23 条形槽、20×28 矩形槽。外轮廓平面、13×23 条形槽、20×28 矩形槽的加工精度为 IT8，可经过粗铣—半精铣—精铣达到加工要求；螺纹孔通过钻孔—攻螺纹达到要求；螺纹过孔直接钻孔达到要求。分料工装基座零件面的加工方案如表 5-1 所示。

表 5-1 分料工装基座零件面的加工方案

表面	面的加工方案
平面（位置尺寸为 40±0.013，表面粗糙度要求为 *Ra*1.6μm）	粗铣—精铣—磨削
内孔	钻孔—粗镗—精镗
外轮廓平面、13×23 条形槽、20×28 矩形槽	粗铣—精铣
M6 螺纹孔	钻孔—攻螺纹
ϕ5 螺钉过孔	钻孔

2. 分料工装基座零件加工阶段的划分

从保证加工质量、合理地使用设备及合理地安排组织生产等因素考虑，根据分料工装基座零件技术要求及面的加工方案，该零件加工工艺过程分为粗加工阶段、半精加工阶段和精加工阶段，即可达到零件的加工要求，无须光整加工。

3. 分料工装基座零件工序的划分

（1）切削加工工序的划分

工序划分的目的是在同一个加工阶段将零件加工的具体内容按照工序划分的条件依据组合成不同的工序。划分工序时首先需要确定工序划分的原则，即是采用工序集中的原则还是采用工序分散的原则来划分工序，这主要基于生产类型、保证质量的要求等因素考虑。分料工装基座零件生产为大批量生产，因此该零件考虑使用工序分散的工序划分原则。

在具体划分工序时，一般在同一个加工阶段，根据工序划分的依据即加工对象是否改变、加工地点是否改变、加工是否连续进行划分。首先在粗加工阶段划分工序。粗加工的加工内容有零件外轮廓平面的粗铣，螺钉孔、螺钉过孔、中心阶梯孔的钻孔和 13×23 条形槽、20×28 矩形槽的粗铣。外轮廓平面的粗铣与 13×23 条形槽、20×28 矩形槽的粗铣能划分为一个工序吗？20×28 矩形槽的加工需要在零件上表面和底面加工完成后进行。加工该槽时一方面要以上表面为定位基准；另一方面，在底面加工完毕后再进行槽的加工可避免槽深度工序尺寸的计算，因此槽的加工一般在基准和槽所在平面加工完毕后进行，通过一次装夹，依次完成粗铣、半精铣、精铣，达到该槽的加工要求。13×23 条形槽与中心阶梯孔贯通，为避免对钻孔、镗孔的影响，该槽需在中心阶梯孔完成后进行加工。因此，外轮廓平面的粗铣与 13×23 条形槽、20×28 矩形槽的粗铣不能划分为一个工序。13×23 条形槽、20×28 矩形槽的加工要求基本相同，因此两个槽的加工可以划分为一个工序。根据前述分析，中心阶梯孔需要在车床上完成，而螺钉孔和螺钉过孔需在钻床上完成，加工地点不相同，因此不能划分为一个工序。所以，孔的粗加工分为两个工序：一个是螺钉孔和螺钉过孔的钻削，另一个是中心阶梯孔的钻削。

半精加工阶段的加工内容主要是零件外轮廓平面的精铣（对于普通铣削而言，由于其加工精度不高，主要用于粗加工和半精加工，所以精铣的加工可以划分在半精加工阶段中）、中心孔的半精镗。半精加工阶段按照工序划分的依据，可以划分为两个工序。对外轮廓平面的加工而言，粗加工阶段的铣削加工和半精加工阶段的铣削加工能否划分为一个工序呢？工序划分一般是在同一个加工阶段划分，但是对于同一组加工表面，将粗加工、半精加工在满足工序划分依据，以及不影响加工质量的条件下是可以划分为一个工序的，特别是这里为一个方形零件，其表面作为后续加工的基准，在这些表面精加工后进行后续的孔、槽的加工有利于保证基准的精度，进而保证加工质量。因此，从原理上讲，该零件外轮廓表面的铣削加工可以划分为一个工序。但这里还需要考虑的是，加工中心阶梯孔时，为了保证采用单动卡盘装夹工件时的稳固性，在加工外轮廓时，可以先不加工出台阶面，避免加工时的抖动。因此，外轮廓铣削加工可以划分为两个工序：铣削加工出六面体为一个工序；台阶面的铣削划分为一个工序。

同理，中心阶梯孔的加工可在同一车床上经一次装夹连续完成钻孔、镗孔工作，中心阶梯孔的加工划分为一个工序。

精加工阶段主要是保证尺寸 40±0.013 的平面的加工，采用磨削完成，可划分为一个工序。

综上所述，该零件的切削工序可划分为 6 个工序，如表 5-2 所示。

表 5-2　分料工装基座零件切削的工序划分

工序名称	工序内容
铣削	铣削六面，保证尺寸 66×40.4×70，表面粗糙度为 $Ra3.2\mu m$
车削	单动卡盘装夹并找正工件，钻中心孔、钻 $\phi 15$ 底孔，镗孔至 $\phi 16$；镗 $\phi 25$ 圆孔及锥孔至尺寸，表面粗糙度为 $Ra1.6\mu m$
铣削	铣削零件两侧台阶至要求
铣削	首先钻孔去 13×23 的矩形槽的余料；铣削 13×23 的矩形槽；铣削 20×28×2 的矩形槽
钳工	钻 M6 螺纹底孔（4 个）；钻 $\phi 5$ 通孔（4 个）；攻螺纹
磨削	磨两平面，尺寸至 40±0.013，表面粗糙度为 $Ra1.6\mu m$

（2）其他工序

分料工装基座零件的加工除了上述工序外，在加工孔、槽时需要划线工序，加工完毕后需要检验，该零件的其他工序如表 5-3 所示。

表 5-3　分料工装基座零件的其他工序

工序名称	工序内容
锯削	根据零件图锯削下料 70×45×75
划线 1	划中心阶梯孔中心线、台阶加工位置线
划线 2	划螺钉孔、螺钉过孔及 13×23 条形槽、20×28 矩形槽位置线
检验	检验半精加工质量

4. 分料工装基座零件工序顺序的安排

工序顺序的安排主要是切削工序顺序的安排和热处理工序顺序的安排。这里不涉及热处理工序，因此主要是切削工序顺序的安排。机械加工工序顺序的安排原则包括先粗后精、先主后次、基面先行、先面后孔，这些原则从不同角度对工序顺序的安排提出了要求，总体上一般会优先考虑满足先粗后精的原则，在此基础上再考虑其他原则，抓住主要矛盾，综合考虑。

按照先粗后精、先面后孔的原则，先应进行零件轮廓面的铣削加工，再根据先主后次的原则进行中心孔的加工，然后是台阶、槽的铣削加工。最后进行螺钉孔、螺钉过孔的加工。具体加工顺序的安排如表 5-4 所示。

表 5-4　分料工装基座零件工序顺序的安排

工序号	工序名称	工序内容
1	锯削	根据零件图锯削下料 70×45×75
2	铣削	铣削六面，保证尺寸 66×40.4×70，表面粗糙度为 $Ra3.2\mu m$
3	划线 1	划中心阶梯孔中心线、台阶加工位置线
4	车削	单动卡盘装夹并找正工件，钻中心孔、钻 $\phi 15$ 底孔，镗孔至 $\phi 16$；镗 $\phi 25$ 圆孔及锥孔至尺寸，表面粗糙度为 $Ra1.6\mu m$
5	铣削	铣削零件两侧台阶至要求
6	划线 2	划螺钉孔、螺钉过孔及 13×23 条形槽、20×28 矩形槽位置线
7	铣削	首先钻孔去 13×23 的矩形槽的余料；铣削 13×23 的矩形槽；铣削 20×28×2 的矩形槽

续表

工序号	工序名称	工序内容
8	钳工	钻 M6 螺纹底孔（4 个）；钻 $\phi 5$ 通孔（4 个）；攻螺纹
9	磨削	磨两平面，尺寸至 40±0.013，表面粗糙度为 $Ra1.6\mu m$
10	检验	检验加工质量

任务 5　分料工装基座零件加工余量、工序尺寸及公差的确定

根据工序尺寸计算的原则及分料工装基座零件的加工工艺路线，在铣削基座的六面时，设计基准和定位基准重合，因此可以采用余量法确定工序尺寸及公差。

由图样要求可知，基座的六面加工表面粗糙度要求中，前、端面为 $Ra1.6\mu m$，其余为 $Ra3.2\mu m$。在铣削 66mm 左、右端面时，结合毛坯尺寸计算可以得到左、右端面的加工总余量为 4mm；铣削 70mm 上、下端面时，总余量为 5mm；铣削 40mm 前、后端面时，总余量为 5mm。在加工通孔时需要使用方形四面进行装夹，因此表面粗糙度 $Ra1.6\mu m$ 的前、后端面磨削加工放到最后进行，其他端面的加工可以通过粗铣和半精铣的方法，达到表面粗糙度 $Ra3.2\mu m$ 的加工要求。这里以 40mm 左、右端面为例进行加工余量、工序尺寸及公差的确定。

40mm 左、右端面粗铣、半精铣和磨削的余量可以分别选择 1.8mm、0.5mm 和 0.2mm，最终的工序尺寸为 40mm，上极限偏差为 0，下极限偏差为−0.025，公差等级为 IT7，具体的加工余量、工序尺寸及公差如表 5-5 所示。

表 5-5　分料工装基座左、右端面的加工余量、工序尺寸及公差　　单位：mm

工序	加工余量	工序公称尺寸	公差等级	工序尺寸
磨削（右端面）	0.2	44.0	IT7(0.025)	$44.0_{-0.025}^{0}$
磨削（左端面）	0.2	44.2	IT9(0.074)	$44.2_{-0.074}^{0}$
半精铣（右端面）	0.5	41.4	IT9(0.074)	$41.4_{-0.074}^{0}$
半精铣（左端面）	0.5	41.9	IT11(0.19)	$41.9_{-0.19}^{0}$
粗铣（左端面）	1.8	41.4	IT11(0.19)	$41.4_{-0.19}^{0}$
粗铣（右端面）	1.8	43.2	IT11(0.19)	$43.2_{-0.19}^{0}$
毛坯	5.0	45.0	CT11(8)	45.0±4.4

任务 6　分料工装基座零件机械加工方法及其加工设备与工艺装备的选择

1. 分料工装基座零件机械加工的主要方法

本项目任务中分料工装基座零件的加工主要用到锯床、车床、铣床、磨床等加工设备，考虑到车床、铣床在教材中已经做了介绍，锯床可自行上网了解，本项目中仅针对磨削加工的工艺范围和设备进行介绍。

（1）平面磨削加工的工艺范围

磨削加工是一种去除材料的机械加工方法，它的定义为：磨削加工是用磨具以较高的线速度对工件表面进行加工的方法。图 5-2 所示就是磨削加工中十分常见的平面磨削。

磨削时，砂轮的回转运动是主运动，根据不同的磨削内容，进给运动可以是砂轮的轴向、径向移动，工件的回转运动，工件的纵向、横向移动等。

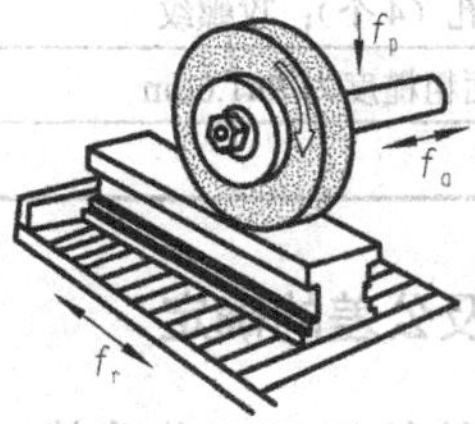

f_p—砂轮径向进给；f_a—砂轮轴向进给；
f_r—工件横向运动速度。

（a）卧轴矩台平面磨削

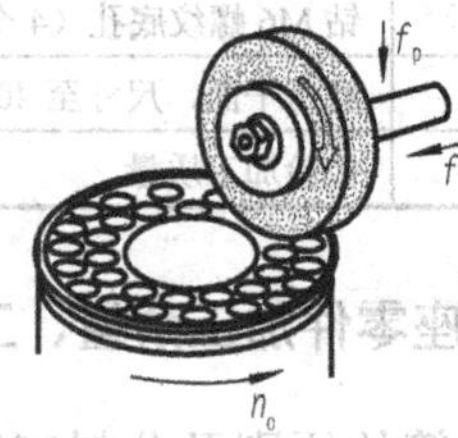

f_p—砂轮径向进给；f_a—砂轮轴向进给；
n_o—工件回转速度。

（b）卧轴圆台平面磨削

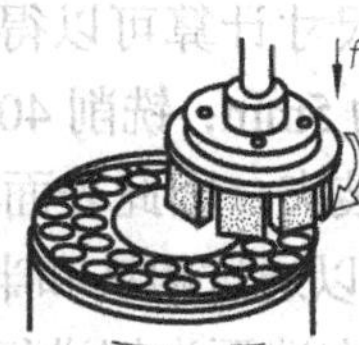

w_u—砂轮轴向进给；n_o—砂轮回转速度；
n_w—工件回转速度。

（c）立轴圆台平面磨削

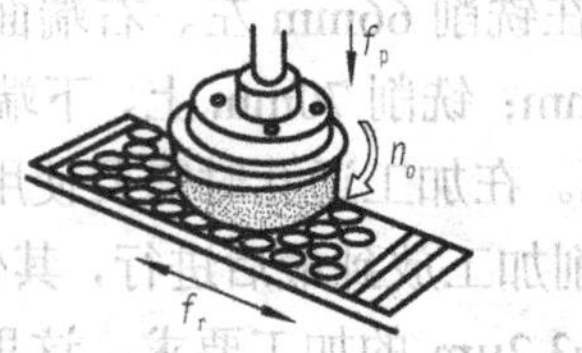

f_p—砂轮轴向进给；f_r—工件横向运动速度；
n_o—砂轮回转速度。

（d）立轴矩台平面磨削

图 5-2　平面磨削加工

根据平面磨削的形式，平面磨削可以分为周边磨削和端面磨削。

圆周磨削能减少工件受热所产生的变形，有利于提高工件的磨削精度，适用于精磨各种工件的平面，平面度误差能控制在 0.02～0.01mm/1000mm，表面粗糙度可达 *Ra*0.8～0.2μm。但由于不磨削时要用间断的横向进给来完成工件表面的磨削，所以生产效率低。

端面磨削时，砂轮端面为磨削工作面，接触面大，发热多，排屑及冷却条件差，工件受热变形大，砂轮磨损不均匀，加工精度差，只适用于磨削精度不高且形状简单的工件，生产效率高。

端面磨削加工质量不高，但可采用以下措施来改善端面磨削的加工质量：

1）选用粒度较粗、硬度较软的树脂结合剂砂轮；

2）磨削时供应充分的切削液；

3）采用镶块砂轮磨削；

4）将砂轮端面修成内锥心，使砂轮与工件成线接触或调整磨头倾斜一微小的角度，减少砂轮与工件的接触，改善散热条件。

（2）平面磨削加工设备

按照工作台的形式，平面磨床可以分为矩台平面磨床和圆台平面磨床。

按照砂轮主轴的位置，平面磨床可以分为卧轴平面磨床和立轴平面磨床。

1）卧轴矩台平面磨床。卧轴矩台平面磨床如图 5-3 所示，其中砂轮的主轴轴线与工作台台面平行，工件安装在矩形电磁吸盘上，并随工作台做纵向往复直线运动。砂轮在高速旋转的同时做间歇的横向移动，在工件表面磨去一层后，砂轮反向移动，同时做一次垂向进给，直至将工件磨削到所需的尺寸。

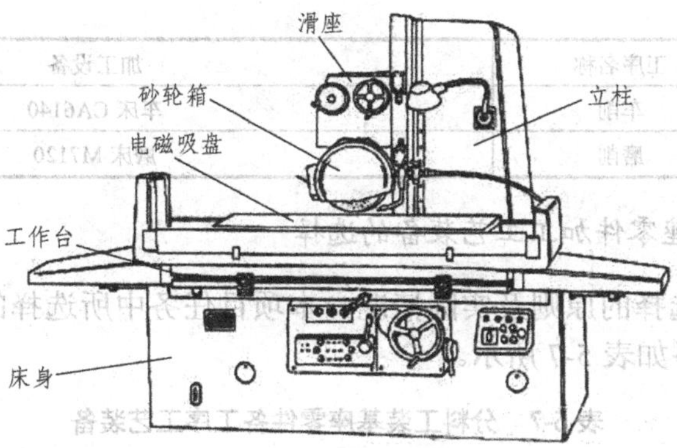

图 5-3　卧轴矩台平面磨床

2）卧轴圆台平面磨床。卧轴圆台平面磨床砂轮的主轴是卧式的，工作台是圆形电磁吸盘，用砂轮的圆周面磨削平面。磨削时，圆形电磁吸盘将工件吸在一起做单向匀速旋转，砂轮除高速旋转外，还在圆台外缘和中心之间做往复运动，以完成磨削进给，每往复一次或每次换向后，砂轮向工件垂直进给，直至将工件磨削到所需要的尺寸。由于工作台是连续旋转的，所以磨削效率高，但不能磨削台阶面等复杂的平面。

3）立轴矩台平面磨床。立轴矩台平面磨床砂轮的主轴与工作台垂直，工作台是矩形电磁吸盘，用砂轮的端面磨削平面。这类磨床只能磨简单的平面零件。由于砂轮的直径大于工作台的宽度，砂轮不需要做横向进给运动，故磨削效率较高。

4）立轴圆台平面磨床。立轴圆台平面磨床砂轮的主轴与工作台垂直，工作台是圆形电磁吸盘，用砂轮的端面磨削平面。磨削时，圆工作台匀速旋转，砂轮除做高速旋转外，定时做垂向进给。

2. 分料工装基座零件加工设备的选择

（1）选择原则

加工设备选用的主要依据是企业自身的设施设备资源情况，同时考虑零件的特征及生产类型。

本项目任务中分料工装基座零件的加工主要用到锯床、车床、铣床、磨床等加工设备，其中锯床和锯条操作较为简单，锯床的选用要求为刚性高、易于装夹零件，锯条则可采用高速钢或硬质合金锯条。而车床则选择通用车床即可。在铣床的选择方面，因有纵横孔需要加工，宜选用通用立式铣床，而零件各平面的加工宜选用通用卧式铣床。

（2）分料工装基座零件各工序加工设备的选择

根据加工设备选择的原则及实际情况，本项目任务中所选择的分料工装基座零件各工序加工设备如表 5-6 所示。

表 5-6　分料工装基座零件加工设备

工序号	工序名称	加工设备
1	下料	锯床
2	铣削	铣床 XL5036
3	划线	钳工工作台

续表

工序号	工序名称	加工设备
4	车削	车床 CA6140
5	磨削	磨床 M7120

3. 分料工装基座零件加工工艺装备的选择

根据工艺装备选择的原则及实际情况，本项目任务中所选择的分料工装基座零件各工序加工工艺装备如表 5-7 所示。

表 5-7 分料工装基座零件各工序工艺装备

工序号	工序名称	工艺装备
1	下料	锯条
2	铣削	台虎钳、立铣刀、游标卡尺
3	划线	钳工台、划针
4	车削	单动卡盘、中心钻、钻头、车刀、镗刀、游标卡尺
5	钳工	钳工工具、钻头、丝锥
6	磨削	砂轮、千分尺

任务 7 分料工装基座零件切削用量及时间定额的确定

本项目任务中以工序 10 为例介绍切削用量及时间定额的确定：以 66mm 左、右端面的粗铣为例介绍切削用量的计算。背吃刀量：在前面的工艺计算中已经确定了粗铣的余量为 3.0mm，粗铣需要更换装夹进行 2 次，因此每次铣削的背吃刀量为 3.0/2=1.5mm。进给量：查《机械制造工艺设计简明手册》可知，当铣削深度为 1.5mm 时，每齿进给量为 0.1mm/r。铣削速度：查表选择 v=45m/min，进而计算得到主轴转速约为 900r/min。

在时间定额的计算上，应结合工厂的实际生产条件、生产技术水平等因素综合考虑。

任务 8 分料工装基座零件加工工艺文件的编写

分料工装基座零件各工序并不复杂，因此该零件工艺卡片只需编写机械加工工艺过程卡，如表 5-8 所示。

表 5-8 分料工装基座零件机械加工工艺过程卡

<table>
<tr><td rowspan="2" colspan="4">机械加工工艺过程卡</td><td colspan="2">产品型号</td><td colspan="2">DS-130</td><td colspan="2">零件图号</td><td colspan="4">6</td></tr>
<tr><td colspan="2">产品名称</td><td colspan="2">弹簧分料工装</td><td colspan="2">零件名称</td><td>基座</td><td>共1页</td><td colspan="2">第1页</td></tr>
<tr><td colspan="2">材料牌号</td><td>45 钢</td><td>毛坯种类</td><td>型材</td><td>毛坯外形尺寸</td><td colspan="2">70×45×75</td><td>每件毛坯可制件数</td><td>1</td><td>每台件数</td><td>2</td><td>备注</td><td></td></tr>
<tr><td rowspan="2">工序号</td><td rowspan="2">工序名称</td><td rowspan="2" colspan="4">工序内容</td><td rowspan="2">车间</td><td rowspan="2">工段</td><td rowspan="2">设备</td><td rowspan="2" colspan="3">工艺装备</td><td colspan="2">工时</td></tr>
<tr><td>准终</td><td>单件</td></tr>
<tr><td>05</td><td>下料</td><td colspan="4">根据零件图锯削下料 70×45×75</td><td>机加</td><td>下料</td><td>锯床</td><td colspan="3">锯条</td><td>0.2</td><td>0.5</td></tr>
</table>

续表

工序号	工序名称	工序内容	车间	工段	设备	工艺装备	工时	
							准终	单件
10	铣削	铣削六面，保证尺寸 66×40.4×70，表面粗糙度为 $Ra3.2\mu m$	机加	普通机加	铣床	台虎钳、$\phi 16$ 立铣刀、游标卡尺	0.2	1
15	划线	划零件台阶加工位置线、中间阶梯孔位置线，打样冲眼	机加	钳工工段		钳工台、划针	0.1	0.2
20	车削	单动卡盘装夹并找正工件，钻中心孔、钻 $\phi 15$ 底孔，镗孔至 $\phi 16$；镗 $\phi 25$ 圆孔及锥孔至尺寸，表面粗糙度为 $Ra1.6\mu m$	机加	普通机加	车床	单动卡盘，中心钻、$\phi 15$ 钻头、车刀、镗刀，游标卡尺	0.2	1.5
30	划线	画出各槽和孔的位置线，并打样冲眼	机加	钳工工段		钳工台、划针	0.1	0.2
35	铣削	首先钻孔去 13×23 的条形孔的余料；铣削 13×23 的条形孔；铣削 20×28×2 的矩形槽	机加	普通机加	铣床	台虎钳，$\phi 10$ 钻头，$\phi 8$ 立铣刀、$\phi 12$ 立铣刀，游标卡尺	0.4	2
40	钳工	钻 M6 螺纹底孔（4 个）；钻 $\phi 5$ 通孔（4 个）；攻螺纹	机加	钳工工段		台虎钳，$\phi 5$ 钻头、M6 丝锥	0.2	1
45	磨削	磨两平面，尺寸至 40±0.013，表面粗糙度为 $Ra1.6\mu m$	机加	普通机加	磨床	砂轮、千分尺	0.2	1
50	检验	检验尺寸精度、表面质量	机加	检验工段	检验	游标卡尺、千分尺	0.1	0.3

										设计日期	审核日期	标准化日期	会签日期
标记	处数	更改文字编号	签字	日期	标记	处数	更改文字编号	签字	日期				

分料工装基座加工工艺编制要点分析

1. 加工工艺编制分析

分料工装基座零件是常见的一种平面结构零件，主要是平面、孔、槽的加工。在选择定位基准时，一般选择平面作为定位基准。如果加工精度较高，为保证加工质量常常在粗加工阶段将定位基准加工得比较精确，保证定位准确。孔和槽的加工一般在零件表面加工完毕后进行，孔的加工有多种方案，常用的有钻—扩—铰、钻—扩—镗等，可根据孔的结构和加工技术要求选择。阶梯状的圆孔、锥孔适宜在车床上钻孔后经镗削完成加工。

2. 分料工装基座零件的绿色生产分析

分料工装基座零件的绿色化生产可借鉴前述各章零件加工绿色生产的方法。这里从工艺实施上要注意的是，零件表面平面加工时，在粗加工、半精加工阶段尽量使用大直径刀具进行铣削加工，以提高生产效率。

习　　题

一、填空题

1. 孔系可分为________、________和________。

2. 保证平行孔系孔距精度的方法有________、________和________。

3. 方形体上一系列有位置精度要求的孔的组合，称为________。

4. 保证平行孔系孔距精度的方法之一为找正法，根据找正法的不同，找正法又可分为________、________和________。

5. 平面磨削有________和________，相比较而言，________的加工精度和表面质量更高，生产效率较低。

二、单项选择题

1. 加工方形体类零件时常选用一面两孔作定位基准，这种方法一般符合（　　）。

　A. 基准重合原则　　B. 基准统一原则

　C. 互为基准原则　　D. 自为基准原则

2. 方形体上（　　）基本孔的工艺性最好

　A. 盲孔　　B. 通孔　　C. 阶梯孔　　D. 交叉孔

3. 方形体零件的材料一般选用（　　）。

　A. 各种牌号的灰铸铁　　B. 45 钢

　C. 40Cr　　D. 65Mn

4. 铣床上用的平口钳属于（　　）。

　A. 通用夹具　　B. 专用夹具　　C. 组合夹具　　D. 成组夹具

5. 无支承模加工工件上的孔时，被加工孔的位置精度由（　　）保证。

　A. 机床度　　B. 刀具精度

　C. 镗套的位置精度　　D. 三者皆有影响

6. 下列刀具中，属于单刃刀具的有（　　）。

　A. 麻花钻　　B. 普通车刀　　C. 砂轮　　D. 铣刀

7. 下列刀具中，（　　）不适宜做轴向进给。

　A. 立铣刀　　B. 键槽铁刀　　C. 球头铣刀　　D. 都可以

8. 下列（　　）不适宜进行沟槽的铣削。

　A. 立铣刀　　B. 圆柱形铣刀　　C. 锯片铣刀　　D. 三面刃铣刀

三、判断题

1. 通常情况下，面铣刀齿数增加可显著提高生产率和加工质量。（　　）

2. 在加工质量方面，铣削和刨削一般相同，但对于尺寸较大的平面，由于刨削无明显的接刀痕，故刨削优于铣削。（　　）

3．铣削的生产率一般高于刨削，二者的加工范围类似，所以刨削很快会被淘汰。（　）

4．平面磨削的加工质量比刨削和铣削都高，还可以加工淬硬零件。（　）

5．淬火后的工件可通过刮研获得较高的形状和位置精度。（　）

四、简答题

1．说明方形体零件的功用和主要工作表面。

2．方形体零件的加工顺序应怎样安排？

3．方形体零件的热处理工序应怎样安排？

4．铣削加工可完成哪些工作？铣削加工有何特点？

五、实战操作题

1．班级分组，每组人数根据学校设备资源情况而定，一般以 4～6 人为宜，并做好分工，制作项目任务责任清单；

2．制定项目任务实施方案；

3．制定该零件机械加工工艺及工艺、工序卡；

4．制定零件质量检测方案；

5．制作项目交流材料，包括文案和演示 PPT。

参考文献

陈宏钧，2016．典型零件机械加工生产实例[M]．3版．北京：机械工业出版社．

侯书林，朱海，2011．机械制造基础（下册）：机械加工工艺基础[M]．2版．北京：北京大学出版社．

刘烈元，刘兆祥，2006．机械加工工艺基础[M]．北京：高等教育出版社．

沈永松，游震洲，2016．机械制造工艺学[M]．北京：科学出版社．

闫纂文，2018．机械制造工艺基础[M]．7版．北京：中国劳动社会保障出版社．

张敏良，2016．机械制造工艺[M]．北京：清华大学出版社．